**슐라미스
파이어스톤**

Shulamith
Firestone

1945년 캐나다 오타와에서 유대인 부모의 여섯 ～～～～～～～～은 이후 미국으로 옮겨가 몬태나주 캔자스시티에서 자랐다. 1967년 시카고미술대학 회화과를 졸업했다. 60년대 민권운동과 반전운동이 여성을 2등시민으로 취급하는 것을 경험한 그녀는 '뉴욕급진여성New York Radical Women'과 '레드스타킹the Redstockings', '뉴욕급진페미니스트New York Radical Feminists' 등 세 개의 페미니스트 조직을 만들었으며, 급진적 페미니즘 저널인 「Notes」의 편집자이기도 했다.

『성의 변증법』을 썼을 때 고작 스물다섯 살에 불과했던 파이어스톤은 이 한 권으로 단숨에 1960년대와 70년대에 정점을 이루었던 제2물결 페미니즘의 선구적 이론가로 부상했다. 그러나 베티 프리단이나 글로리아 스타이넘처럼 법적 평등을 최우선시했던 다른 여성운동가들과 달리 파이어스톤은 "생물학적 가족의 압제the tyranny of the biological family"로부터의 자유를 설파하며 인공생식으로 태어난 아이들을 공동체 가구에서 키우는 용감한 신세계를 그렸다.

아마존닷컴은 "프로이트와 마르크스, 보부아르, 엥겔스를 통합한 이 책은 여성을 계급으로 선언하면서 여성들이 아이를 낳고 기르는 유일한 존재로 강제되는 한 열등한 존재로 남아있을 것이기 때문에 생식수단을 장악해야만 한다고 주장하며 페미니스트 혁명에 대한 설득력 있는 논쟁을 펼친다"고 전한다. 위키피디아는 "그녀는 인공두뇌를 사용하여 실험실에서 인공생식을 담당할 것을 주장하였고 피임과 낙태, 국가지원 양육의 확산 등으로 생물학적으로 결정된 여성의 사회적 지위를 해방시킬 것을 촉구했다. 파이어스톤은 임신을 '야만적barbaric'이라고 묘사하였으며…… 성별 선택과 인공수정 등의 출산 기술들을 예언하기도 했다"고 전한다.

파이어스톤은 "경제적 계급의 타파를 위해 하층계급인 프롤레타리아트가 생산수단을 장악하는 혁명을 벌여 일시적 독재를 강제하듯이 성적 계급의 타파를 위해서는 하층계급(여성)이 생식수단의 통제권을 장악하는 것이 필요하다…… 한 성性이 인류의 생식을 전담해 양성 모두에 이익을 주는 것은 (최소한 선택조건으로) 인공생식으로 대체될 것이다…… 아이의 엄마에 대한 의존성(또는 거꾸로의 경우)은 일반적으로 소규모의 타인들에게로 분산될 것이며…… 노동분업은 (인공두뇌를 통해) 노동 자체가 아예 철폐될 것이기 때문에 종식될 것이다. 생물학적 가족의 압제는 사라질 것"이라고 주장했다.

오늘날 첨예한 화두가 되고 있는 출산과 과학의 문제를 예고하며 페미니즘의 대표적 저서로 자리 잡은 이 책은 당시 페미니스트들에게 지대한 영향을 미쳤을 뿐만 아니라 이후 모든 페미니스트들과 대학의 여성학 강좌 필독서가 되었다. 그러나 책이 베스트셀러로 부상하자 그녀는 유명인에 대한 대중의 요구를 거부하며 대중의 눈에서 사라졌고 이후 정신병원을 들락거리게 되었다는 소문만 무성했다. 정신병원 입원 경험은 그녀에게 1998년 단편집 『진공의 공간Airless spaces』을 발표하게 만들었고 그 책의 뒷장에는 그녀의 개인적인 투쟁을 암시하는 글이 실려있다. "직업적인 페미니스트 저술가의 커리어를 거부한 슐라미스 파이어스톤은 『성의 변증법』 출간 이래 '진공의 공간'에 갇힌 자신을 발견했다."

2012년 8월 뉴욕의 아파트에서 사망한 채로 발견된 그녀는 오랫동안 정신질환에 시달리며 외부와 단절된 생활을 했으며 사망원인은 알려지지 않았다.

그때……

날카롭고 뛰어난 정신이 여기 가동하고 있다. _『뉴욕타임스』

알찬 책이다. …… 『성의 정치학Sexual Politics』보다 더 강력하고 더 반박할 수 없게 만든다. _저메인 그리어, 『리스너』

『성의 변증법』은 마르크스주의자의 정신에 충실하게 이상향을 설파한다. 그것은 이상적인 꿈이 아니라 미래의 구체적인 도표이다. …… 모든 형태의 권력심리의 부음기사가 준비되어 기다리고 있다. _뮤리엘 헤인즈, 『뉴리퍼블릭』

……그리고 지금

X세대 여성들이 우리 자신을 '페미니즘의 새로운 창시자'로 원하고 싶어 할지라도 그 표현이 생겨나기 오래전에 슐라미스 파이어스톤은 우리 자매들에게 '현실을 직시하라keeping it real'고 상기시킨다. 이 강력하고 단단히 다져진 챕터들은 매우 생생하고 직접적이며 문화적 유통기한을 우리 시대로 확장시킨다. _오피라 에두트, 『휴스』 매거진 설립자 겸 발행인

『성의 변증법』은 진정으로 예지력이 있는 저작이다. 40년 뒤인 오늘날에도 파이어스톤의 아이디어 중 많은 부분이 놀라울 정도로 여전히 유의미하다. 그것들은 『성의 변증법』을 페미니스트 역사에서 가치가 있는 필독서로 만들 뿐만 아니라 페미니즘의 미래에도 기여하는 책으로 만들기도 한다. _리사 미야-저비스, 『비치』 매거진 편집자 겸 발행인

페미니즘 이론의 과거와 현재에 관심 있는 사람이라면 반드시 읽어야 한다. 여성의 권리를 향해 '조롱'하는 또 다른 시기에 이 책이 재출간되는 것은 첫 출간보다 더욱 적절하다. _캐슬린 한나, 록커, 페미니스트 활동가

성기에 대한 농담이나 엉뚱한 데이트에 관한 일화 없이도 이 책은 수많은 사람들에게 전율을 일으키며 그 자극과 에너지로 소위 제2물결의 페미니즘을 불러왔다. _『뉴스테이츠먼』

베티 프리단이 누군가에게 빵을 만들도록 제안했다면 파이어스톤은 새로운 사회를 상상하도록 제안했다. 슐라미스 파이어스톤과 같은 이름이 있는데 어떻게 세상을 변화시키지 않을 수 있겠는가? _조애너 빅스, 『가디언』

여성에 대한 체계적인 분리와 사회적, 정치적, 경제적 차별을 강제하는 사회를 다루는 이 책은 '성'을 젠더 차별의 범주로 이론화한 선구적인 문서이다. _제니 소킨, 『프리즈』

성의 변증법

THE DIALECTIC OF SEX

성의 변증법

THE DIALECTIC OF SEX

슐라미스 파이어스톤

김민예숙 | 유숙열 옮김

꾸리에

견뎌내었던
시몬 드 보부아르를 위하여

일러두기

1. 이 책은 슐라미스 파이어스톤의 『The Dialectic of Sex』(Farrar, Straus and Giroux, 2003)를 완역한 것이다.
2. 국내에 출간된 책은 출간명을 따랐으나 미출간 저작인 경우 원서명을 그대로 살리거나, 완전히 번역하지는 않았다.
3. 인명과 개념 또는 강조 사항의 경우 영어로 표기하였고 필요한 경우 영어나 한자를 병기하였다.
4. 원서의 강조 부분은 **견출명조체**로 표시했고, 원서의 주는 본문 하단에 실었다. 필요한 경우 한국어판 독자들의 이해를 돕기 위해 넣은 옮긴이 주(*)도 있으며, 본문 중간의 [ ]는 역자 첨언 또는 부연설명이다.
5. 외래어 표기는 일차적으로 국립국어원 표기법을 따랐지만 현재 더 널리 통용되는 표기는 예외적으로 그대로 사용했다.

차 례

1장   성의 변증법 ———————————— 13

2장   미국의 페미니즘 ———————————— 31

3장   프로이트주의: 오도된 페미니즘 ———— 67

4장   아동기를 없애자 ———————————— 109

5장   인종차별주의: 남성가족의 성차별주의 ———— 153

6장   사랑 ————————————————— 183

7장   로맨스 문화 ———————————— 213

8장   (남성)문화 ———————————— 227

9장   문화사의 변증법 ———————————— 247

10장   궁극의 혁명: 요구와 사변 ———————— 279

옮긴이의 말_ 김민예숙

슐라미스 파이어스톤에 대하여_ 유숙열

전체로서의 자연 혹은 인류의 역사 혹은 우리의 지적 활동에 관해 숙고하고 반성할 때 처음에 우리는 그 안에 존재하고 있던 것들이 어디에도, 무엇도, 아무것도 남아 있지 않고 모든 것이 움직이고 변화하고 생성하고 소멸하는 순열과 조합, 관계와 반응들이 무한히 뒤얽힌 그림을 본다. 그러므로 우리는 처음에 개별적인 부분들이 여전히 거의 전면에 나서지 않는 전체로서의 그림을 본다; 우리는 움직이고 결합하고 그래서 연결된 것들이 아니라 운동, 이행, 연결을 관찰하는 것이다. 세계에 대한 이러한 원시적이고 순진하지만 본질적으로 정확한 개념은 고대 그리스 철학의 개념이며 헤라클레이토스에 의해 처음으로 명확하게 형성되었다: 모든 것은 존재하면서 존재하지 않는다. 왜냐하면 모든 것은 유동적이고, 끊임없이 변화하고, 끊임없이 생성하고 소멸하기 때문이다.

_프리드리히 엥겔스

저자는 이 책이 원래 출판된 1970년 이래 생략되거나 개정되지 않고 남아 있기를 바랐다.

I 성의 변증법

성적 계급sex class은 보이지 않을 정도로 뿌리가 깊다. 혹은 그것은 단지 약간의 개혁이나, 어쩌면 여성의 노동세력으로의 완전한 통합에 의해 해결될 수 있는 피상적인 불평등으로 보일지도 모른다. 그러나 보통 남성, 여성, 그리고 아이들의 반응—**그거?** 아니, **그건** 변화시킬 수 없어! 정신이 나갔군!—이 진실에 가장 가까운 것이다. 우리는 어느 모로 보나 그만큼 뿌리 깊은 것에 관해서 이야기하고 있는 것이다. 이 본능적인 반응은—페미니스트들이 근본적인 생물학적 조건을 바꾸는 것에 대해서 말하고 있다는 가정을 그들이 모를 때조차도—정직한 것이다. 그렇게 심각한 변화가 예를 들어 '정치적' 범주와 같은 전통적인 사고 범주에 쉽게 들어맞을 수 없는 것은 이러한 범주들에 적용되지 않기 때문이 아니라 그 범주들이 충분히 크지 않기 때문이다. 급진적 페미니즘은 그것들을 부수고 나간다. 만약 **혁명**보다 더 포괄적인 말이 있다면 우리는 그것을 사용할 것이다.

진화가 어느 단계에 도달하고 기술이 현재의 정교함을 달성하기 전까지 근본적인 생물학적 조건을 문제 삼는 것은 미친 짓이었다. 왜 여성들이 승산도 없는 피 터지는 투쟁을 위해 마차 속의 편안한 자리를 포기해야 하는가? 그러나 어떤 나라들에서는 사상 처음으로 페미니스트 혁명을 위한 전제조건이 존재한다. 실제로 상황이 그러한 혁명을 **요구**하기 시작하고 있다.

최초의 여성들은 대량학살을 피해 도망치며, 부들부들 떨며 비틀거리며, 서로를 찾기 시작하고 있다. 그들의 첫 번째 움직임은 분열된 의식이 다시 일깨워지도록 주의 깊게 공동 관찰하는 것이다. 이것은 고통스럽다. 어떤 차원의 의식 수준에 도달한다 할지라도 문제는 항상 더욱 깊어지기 때문이다. 문제는 곳곳에 있다. 음陰과 양陽의 구분은 모든 문화, 역사, 경제, 자연 그 자체에 스며들어 있다. 그러므로 근대의 서구식 성차별은 그저 가장 최근의 한 단면에 불과하다. 성차별주의에 관한 인간의 감수성을 증가시키는 것은 흑인 활동가가 인종차별주의에 관해 새롭게 인식하는 것보다 훨씬 더 어려운 문제를 야기한다. 페미니스트들은 모든 **서구** 문화에 대한 것뿐만 아니라 문화 구조 그 자체, 그리고 더 나아가 자연 구조 자체까지도 질문해야 한다. **그것이** 얼마나 깊은지 알고 싶지 않은 많은 여성들은 절망 속에서 포기하고 만다. 또 다른 여성들은 계속해서 운동을 확대하고 강화하고 있다. 여성 억압에 대한 그들의 고통스러운 감수성은 궁극적으로 여성 억압을 제거하는 것을 목표로 존재하고 있다.

상황을 변화시키기 위한 행동에 앞서 우리는 성차별주의가 어떻게 생겨났으며 어떻게 진화되어 왔고 어떤 제도들을 통하여 현재 작동하는지를 알아야만 한다. 엥겔스의 말처럼 "(우리는 반드시) 갈등을 종식시킬 수단을 만들어 냈던 조건들 속에서 발견하기 위하여 대립이 야기된 역사적인 사건들의 연쇄를 상세히 살펴봐야만 한다." 경제적 혁명을 위해서 계급 대립에 관한 마르크스-엥겔스의 분석이 필요했던 것처럼 페미니스트 혁명을 위해서도 포괄적인 성性전쟁 역학dynamics of sex war에 대한 분석이 필요할 것이기 때문이다. 더 포괄적이어야 한다. 왜냐하면 우리는 더욱 큰 문제, 기록된 역사를 넘어서 동물계 그 자체로 거슬러 올라가는 억압의 문제를 다루고 있기 때문이다.

이러한 분석을 만들어 내는 데 있어 우리는 마르크스와 엥겔스로부터 많은 것을 배울 수 있다. 여성에 대한 그들의 문자화된 견해가 아니라—그들은 억압된 계급으로서 여성의 상황에 대해서는 거의 아는 바가 없었고, 그것이 경제와 겹치는 부분에서만 인식하였다—오히려 그들의 분석 **방법**이다.

마르크스와 엥겔스는 **변증법적**이고 **유물론적**인 분석 방법을 발전시켰다는 점에서 그들의 사회주의 선두주자들을 능가했다. 수 세기 안에서 역사를 변증법적으로 보기 위한 첫 번째 것으로, 그들은 세계를 과정process, 즉 서로 분리할 수 없고 서로 관통하는 대립물들의 작용과 반작용의 자연적 변화로 보았다. 그들은 역사를 스냅사진이 아니라 영화로 인식할 수 있었기 때문에 다른 많은 위대한 사상가들을 함정에 빠뜨렸던 정체된 '형이상학적' 관점을 피하는 시도를 할 수 있었다.(이러한 종류의 분석 자체는 9장에서 논의되듯이 성적 분화sex division의 산물일지도 모른다.) 그들은 역사적 힘들이 역동적으로 상호작용하는 이런 관점을 유물론적인 것과 결합시켰다. 즉, 그들은 경제적 계급이 발전하는 유기적 원인을 추적하기 위하여 역사적·문화적 변화를 현실적 토대 위에 올려놓으려 처음으로 시도했다. 그들은 역사의 역학mechanics of history을 철저하게 이해함으로써 인간들에게 역사의 주인이 되게 하는 방법을 보여주고 싶어 했다.

마르크스와 엥겔스 이전의 사회주의 사상가들이었던 푸리에Fourier와 오언Owen, 베벨Bebel 같은 이들은 단지 선의의 미덕에 의해 계급 특권과 착취가 존재해서는 안 되는 이상세계를 상정하면서 현존하는 사회적 불평등에 관하여 설교하는 것 이상을 하지 못했다. 같은 방식으로 초기 페미니스트 사상가들은 남성의 특권과 착취가 존재해서는 안 되는 세계를 상정했다. 두 경우 모두 초기의 사상가들은 사회적 불의가 어떻게 진화해 왔으며 어떻게 그 자체를 유지해 왔는지 또는 어떻게 없앨 수 있는지를 진실로 이해하지 못했기 때문에 그들의 사상은 문화적 진공상태인 유토피아에 머물렀다. 반면 마르크스와 엥겔스는 역사에 대한 과학적 접근을 시도했다. 그들은 이미 현존하는 객관적인 경제적 전제조건에 근거한 경제적 해결책을 기획하면서 계급 갈등의 진정한 경제적 원천에까지 추적하였다. 프롤레타리아트에 의한 생산수단의 점유는 정부를 약화시킬 것이고 더 이상 높은 계급을 위하여 낮은 계급을 억압할 필요가 없는 공산주의로 이끌 것이었다. 계급이 없는 사회에서 모든 개인의 이익은 더 큰 사회의 이익과 같은 것을 의미하리라는 것이다.

역사적 유물론의 교리는 이전의 역사적 분석보다 놀랍게 진보한 것이지만 나중에 발생한 사건들이 증명했듯이 완전한 해답은 아니었다. 마르크스와 엥겔스의 이론은 현실에 근거하긴 했지만 그것은 단지 **부분적** 현실이었기 때문이다. 다음은 엥겔스가 『공상에서 과학으로: 사회주의의 발전Socialism: Utopian or Scientific』에서 역사적 유물론에 관해 내린 엄격한 경제적 정의이다.

역사적 유물론은 사회의 경제적 발전, 생산양식과 교환양식에 있어서의 변화, 필연적인 사회의 계급 분화와 이러한 계급 간의 투쟁에 있어서 모든 역사적 사건의 **궁극적** 원인과 가장 큰 원동력을 찾는 역사의 과정을 보는 방식이다.(강조는 필자)

그는 계속해서 주장한다.

…… 원시적 단계를 예외로 한 모든 과거의 역사는 계급투쟁의 역사였다. 사회의 상호 적대적인 계급들은 언제나 생산과 교환의 양식들, 한마디로, 그들이 처한 경제적 조건에 의해 생겨난다. 사회의 **경제적** 구조는 언제나 종교적·철학적 그리고 주어진 역사적 시대의 다른 사상의 상부구조뿐만 아니라 법적·정치적 제도의 전체 상부구조에 관한 **궁극적** 설명을 해낼 수 있는 진정한 기초를 제공한다.(강조는 필자)

여성의 억압을 이렇게 엄격하게 경제적인 해석에 따라 설명하려는 것은 잘못이다. 계급분석은 대단한 작업이지만 제한적이다. 일차적 의미로서는 정확할지라도 심층적이지 못하다. 엥겔스는 때때로 역사적 변증법의 성적 하부구조sexual substratum를 어렴풋이 인식했으나 섹슈얼리티를 오직 경제적 여과기를 통해서만 볼 수 있었기 때문에 모든 것을 경제적인 것으로 환원시키면서 어떤 것이든 그 자체로 평가할 수 없었다.

엥겔스는 본래의 노동분업은 자녀 양육의 목적을 위하여 남녀 간에 존재했으며, 가족 안에서 남편은 소유자이며 아내는 생산수단이고 자녀는 노동이라는 것, 인간 종족의 생식reproduction은 생산수단과 구별되는 중요한 경제체계라고 보았다.[1]

그러나 엥겔스는 한 계급으로서 여성의 억압에 관해 분산된 인식을 했음에도 너무 큰 점수를 받아왔다. 사실 그는 성적 계급

---

[1] 엥겔스가 『가족, 사유재산 그리고 국가의 기원Origin of the Family, Private Property, and the State』에서 이러한 두 세계의 상호날션을 시산상으로 빈관시킨 것은 나름 장의 도표에서 볼 수 있다.

체계the sexual class system가 그의 경제적 구조와 겹쳐지고 부각되는 부분에서만 그것을 인정했다. 엥겔스는 이런 점에서조차 그렇게 잘한 것은 아니었다. 그러나 마르크스는 더 심했다. 여성에 대한 마르크스의 편견(모든 교양있는 남자들뿐만 아니라 프로이트에 있어서도 공통된 문화적 편견)에 관한 인식과 페미니즘을—성적 계급에 관한 마르크스와 엥겔스의 부수적인 통찰에 불과한 것이 교조화한—정통 마르크스주의 준거틀에 억지로 집어넣으려 하는 것은 위험한 일이라는 인식이 점차 증대되고 있다. 그 대신 우리는 물리학에서 상대성이론이 뉴턴의 고전물리학을 무효로 하지 않고—그러나 오직 비교를 통해서—그 적용을 더 작은 영역 으로 제한시키는 것과 같은 방식으로, 엄밀하게 마르크스주의적 인 것을 **포함**하도록 역사적 유물론을 확대시켜야만 한다. 왜냐하면 생산수단the means of production과 **생식수단**the means of reproduction의 소유권까지를 추적하는 경제적 분석economic diagnosis이 모든 것을 설명하지는 못하기 때문이다. 경제에서 직접 생겨나지 않는 현실의 단계가 있는 것이다.

경제 밑에 있는 현실이 성심리적psychosexual이라는 가정은 역사의 유물 변증법적 관점을 받아들이는 사람들에 의해 비역사적이라고 종종 거부되었다. 왜냐하면 그것은 마르크스가 시작했던 곳으로—혼란스러운 유토피아적 가설들을 통한 모색, 옳을 수도 있고 그를 수도 있는(판단할 길이 없는) 철학적 체계들, 구체적인 역사적 발전들을 **선험적**a priori 사고의 범주로 설명하는 체계들로 —우리를 되돌아가게 하는 것처럼 보이기 때문이다. 역사적 유물론은 그러나 '존재'를 통하여 '앎'을 설명하려는 것이지 그 반대가 아니다.

그러나 아직 시도되지 않은 세 번째의 대안이 있다. 우리는 성 그 자체에 기초한 역사의 유물론적 관점을 발전시키는 시도를 할 수 있는 것이다.

초기 페미니스트 이론가들이 성을 유물론적으로 보는 관점은 푸리에, 베벨, 오언 등이 계급을 유물론적으로 보는 관점과의 관계와 같다. 대체로 페미니스트 이론은 초기 페미니스트들이 성차별주의를 고치려는 시도가 그랬듯이 적절치 못했다. 그것은 예상된 일이었다. 문제가 매우 방대해서 첫 시도에서는 표면만 훑을 수 있었을 뿐이었고, 가장 노골적인 불평등만이 서술되었다. 시몬 드 보부아르는 결정적 분석에 가장 근접한—아마도 그것을 해낸—유일한 사람이었다. 그녀의 심원한 작품인—페미니즘이 죽었다고 확신하는 세계 앞에 50년대 초에 나타난—『제

2의 성』은 역사적 토대에서 페미니즘을 근거지우려는 최초의 시도였다. 모든 페미니스트 이론가들 가운데 드 보부아르는 페미니즘을 우리의 문화 속에서 최상의 관념들에 연결시킨 가장 포괄적이고 광범위한 이론가이다.

그 미덕이 또한 그녀의 약점일지도 모른다. 그녀는 지나치게 지적이었고 아는 것이 너무 많았다. 그것이 약점이 되는 것은—이 문제는 여전히 논란의 여지가 있는데—페미니즘에 대한 엄격한 실존주의적 해석 때문이다.(사람들은 사르트르가 이것과 얼마나 관계가 있나 궁금해한다.) 실존주의를 포함하여 모든 문화 체계가 성 이원론sex dualism에 의하여 스스로 결정된다는 것은 사실이다. 그녀는 다음과 같이 말한다.

남성은 타자the Other를 생각하지 않고는 결코 자신을 생각하지 못한다. 그는 **처음에는 성적 특성이 아닌** 이원성의 기호로 세계를 본다. 그러나 동일자the Same로 자신을 확립시킨 남성과는 다르게, 여성이 타자의 범주에 처하게 되는 것은 자연스럽다. 타자는 여성을 포함한다.(강조는 필자)

아마도 그녀는 도가 지나쳤는지도 모른다. 근본적인 이원론이 성적 분화sexual division 그 자체로부터 발생했다는 훨씬 단순하고 그럴듯한 가능성을 진지하게 고려해보지 않은 채, 왜 타자에 관한 근본적인 헤겔주의적 개념을 최종적인 해명으로—그리고 그때 '여성'이라는 계급을 그러한 범주 안으로 몰아넣은 생물학적·역사적 상황을 주의 깊게 기록하면서—가정하는가? 사고와 존재에 관한 **선험적** 범주들—타자성Otherness, 초월성Transcendence, 내재성Immanence—을 가정하기 위해 역사에 빠져드는 것은 필요치 않을지도 모른다. 마르크스와 엥겔스는 그러한 철학적 범주들 자체가 역사에서 발생했다는 것을 발견했다.

그러한 범주들을 가정하기 전에 생물학 그 자체—생식procreation—를 이원론의 원천으로 보는 분석을 전개하기 위한 시도를 먼저 해보자. 성의 불평등한 분화는 '자연적'이라는 보통사람들의 즉각적인 가정은 충분한 근거를 가진 것인지도 모른다. 우리는 즉각적으로 이것 이상을 생각할 필요가 없다. 경제적 계급과 달리 성적 계급은 생물학적 현실로부터 직접 발생했다. 남성과 여성은 다르게 만들어졌고 평등하지 않다. 비록 드 보부아르가 지적한 대로 차이 그 자체가 계급체계—한 집단이 다른 집단을 지배하는 것—의 발전을 필연적인 것으로 만들지는 않았지만 생식 **기능**의 차이가 그렇게 만든 것이다. 생물학적 가족은 본질적으로 불평등한 힘의 분배가 내재해 있다. 계급의 발전으로 이끄는 권력에 대한 욕구는 이 기본적 불균형에 따른 각 개인의 성심리의 형성에서 생겨난다. 그것은 프로이트Sigmund Freud, 노먼 O. 브라운* 그리고 다른 사람들이—또다시 도가 지나치게—가정한 삶 대對 죽음, 에로스(삶의 본능)Eros 대對 타나토스(죽음의 본능)Thanatos라는 어떤 환원할 수 없는 갈등에서 생기는 것이 아니다.

생물학적 가족—어떤 형태의 사회조직에서든 남성-여성-유아의 기본적 생식단위—은 다음과 같은 근본적인 사실들로—불

---

*Norman O. Brown: 1913-2002. 프로이트는 인간의 삶에서 억압은 불가피하다고 주장했으나, 브라운은 프로이트의 이론을 더 멀리 몰고 가 억압이 없는 유토피아의 건설을 원했다. '정치 세계는 내재적으로 미쳐 있다는 믿음, 핵가족의 거부, 차별과 경계를 초월하려는 욕망, 모든 것을 모든 이와 함께 하려는 희망, 진 성성을 추구하며 승화나 남식의 순리를 거부하는 것, 실내석인 사유와 놀이'가 그가 그리는 세계였다.

변하지 않는다면—특징지어진다.

1) 피임의 출현 이전까지 여성들은 역사를 통틀어 생물학적인 요인들, 즉 생리, 폐경, '부인병', 고통스러운 출산의 연속, 수유, 양육 등으로 육체적 생존을 위하여 남성(형제, 아버지, 남편, 애인 또는 친족, 정부government, 공동체 전체)에게 지속해서 휘둘려왔다.

2) 유아가 성장하는 데에는 동물보다 더 오랜 시간이 걸린다. 그래서 무력하고 적어도 최소 얼마 동안은 육체적 생존을 위하여 성인에게 의존한다.

3) 기본적인 어머니-아이의 상호 의존관계는 과거와 현재의 모든 사회에서 어떤 형태로든 존재했고 따라서 모든 성숙한 여성과 유아의 심리를 형성해왔다.

4) 남녀 간의 자연적 생식의 차이는 계급제도의 전형the paradigm of caste(생물학적 특성에 근거한 차별)을 제공할 뿐만 아니라, 계급이 발생할 때 직접적으로 최초의 노동분업을 가져왔다.

인간가족의 생물학적 우연성들contingencies은 인류학적 궤변을 전부 뒤덮을 수 없다. 동물들이 교미하고 새끼를 낳고 새끼를 돌보는 것을 관찰한 사람은 누구라도 '문화적 상대성' 노선을 받아들이기 어려울 것이다. 오세아니아에서 아버지와 생식능력의 관계를 모르는 부족을 아무리 많이 찾아내더라도, 또 모계사회를 아무리 많이 발견하고, 성 역할이 뒤집힌 경우와 남성주부, 심지어 출산 진통까지 함께하는 경우를 아무리 많이 찾아낸다 하더라도 이러한 사실들은 오직 인간 본성의 놀라운 **유연성**flexibility이라는 한 가지만을 증명할 뿐이다.

그러나 인간 본성은 어떤 것이든 적응할 수 있거나 환경적인 조건들에 의해 결정되는 것이다. 우리가 기술해온 생물학적 가족은 시대를 통틀어 모든 곳에 존재해왔다. 심지어 여성의 생식능력이 숭배되고 아버지의 역할이 알려지지 않거나 중요하지 않은 모권제에서조차, 여성과 유아는 유전적 아버지가 아니라도 여전히 남성에게 의존하는 성향이 약간 있다. 핵가족은 최근에서야 발달한 것이 사실이긴 하지만, 앞으로 내가 보이려 하듯이, 생물학적 가족의 심리적 형벌을 강화시킬 뿐이다. 역사를 통틀어 생물학적 가족이 많은 변형이 있었던 것도 사실이지만 내가 기술한 우연성들은 인격에 특정한 성심리적 왜곡을 일으키면서 어떤 형태의 가족에든 존재해 왔다.

그러나 권력의 성적 불균형이 생물학적 근거를 가진 것임을 인정하는 것이 우리가 패배하는 것을 인정하는 것은 아니다. 우리는 더 이상 한낱 동물이 아니기 때문이다. 그리고 자연계the kingdom of nature가 절대적으로 지배하는 것은 아니다. 시몬 드 보부아르는 다음과 같이 인정한다.

역사적 유물론은 일부 중요한 진실을 밝혀냈다. 인류는 동물의 종이 아니고 역사적 실체이다. 인간사회는 자연에 대립한다는 의미에서 반자연적antiphysis이다. 인간사회는 자연의 현존에 수동적으로 순응하지 않고 인간사회 자체를 위하여 자연에 대한 통제를 떠맡는다. 이러한 월권행위는 내향적·주관적 작용이 아니라 실천적 행동에서 객관적으로 성취된다.

그러므로 '자연적'인 것이 필연적으로 '인간적'인 가치인 것은 아니다. 인류는 자연을 초월하기 시작했다. 우리는 더 이상 차별적인 성적 계급제도가 유지되는 것을 자연 속에 그 기원이 있다는 근거로 정당화할 수 없다. 실제로 실용적인 이유만으로도 우리는 그것을 철폐**해야만** 하는 것으로 보기 시작하고 있다.(10장을 보라.)

남성을 여성과 아이들 위에 군림하게 만든 생물학적 조건들에서부터 남성 스스로를 점차 해방시킬 수도 있지만 그들이 군림을 포기할 이유가 없다는 것을 깨달을 때, 포괄적인 역사적 분석 이상의 것을 요구하면서 문제는 정치적인 것이 된다. 엥겔스는 경제적 혁명의 맥락에서 다음과 같이 말했다.

계급분화의 근저에 놓여 있는 것은 노동분업의 법칙이다. (이러한 분화 자체가 근본적인 생물학적 분화에서 발생했다는 것을 주목하라.) 그러나 이러한 분화는 일단 우세해진 지배계급이 노동계급의 희생으로 권력을 공고히 하며, 사회적 지도력을 대중에 대한 착취를 강화하는 것으로 바꾸는 것을 막지 못한다.

비록 성적 계급제도가 근본적인 생물학적 조건들에서 비롯되었을지는 모르지만 일단 억압의 생물학적 기초가 일소된다고 해서 여성과 아이들이 자유롭게 되리라는 것이 보장되는 것은 아니다. 반대로 새로운 기술, 특히 생식능력 조절은 그들의 이익에 반하여 확립된 착취제도를 강화하는 데 사용될지도 모른다.

그래서 경제적 계급의 철폐를 보장하기 위하여 피지배계급(프롤레타리아트)의 봉기와, 일시적 독재로 **생산**수단에 대한 점유를 요구하듯이, 성적 계급의 철폐를 보장하기 위해서는 피지배계급(여성)의 봉기와 **생식**조절에 대한 점유가 요구된다. 여성들에게 신체에 대한 소유권을 완전히 되돌려주는 것뿐 아니라, 인간 생식능력 조절에 대한 (일시적) 점유, 그리고 출산과 양육에 관한 사회제도와 마찬가지로 새로운 인구 생물학도 요구된다. 또한 사회주의 혁명의 최종 목적이 경제적 계급 **특권**의 철폐뿐만 아니라 경제적 계급 **구분** 그 자체를 철폐하는 것이듯이, 페미니스트 혁명의 최종 목적은 최초의 페미니스트 운동의 목표와 달리 남성 **특권**의 철폐뿐만 아니라 성 **구분** 그 자체를 철폐하는 것이어야 한다. 인간 존재 사이에 생식기의 차이는 더 이상 문화적으로 중요하지 않을 것이다.(방해받지 않는 범성애pansexuality*로의 회귀—프로이트의 '다형 도착多形倒錯polymorphoous perversity'—가 아마도 이성–동성–양성의 성성hetero/homo/bi-sexuality을 대신할 것이다.) 양성 모두를 위한 단성單性에 의한 종족의 생식은 (적어도 선택의 여지가 있는) 인공생식으로 대치될 것이다. 사람들이 이것에 대해 어떻게 생각하든지 간에 아이들은 양쪽 성에서 동등하게, 혹은 두 성 중에서 어느 성이라도 상관없이 태어난다. 아이가 어머니에게 의존하는 것(거꾸로의 경우에도)은 대개 다른 소집단 사람들에게 상당히 짧은 기간 동안 의존하는 것으로 대체될 것이고, 육체적인 힘에 있어 어른들보다 열등한 것은 문화적으로 보상될 것이다. 노동분업은 (사이버네틱스[인공두뇌]cybernetics를 통해) 노동을 완전히 철폐함으로써 종식될 것이다. 그리하여 생물학적 가족의 압제는 붕괴될 것이다.

*이성과 동성을 구분하지 않는 사랑. 이성애와 동성애를 구분하는 것에 반대하여 생겨난 말로 성 정체성이 아니라 사람과 사랑 그리고 행복을 숭모시한다. 남자, 여자, 동성애자를 넘어선다는 뜻에서 제4의 성이라 불린다.

그리고 권력의 심리^{psychology of power} 또한 엥겔스가 엄밀하게 사회주의 혁명에서 주장하였듯이 붕괴될 것이다.

단순히 지배계급이 저것에서 이것으로 바뀌는 것이 아니라 어느 지배계급이든지 그 존재 자체가 구시대의 유물이 (될 것이다).

이 예언된 목표를 사회주의가 한 번도 성취한 적이 없는 이유는 경제적인 전제조건이 불발에 그치거나 충족되지 않았었기 때문만이 아니라 마르크스적 분석 자체가 불충분했기 때문이기도 하다. 그것은 계급의 성심리적 뿌리까지 충분히 깊게 파고 들어가지 못했다. 사회와 국가 안에서 광범위하게 발달하는 모든 대립들을 가족이 초기 단계에서부터 내포하고 있다는 것을 관찰했을 때, 마르크스는 자신이 아는 것보다 더 심오한 것에 접근해 있었다. 왜냐하면 혁명이 기본적 사회조직을 뿌리 뽑지 않는 한, 권력의 심리가 늘 스며들 수 있는 유대관계이며 착취의 기생충인 생물학적 가족은 결코 소멸되지 않을 것이기 때문이다. 진정으로 모든 계급제도를 근절하기 위해서 우리는 사회주의 혁명보다 훨씬 큰, 그것을 포함하는 성의 혁명이 필요할 것이다.

*

나는 계급분석을 한 걸음 더 진전시켜 그것의 근원을 남녀의 생물학적 분화에 두려고 시도했다. 우리는 사회주의자들의 통찰을 폐기하지 않았다. 반대로 급진적 페미니즘은 그들의 분석을 확대시키고 객관적 조건에 더 깊은 기초를 제공하게 함으로써 사회주의자들이 해결할 수 없는 많은 것들을 설명할 수 있다. 이 방향의 첫 번째 단계로 우리는 분석을 위한 기초작업으로 엥겔스의 역사적 유물론에 관한 정의를 확장시킬 것이다. 앞에서 인용한 정의를 계급의 기원인 생식의 목적을 위한 남녀의 생물학적 분화를 포함하도록 고쳐보면 다음과 같다.

역사적 유물론은 성의 변증법the dialectic of sex 안에서 모든 역사적 사건의 궁극적 원인과 가장 큰 원동력을 찾는 역사의 과정을 보는 방식이다. 생식을 위해 두 개의 다른 생물학적 계급으로 나누어진 사회의 분화, 그리고 이 두 계급의 상호 투쟁. 이 투쟁들에 의해 만들어진 결혼, 출산 그리고 양육의 양식에서의 변화, 성의 계급과 관련되어 육체적으로 구분되는 다른 계급들(카스트)의 발전. 그리고 (경제적·문화적) 계급제도로 발전한 성에 기초를 둔 최초의 노동분업.

경제적 계급뿐만 아니라 과거로 죽 거슬러 올라가 성까지 소급하여 추적하면 경제적 상부구조와 문화적 상부구조가 있다.

모든 과거의 역사(이제 우리는 '원시적 단계를 예외로 하고'라는 문구를 없앨 수 있음을 주목하라)는 계급투쟁의 역사였다. 사회의 이러한 투쟁하는 계급은 엄밀히 경제적인 생산양식과 재화와 용역의 교환양식의 산물일 뿐만 아니라 언제나 종의 생식을 위한 생물학적 가족 단위의 조직 양식의 산물이다. 사회의 성적-생식적 조직은 언제나 우리가 그것으로부터 종교적·철학적 그리고 주어진 역사적 시대의 다른 사상의 상부구조뿐만 아니라 경제적·법적·정치적 제도들의 전체 상부구조에 관한 궁극적 설명을 단독으로 해낼 수 있는 것에서 시작해 진정한 기초를 제공한다.

이제 역사에 대한 유물론적 접근의 결과 엥겔스의 전망은 더욱 현실적인 것이 된다.

인간을 둘러싸고 지금까지 인간을 지배해온 삶의 조건들의 전체 영역은 처음으로 진정한 깨어있는 자연의 주인Lord of Nature, 그 자신의 사회조직의 주인이 된 인간의 지배와 통제 아래에 놓인다.

*

다음 장들에서 우리는 생물학적 가족(특히 그 현대판인 핵가족)을 유지하고 강화하는 문화적 제도와 그로 인해 우리를 파괴하기에 충분할 정도로 발달된 권력의 심리, 공격적 배타주의aggressive chauvinism를 검토하며 역사적 유물론에 관한 새로운 정의를 가정할 것이다. 그리고 우리는 이것과 프로이트주의에 대한 페미니즘의 분석을 통합할 것이다. 왜냐하면 마르크스와 엥겔스가 그랬던 것처럼, 프로이트의 문화적 편견도 그가 인식한 것을 완전히 무효로 만들지는 않기 때문이다. 사실 성에 기초한 새로운 변증법적 유물론을 구축하는 데에는 사회주의 이론가들의 통찰보다는 프로이트의 통찰이 훨씬 더 가치가 있다. 이어서 우리는 현실적 조건들에 근거한 정치적이고 개인적인 해결책에 도달하기 위하여 엥겔스와 마르크스의 최고의 것(역사적 유물론적 접근)과 프로이트의 최고의 것(남성과 여성의 내면과 무엇이 그것을 형성시켰나에 관한 이해)을 연관시키려 할 것이다. 우리는 프로이

트가 심리의 역학들을 당면한 사회적 맥락 속에서 정확하게 관
찰했음을 볼 것이다. 그러나 사회적 맥락의 근본구조는—정도의
차이는 있지만—모든 인간에게 기본적인 것이기 때문에 그것에
관해 질문하는 것은 미친 짓이 될 정도로 그야말로 절대적인 실
존적 조건으로 보였다. 그렇기 때문에 프로이트와 많은 그의 후
계자들로 하여금 이러한 보편적인 심리적 욕동drive*의 기원을 설
명하기 위하여 죽음에 대한 동경Death Wish과 같은 **선험적** 구성을
가정하게끔 하였다. 그것은 결과적으로 인간의 질병을 감소하거
나 치유할 수 없는 것으로 만들었고—이것이 그가 제안한, 용어
자체에 모순이 있는 해결책(정신분석적 치료psychoanalytic therapy)이
그의 다른 업적에 비해 허술한 이유이고 널리 알려진 대로 실제
치료에서 실패한 이유이다—그의 치료책뿐만 아니라 그가 가장
심오하게 발견한 것들 역시 거부하게 하는 사회적·정치적 감수
성을 야기시켰다.

*'인간 행동은 다른 무엇보다도 내부로부터 생겨나는 동기의 힘에 의해 이루어
진다.' 프로이트의 초기 가정들 중의 하나로서, 이 가정은 정신분석 이론의 핵
심적 위치를 차지해왔다. 프로이트가 욕동을 지칭하기 위해 사용했던 독일어
단어는 Trieb였다. 그는 욕동을 다음과 같이 정의했다. "욕동은 정신과 신체 사
이의 접경 개념으로서, 유기체의 내부로부터 생겨나 마음에 도달한 자극들에
대한 표상이다. 그것은 신체로부터 나와서 마음으로 하여금 활동하도록 요구
하는 어떤 것이다. 욕동은 신체와 연결되어 있기 때문이다."(Freud, 1915, pp.
121-122). 프로이트는 본능적 욕동에 대한 개념을 몇 차례 수정하였고, 최종적
으로 리비도 또는 에로스 본능과, 죽음 본능(타나토스) 또는 공격성으로 설명
하였다.

II 미국의 페미니즘

급진적 페미니스트의 관점에서 볼 때, 새로운 페미니즘은 사회적 평등을 위한 진지한 정치운동의 단순한 부활이 아니다. 그것은 역사에서 가장 중요한 혁명의 두 번째 물결이다. 그 목적은 현존하는 가장 오래되고 가장 견고한 계급-카스트 제도를 뒤집어 엎는 것이다. 그것은 전형적인 남성과 여성의 역할을 부여함으로써 성에 기초한 계급제도를 부당하게 정당화하고 외면적으로도 영구화하면서 수천 년 동안 굳어져 내려온 제도이다. 이러한 관점에서 선구적인 서구의 페미니스트 운동은 최초의 맹공격에 불과했으며 그에 따른 50년간의 조롱은 최초의 반격이었을 뿐이었다. 이것은 자연에 의해 정초되고 남성에 의해 강화된 억압적인 권력구조로부터 자유로워지기 위한 긴 투쟁의 여명이다. 이런 관점에서 미국의 페미니즘을 살펴보도록 하자.

I. 미국의 여권운동

역사적으로는 언제나 여성 반란자들이 존재해 왔지만[1] 여성들로 하여금 억압당하는 역할을 효과적으로 뒤집어엎게 할 수 있는 조건이 존재한 적은 없었다. 여성의 출산 능력은 사회에서 절실

---

[1] 예를 들어 마녀들은 독립적으로 정치적 저항을 하는 여성들로 보아야 한다. 두 세기 동안 800만의 여성들이 교회에 의해 화형당했는데 그 이유는 종교가 그 당시의 정치였기 때문이다.

하게 요구되는 것이었다. 그렇지 않았다 하더라도 효과적인 피임 방법을 구할 수 없었다. 그래서 산업혁명 때까지 페미니스트 혁명을 위한 저항은 오직 개인적인 것으로 그칠 수밖에 없었다.

기술시대의 다가오는 페미니스트 혁명은 당대의 지적 엘리트에 속하는 개별적 여성들의 사상과 저작으로 그 징조를 보였다. 영국에는 메리 울스턴크래프트Mary Wollstonecraft와 메리 셸리Mary Shelley, 미국에는 마거릿 풀러Margaret Fuller, 프랑스에는 블루스타킹 Bluestocking 등이 있었다. 그러나 이러한 여성들은 시대보다 너무 앞서 있었다. 그들은 산업혁명의 첫 충격도 아직 제대로 소화하지 못하고 있던 동시대의 대중들은 고사하고, 진보적인 집단 내에 서조차 자신들의 사상을 이해시키는 데 어려움을 겪었다.

그러나 19세기 중반 한창 산업화가 무르익으면서 제대로 된 페미니스트 운동이 시작되었다. 미국에서 항상 강력한 페미니즘—산업혁명 직전에 독립되어 비교적 역사나 전통이 짧음에도—은 노예제도 폐지론자의 투쟁과 미국 혁명 자체의 타오르는 이상으로 자극을 받았다.(1848년 세네카폴스Seneca Falls에서 열린 '제1차 전국여성권리대회 the first national Woman's Rights convention'에서 통과된 선언문은 독립선언문을 본떠 만들어졌다.)

초기의 미국 여권운동[2]은 급진적이었다. 19세기에 여성들이 가족과 교회(엘리자베스 캐디 스탠턴Elizabeth Cady Stanton의 『여성의 성서Woman's Bible』를 보라), 그리고 국가(법)를 공격한 것은 바로 그들이 살았던 빅토리아 사회의 초석 자체를 공격하는 것이었다. 그것은 우리가 우리 시대에 성차별 자체를 공격하는 것과 마찬가지였다. 초기 여권운동의 이론적 토대는 그 시대의 가장 급진적

[2] Woman's Rights Movement. 원서에서는 WRM이란 약어로 표기했다.

사상들, 특히 윌리엄 로이드 개리슨^{William Lloyd Garrison}과 같은 노예
폐지론자 그리고 R. D. 오언^{R· D· Owen}과 패니 라이트^{Fanny Wright} 같
은 공동체주의자^{communalist}들의 사상으로부터 나왔다.

오늘날 초기의 페미니즘이 진정한 민중운동이었음을 아는 사
람은 거의 없다. 그들은 페미니스트 선구자들이 그 문제에 관해
이야기하기 위해, 또는 의회에서 조소의 대상이 되어버린 진정서
에 서명을 받기 위해 집집마다 혹은 오지奧地와 변경邊境으로 고
통스러운 여행을 했다는 이야기를 들어본 적이 없다. 또한 그들
은 가장 전투적인 페미니스트인 엘리자베스 캐디 스탠턴과 수잔
B. 앤서니^{Susan B· Anthony}가 1868년 9월에 '노동여성협회<sup>the Working
Woman's Association</sup>'를 창설하면서 여성 노동자를 조직하는 것의 중
요성을 강조한 최초의 사람들에 속한다는 것도 알지 못한다.(그
들은 1868년처럼 초창기에 '전국노동조합회의<sup>the National Labor Union
Convention</sup>'의 위원장들이었는데 후에 남성 배타주의적 노동운동
이 여성 노동자에게―여전히 달라지지 않은―부당하게 대우하
는 것 때문에 이탈했다.) 오거스타 루이스^{Augusta Lewis}와 케이트 멀
레이니^{Kate Mullaney} 같은 다른 선구적 여성 노동조직가들도 페미니
스트 운동을 함께 했다.

이 급진적 운동은 말 그대로 법적인 시민의 지위를 갖지 못한
여성들에 의해 구축되었다. 결혼으로 시민으로서의 죽음이 선포
되거나, 결혼하지 않아서 법적인 미성년자로 남은 여성들. 유서에
서명할 수 없거나 이혼해서 자녀에 대한 양육권조차 가질 수 없
는 여성들. 대학에 입학하는 것은 고사하고 읽는 것조차 배우지
못한(특권을 가장 많이 누리는 여성들은 자수, 도자기 페인팅,
프랑스어, 하프시코드 연주에 관한 지식을 갖추고 있었다) 어떤

한 정치적 목소리도 가지고 있지 않았던 여성들이었다. 남북전쟁이 끝난 이후까지도 미국 인구의 절반 이상은 여전히 법적으로 노예화되어 있었고, 그야말로 치마저고리에 다는 노리개조차 소유하지 못하고 있었다.

이 억압된 계급의 첫 번째 동요, 정의에의 첫 번째 단순한 요구는 어울리지 않는 폭력에 맞닥뜨렸는데 이는 성적 계급의 선이 흐릿해진 오늘날엔 이해하기 어려운 저항이다. 왜냐하면, 흔히 그렇듯이, 최초의 자각이 가지는 혁명적 잠재력은 운동가 자신들보다 권력자들이 더 명확하게 인식하기 때문이다. 페미니스트 운동은 애초 시작부터 민주주의를 가장하는 제도 내의 근본적인 불평등을 증언하면서, 확립된 질서 그것의 존재 자체와 장기적 존속을 심각하게 위협했다. 처음에는 함께 운동하고 나중에는 따로따로 운동하면서 노예폐지 운동과 여권운동은 나라를 분열시킬 만큼 위협적이 되었다. 만약에 남북전쟁 때 페미니스트들이 '더 중요한' 문제들에 대한 명분으로 인해 대의를 포기하도록 설득당하지 않았더라면 페미니스트 혁명의 초기 역사는 덜 암울했을지도 모른다.

이를테면, 비록 스탠턴-앤서니 세력은 20년 이상 급진적 페미니스트 전통에서 투쟁했지만 운동의 중추가 파괴되었다. 남북전쟁의 자극을 받은 수천 명의 여성들이 집에서 나와 자선사업을 하는 것이 허용되었다. 매우 다른 진영의 조직된 여성들을 결속시킬 수 있었던 유일한 문제는 선거권에 대한 바람이었다. 그러나 예상대로, 그들은 그것을 **왜** 바라는지에 대해서는 의견을 같이하지 않았다. 보수주의자들은 '미국여성선거권협회the American Woman Suffrage Association'를 결성했거나, 독실한 '기독교여자절제회

Woman's Christian Temperance Union'와 같은 새로 생긴 협회들에 가입했다. 급진주의자들은 '전미여성선거권협회the National Woman's Suffrage Association'로 분리되었고, 더 큰 목적을 성취하는 데 필요한 정치적 권력의 상징으로서만 선거권에 관심을 가졌다.

1890년까지 더 많은 법적 개혁들이 이루어졌고, 여성들은 오늘날에도 여전히 재직하고 있는 서비스직에 노동력으로 진입하였으며, 다수의 여성들이 교육받기 시작했다. 진정한 정치적 권력 대신 협회 여성으로서 공적 영역에서 분리된 명목상의 자리가 주어졌다. 이것은 전보다는 큰 정치적 권력이긴 했지만 일반적인 종류의 여성 '권력'의 최신형이었을 뿐이었다. 그것은 왕좌 뒤에서 하는 방식—**권력에 영향력을 행사하는** 전통적인 방식이 현대적인 방식인 로비활동과 방해술책으로 변형된 것일 뿐이었다. 1890년에 늙고 좌절한 그들의 지도자들이 '전국미국여성선거권협회NAWSA'를 결성하기 위하여 급진적 페미니스트 협회와 보수적 협회를 통합했을 때, 모든 것은 끝난 듯 보였다. 선거권과 같이 폭넓고 결합력 있는 단일 문제에 집중하면서, 백인 남성 권력 구조 안에서 그들을 달래가며 일하려고 하는—여전히 화려한 미사여구로 남성들에게 누가 더 잘 아는가를 확신시키고자 하는—보수적 페미니즘이 승리한 것이다. 페미니즘은 배반당했고 무력해졌다.

보수적 페미니스트들보다 더 나쁜 것은 새로이 갖게 된 약간의 자유를 가지고 그 시대의 모든 급진주의에, 진보시대Progressive Era*의 다양한 사회개혁 운동에, 그것이 페미니스트의 이익과 대

*1890년대에서 1920년대에 미국 전역에 광범위한 사회운동과 정치개혁이 있었던 시기를 말한다. 루스벨트가 진보적인 정치사보사로 무성한 시기이기도 하다.

립될 때조차도 열정적으로 뛰어드는 여성들이 증가하는 일이었
다.(여성을 위한 차별적인 '보호적' 노동법에 관한 오래된 논쟁을
생각해보라.) 제1차 세계대전 이후 영국의 지도적 페미니스트가
된 마거릿 론다Margaret Rhondda는 그것을 이렇게 표현했다.

여성운동을 하는 여성을 두 부류로 나눌 수 있을 것이다. 페미니스
트들과 전혀 페미니스트가 아닌 개혁가들. 개혁가들은 평등 그 자
체에 관해서 조금도 신경 쓰지 않는다. …… 이제 거의 모든 여성 조
직이 페미니스트들보다 개혁가들이 훨씬 더 흔하다는 것, 즉 모든
사람의 손에 힘을 불어넣어 스스로 돌보게 하려는 욕망보다는, 동
포를 돌보기로 결심하고 자신들의 방식으로 그들을 이롭게 하려는
열정이 훨씬 더 흔하다는 것을 인식하고 있다.

그들 시대의 이러한 '개혁가들', 즉 여성 '급진주의자들'은 기껏
해야 페미니즘의 영향을 받았을 뿐이었다. 그들은 진정한 페미
니스트도 진정한 급진주의자도 아니었다. 왜냐하면 그들은 아직
여성의 대의 그 자체를 정당한 급진적 문제들로 보지 않았기 때
문이다. 여권운동을 다른 것, 즉 더 중요한 정치운동과 접선하는
것으로만 파악함으로써 어떤 의미에서는 그들 자신을 결함 있는
남성defective men 으로 보았다. 그들에게 있어 여성과 관련된 문제들
은 '특수하고' '당파적인'인 반면, 남성과 관련된 문제들은 '인간
적'이고 '보편적'인 것으로 보였다. 남성들이 지배한 운동 안에서
정치적으로 성장하면서 그 운동을 벗어나 자신들의 운동을 하
기보다는 그 운동 안에서 입지를 개조하는 데 몰두하였다. '여성
노동조합연맹The Woman's Trade Union League'이 그 좋은 예이다. 이 단

체의 여성 정치운동가women politicos는 반복적으로 그들을 배반하는 강력한 남성 우월주의자인 새뮤얼 곰퍼스Samuel Gompers가 이끄는 미노동연맹AFL과의 유대를 끊을 수가 없었기 때문에 가장 기본적인 면에서 실패했다. 또 다른 예를 보면, 달가워하지 않는 가난한 사람들과 빈민가에서의 삶에 보상도 없이 전념하였던 많은—신생의 인보관운동Settlement Movement*에 뛰어든 '비스타VISTA: Volunteers in Service to America'(미국빈곤지구봉사활동) 자원봉사자들은 결국 완강하고 깐깐하지만 헌신적이라는 전형적인 노처녀 사회활동가들이 되고 말았다. 또 제1차 세계대전에 미국이 참전하기 전날 제인 애덤스Jane Addams가 아무 쓸모도 없이 창설한 '여성평화당the Woman's Peace Party'은 역설적이게도 나중에 전시하의 국민 협력을 위한 주전론자主戰論者 그룹과 극단적이었던 만큼이나 비효과적인 급진적 평화주의자 그룹으로 나뉘어졌다.

　진보시대의 이런 열성적인 여성의 조직적 활동은 종종 올바른 여권운동과 혼동되어진다. 그러나 좌절당하고 으스대는 여장부의 이미지는 급진적 페미니스트에게서 보다는 페미니스트가 아닌 정치운동가들, 그들 시대의 다양하고 중요한 대의를 위해 싸운 협회 여성들로부터 만들어진 것이다. 지금까지 언급했지만 그러나 지금은 현존하지 않는 운동—'여성노동조합연맹the Woman's Trade Union League', '복지사업전국연맹the National Federation of Settlements', '평화와 자유를 위한여성국제연맹the Woman's International League for Peace and Freedom'(제인 애덤스에 의해 시작됐던 '여성평화당'이 전신이다)—

*인보(隣保) 사업과 빈민 구제를 목적으로 세워진 단체나 기관으로, 빈민 지역에서 함께 생활하며 지역사회 환경과 생활을 개선하는 것을 목표로 한다. 1889년 시카고 빈민가 지역에 제인 애덤스가 미국의 대표적 인보관인 헐 하우스Hull house를 세웠다. 이곳에서 일하는 모든 사람들은 '세틀먼트 하우스Settlement house'라 불리는 기관에서 함께 숙식하며 생활하였다.

이외에도 전체 여성 조직들은 1890년부터 1920년 사이에 확립되었다. '여성클럽총연맹the General Federation of Women's Clubs', '여성유권자연맹the League of Women Voters', '미국대학동창협회the American Association of Collegiate alumnae', '전국소비자연맹the National Consumer's League', '학부모교사연합회PTA· Parent-Teacher Association', 심지어 '미국혁명의 딸들DAR· Daughters of the American Revolution'까지 모두 그 기간에 창설되었다. 비록 이러한 조직들은 그들 시대의 가장 급진적인 운동과 연결되어 있었지만 사실상 그들의 정치성이 여성운동에 반동적이었고, 결국 그것이 환상과 어리석은 것이었음은 그들의 관점이 비非페미니즘적이었음을 볼 때 처음부터 드러내고 있었다.

그러므로 페미니스트 활동이 절정에 달한 시기로 보통 인용되는 1890년부터 1920년 사이의 시기에 조직되었던 여성들의 대다수는 페미니즘과 아무런 상관이 없었다. 한편, 페미니즘은 투표라는 단일 문제로 압축되었고—즉 여권운동은 일시적으로 선거권운동으로 변형되었으며—다른 한편, 여성들의 에너지는 자신들의 대의가 아닌 다른 급진적인 대의들로 분산되었다.

그러나 급진적 페미니즘은 휴면에 들어갔을 뿐이었다. 휴면에서 깨어나는 일은 엘리자베스 캐디 스탠턴의 딸인 해리어트 스탠턴 블래치Harriet Stanton Blatch가 영국에서 돌아오면서 시작되었다. 영국에서 그녀는 헌법옹호자들Constitutionalists(보수적 페미니스트들)에 반대하여 '여성사회정치동맹the militant Woman's Social and Political Union'(영국의 참정권 운동가들 동맹으로 그중에서 팽크허스트*가 가장 잘 알려져 있다)에 참여했다. 그녀의 어머니가 옹호한 급

*Emmeline Pankhurst: 1858-1928. 영국의 급진파 여성 선거권론자이다. 딸들과 함께 여성사회정치동맹WSPU을 결성하여 여성 선거권운동을 전개하였다.

진적 목적을 성취하기 위해서는 전투적인 전술이 필요하다고 믿었기 때문에 그녀는 스탠턴-앤서니파의 폐기된 전략, 즉 **연방**헌법을 개정하도록 압력을 가하는 것으로 투표권 문제를 공략할 것을 추천했다. 미국의 투쟁가들은 즉각 '의회연맹the Congressional Union'(나중에 '여성당the Woman's Party'이 되었다)을 결성하기 위하여 보수적인 '전국미국여성선거권협회'를 탈퇴했다. 그들은 대담한 게릴라 전술과 비타협적인 강경노선으로 선회하기 시작했는데 그것 때문에 전체 신거권운동이 종종 부당한 신뢰를 받게 되었다.

그것은 적중했다. 투쟁가들은 박해, 습격, 구타 그리고 단식투쟁에서의 강제급여까지 당하기도 했으나 10년이 안 돼 투표권을 쟁취했다. 급진적 페미니즘의 불꽃은 꺼져만 가던 선거권운동이 단일 문제를 추진하는 데 필요로 했던 것이었다. 그것은 새롭고 건전한 접근(30년 이상 이용해온 각 주마다 조직하는 판에 박힌 방법 대신 연방의 헌법 개정을 위한 압력), 여성문제의 절박함을 극적으로 만드는 투쟁심, 그리고 무엇보다도 많은 목표 중에 투표권을 첫 번째로, 가능한 한 빨리 쟁취해야 할 것으로 보게 하는 넓은 시각을 제공했다. 투표권을 쟁취한다면 그것을 사용하지 않을 거라고 거의 애원한 보수적 페미니스트들의 온건한 요구는 '여성당'의 요구와 비교하여 훨씬 덜 해로운 것으로 여겨져 환영받았다.

그러나 투표권을 허용함으로써 기득권 세력은 여성운동을 자기편으로 끌어들였다. 그 시대의 한 신사는 윌리엄 오닐William O'Neill의 『누구나 용감하였다Everyone was Brave』를 인용하며 다음과 같이 요약한다. "그럼에도 불구하고 여성 선거권은 그것으로 끝

내기 위해 가지려는 것이라면 좋은 것이다." '여성당'의 올리버 해
저드 페리 벨몬트* 부인은 여성들에게 선거거부 운동을 하라고
촉구했다. "당신의 새로운 힘을 아끼십시오. 여성 참정권론자들
은 당신들을 남성들의 정당의 하녀가 되라고 70년간 해방을 위
해 투쟁해온 것이 아닙니다." 셜롯 퍼킨스 길먼**도 그것을 재차
강조했다.

여성이 행사할 수 있는 힘은 남성의 정당제도에 참여하지 않는 데
있다. 정치적 정당제도는 진정한 문제를 감추려는 남성의 술수이다.
여성은 정당정치 바깥에서 자신들이 원하는 조치들을 위해서 활동
해야 한다. 오래된 정치적 정당들이 여성을 받아들이는 데 열성적
인 이유는 여성의 영향력이 내부에서 무시할 수 있는 정도라는 것
을 깨달았기 때문이다.

　그러나 그 어떤 것도 소용이 없었다. 여성의 새로운 정치적 힘
을 그렇게도 빨리 흡수해갔던 주요 정당들에 대한 대안으로,
1921년 2월 18일 새로운 '여성당'을 창당한 것조차도 죽어가는
운동을 소생시킬 수 없었다.[3]

　선거권운동에 투표권을 승인한 것은 여권운동을 죽이고 말았

---

*Oliver Hazard Perry Belmont: 1858-1908. 주간지 『The Verdict』 발행인이자 정치인.
**Charlotte Perkins Gilman: 1860-1935. 19세기 미국 페미니즘 작가 겸 사회학자.
대표작으로 1892년에 발표한 『노란 벽지』가 있다.

[3] '여성당'은 이후 여성의 자유를 법적으로 크게 신장하기 위하여 공황과 여러
전쟁을 겪으며 헌법 개정안을 요구하는 평등권 개정안Equal Rights Amendment을
위하여 투쟁했다. 50년 후인 현재 살아있는 사람들은 여전히 운동을 하고 있
다. 우산을 든 꾀까다로운 나이 든 부인, 이미 승리한 대의에 집착하는 늙은 부
인의 전형적인 모습은 페미니즘을 정형화시킨 50년간의 조롱the Fifty-Year Ridicule
의 '우스꽝스러운' 산물이다.

다. 비록 반反페미니스트 세력은 포기하는 듯 보였지만 명목상으로만 그랬을 뿐이었다. 그들은 절대 굴복하지 않았다. 투표권이 승인될 당시 페미니스트들이 에너지를—정치권력에로의 첫걸음으로만 보였던—선거권이라는 제한된 목표에 오랫동안 쏟은 것은 여권운동을 철저하게 고갈시키는 것이었다. 투표라는 괴물은 모든 것을 삼켜버렸다. 여권운동이 시작된 때부터 3세대가 지났다. 총괄적인 계획을 세웠던 사람들은 모두 죽은 다음이었다. 나중에 투표권이라는 단일 문제를 위하여 페미니스트 운동에 참여한 여성들은 폭넓은 의식을 진전시킬 시간이 없었다. 그때 그들은 투표권이 무엇을 위해 존재하는 것인가를 잊어버리고 말았다. 반대편이 뜻을 이룬 것이었다.

*

모든 투쟁 중에서 무엇이 더욱 기억되는가? 나중에 일어난 일들이 잘 보여주듯이 여성들에게는 별 가치도 없는 선거권만을 위한 투쟁은 그 당시 미국의 가장 반동적인 세력들에 대항하는 끝없는 싸움이었다. 엘리너 플렉스너*가 『투쟁의 세기Century of Struggle』에서 보여주는 것처럼, 반동적 세력이란 북부의 가장 큰 자본주의적 이익, 즉 석유업·제조업·철도업·주류업의 이익이 포함되고, 남부 주들의 인종차별주의자 세력(여성에 대한 심한 편견 외에도 그들은 여성에게 투표권을 허용하는 것을 두려워했다. 왜냐하면 그것은 '보편적'인 남성 선거권의 위선에 주의를 환기시킬 뿐만 아니라 흑인 인종의 또 다른 **절반**에게도 선거권을 줄 것

*Eleanor Flexner: 1908-1995. 대학 울타리 밖에서 활동한 역사가. 대표작으로 『투쟁의 세기 – 미국의 여권운동』이 있다.

이기 때문이었다)이 포함되고, 마지막으로 정부 자체의 기구가 포함되는 세력이었다. 투표권 획득 운동은 휘청거렸다. 캐리 채프 먼 캣*은 다음과 같이 추산했다.

헌법에서 '남성'이라는 말을 빼기 위하여 이 나라의 여성들은 52년 간 쉼없는 운동이라는 대가를 치렀다. ······ 그동안 여성들은 남성 유권자들에게 국민투표 캠페인을 56회, 입법부로 하여금 유권자에 게 선거권 수정안을 제출하게 하는 데 480회, 주헌법 연차총회로 하여금 주 헌법에 여성 선거권을 써넣게 하는 데 47회, 주의 당연차 총회로 하여금 여성 선거권 조항을 포함시키게 하는 데 277회, 중요 한 당연차총회로 하여금 정당 강령에 여성 선거권 조항을 선택하게 하는 데 30회, 그리고 19년의 연속 의회와 함께 19번의 연속적 운 동을 해야만 했다.

패배는 너무 흔했고, 승리는 무척 귀했다. 그것도 이득이 너무 적은 승리였다. 선거권을 통해 살고 선거권을 위해 싸우는 것은 고사하고, 선거권 투쟁에 관해 읽는 것조차 지치는 일이었다. 이 분야에서 역사가들의 과오를 용서할 수는 없을지라도 이해할 수 는 있는 것이다. 그러나 우리가 봐온 대로 선거권운동은 여권운 동의 아주 작은 일면에 불과한 것이다. 100년 동안의 빛나는 인 물들과 중요한 사건들 또한 미국 역사에서 지워져 버렸다. 여성이 공개적으로 말하는 것이 허용되지 않았던 시기에 가족과 교회 그 리고 국가를 공격하기 위하여 그러한 일을 방해하려는 군중들을

---

*Carrie Chapman Catt: 1859-1947. 전미여성선거권연합 의장을 맡으면서 국제 운 동에 쏟아온 관심을 국내로 돌렸다.

싸워 물리치고, 사회적으로 굶주린 소규모 집단의 여성들에게 이 야기하려고 서부의 작은 마을들까지 형편없는 철도로 여행했던 여성 연설가들이 있었다. 그들은 우리에게 잘 알려진 스칼렛 오 하라*나 해리엇 비처 스토**, 또는 『작은 아씨들』보다 훨씬 더 극 적이었다. 해방된 노예들인 소저너 트루스***와 해리엇 터브먼**** 은 막대한 현상금이 걸려있음에도 불구하고 다른 노예들을 자 유롭게 하려고 반복해서 자신들이 노예로 있던 농장으로 돌아가 기도 했다. 그들의 활동은 불운한 존 브라운*****보다 훨씬 더 효 과적인 것이었다. 오늘날 대부분의 사람들은 머틸라 마이너Myrtilla Miner, 프루던스 크랜들Prudence Crandall, 애비게일 스콧 더니웨이Abigail Scott Duniway, 매리 퍼트넘 제이코비Mary Putnam Jacobi, 어니스틴 로즈 Ernestine Rose, 클래플린Claflin 자매들, 크리스털 이스트먼Crystal Eastman, 클라라 렘리히Clara Lemlich, O. H. P. 벨몬트O. H. P. Belmont부인, 도리스 스티븐스Doris Stevens, 앤 마틴Anne Martin에 대해 들어본 적조차 없을 것이다. 이러한 무지는 마거릿 풀러, 패니 라이트, 그림케Grimké 자 매들, 수잔 B. 앤서니, 엘리자베스 캐디 스탠턴, 해리어트 스탠턴 블래치, 셜롯 퍼킨스 길먼, 앨리스 폴Alice Paul처럼 중요한 인물들의 삶이 알려져 있지 않은 데 비하면 아무것도 아니다.

*Scarlett O`hara. 「바람과 함께 사라지다」의 여주인공.
**Harriet Beecher Stower: 1811-1896. 소설가. 노예제도에 대한 인도주의적인 분노를 작품 『엉클 톰스 캐빈』을 통해 표현했다.
***Sojourner Truth: 1797-1883. 노예 출신. 아프리카계 미국인 노예제 폐지론자 이자 여성 인권운동가.
****Harriet Tubman: 1820-1913. 태어날 때부터 노예였던 그는 1850년부터 1860 년까지 남부에 들어가 300명이 넘는 흑인 노예들을 북부로 탈출시켰다. 남북전 쟁 이후에는 여성 선거권을 위해 싸웠다.
*****John Brown: 1800-1859. 노예해방의 굳은 신념을 지니고 캔자스를 자유로 운 주로 만들기 위하여 힘쓰는 한편, 노예들의 반란을 계획하고 빙기 청고를 습격하다 잡혀서 처형되었다.

그런데도 우리는 루이자 메이 알코트*, 클라라 바턴**, 그리고 플로렌스 나이팅게일***에 대해서는 알고 있다. 냇 터너****에 대해서보다는 랠프 번치*****의 승리 혹은 조지 워싱턴 카버와 땅콩******에 대해서 알고 있는 것과 마찬가지이다. 도덕가연하는 그러한 인물들을 선호하는 미국 역사의 기준에서 주요 인물들이 빠져있는 것은 쉽사리 넘어갈 수 없는 일이다. 여전히 억압받고 있는 흑인 아이들에게 그들의 역사에 존재했던 냇 터너에 대한 존경심을 불러일으키는 것이 위험하듯이 여권운동에 있어서도 마찬가지이다. 우리의 역사책에서 페미니즘에 관해 의심스러운 공백이 있는 것—혹은 전체 여권운동을 (보수적인) 선거권운동이나 진보시대의 개혁주의 여성 집단과 혼동하는 것—은 우연이 아니다.

그것은 첫 번째 페미니스트 투쟁에 대한 반작용으로 우리가 여전히 겪고 있는 반발의 한 부분이다. 50년 간의 침묵에서 자라난 소녀들이 조심스럽게 선택한 소수의 강력한 모델들은 급진적 페미니스트 운동을 하는 건전한 이기심을 가진 거인과는 반대되는 이타적인 여성의 전통을 가진 엘리너 루스벨트Eleanor Roosevelt

---

*Louisa May Alcott: 1832-1888. 『작은 아씨들』의 저자.

**Clara Barton: 1821-1912. 1882년에 미국 적십자사를 창립했다.

***Florence Nightingale: 1820-1910. 영국의 간호사. 병원·의료제도의 개혁자.

****Nat Turner: 1800-1831. 백인 주인인 새뮤얼 터너에 저항하여 반란을 일으켜 50여 명의 백인들을 죽였다. 미국 역사에서 본격적으로 발생한 최초의 흑인 노예 반란으로 일컬어진다. 그러나 곧 체포되어 교수형에 처해졌다.

*****Ralph Bunche: 1800-1859. 미국의 정치학자 겸 외교관. 1940년대 말 팔레스타인 문제를 조정한 공로로 1950년 흑인으로는 처음으로 노벨평화상을 수상했다.

******George Washington Carver: 1864-1943. 노예의 아들로 태어나 농학자가 되었다. 목화농업이 몰락하자 고구마와 땅콩을 재배하도록 했다. 땅콩이 많이 재배되었지만 처리할 방법이 문제가 되자 땅콩 버터, 인조고기, 빵, 땅콩 우유, 음료 등을 발명했는데 이 때문에 '땅콩박사'로 잘 알려져 있다.

같은 여성이었다. 이러한 문화적 반발은 예상된 것이었다. 그 시대의 남성들은 그것이 그들이 여성에게 행사하고 있는 공개적이고 뻔뻔한 권력에의 심각한 위협이라는 것을 인식하면서 페미니스트 운동의 본질을 즉각 파악했다. 그들은 혼란스러운 피상적 개혁으로—기록되어 있는 가장 노골적인 불평등을 수정한다든가, 옷, 성, 스타일의 몇몇 변화들("정말 큰일을 해내셨군요, 아가씨You've come a long way, baby"*)—여성운동을 매수하려 들었다. 그 모든 것은 동시에 남성의 이익에 부합했으며 권력은 아직도 그들의 손에 머물러 있었다.

II. 50년간의 조롱

해방의 신화the Myth of Emancipation는 50년 넘게 여성의 정치의식을 문화적으로 마비시키기 위하여 어떻게 작용했는가?

20년대에는 에로티시즘이 크게 대두하였다. 페미니스트의 공격으로 로맨스와 함께 결혼제도가 점차 흔들리기 시작하면서('사랑과 결혼, 사랑과 결혼은, 말과 마차처럼 함께 간다……'**) 약화되고 무너져가는 제도를 다시 대두시키고 강화시키는 역할을 했던 것이다. 그러나 회복은 오래가지 않았다. 여성들은 곧 다시 개인화되었고 새로운 계급적 유대감은 분산되었다. 적어도 자신들의 문제를 사회적인 것으로 보았던 보수적 페미니스트들은 포섭되어 버렸다. 한편 급진적 페미니스트들은 공개적으로 그리고 효과적으로 조롱당했다. 결과적으로 다른 운동을 하는 무고한 '협회 여성들'도 어리석어 보이게 되었다. 해방은 개인이 사적

*이제는 성 '성'문제가 해결되었음을 암시하는 호의적인 문투다.
**프랭크 시내트라의 'Love And Marriage' 노랫말 중 일부이다.

으로 책임질 문제이며 구원은 개인적인 것이지 정치적인 것이 아니라는 문화 캠페인이 시작되었다. 여성들은 '성취'를 향한 오랜 자기와의 대화를 시작했다.

20년대에는 '스타일'의 현대적 양성에 대한 강박과 매력의 추구(당신도 역시 테다 바라*가 될 수 있다는 식의), 오늘날까지도 여성들을 낭비하게 만드는 「보그*Vogue*」, 「글래머*Glamor*」, 「마드모아젤*Mademoiselle*」, 「코스모폴리탄*Cosmopolitan*」 등 다양한 여성잡지에 의해 선동된 문화병a cultural disease이 시작되었다. 자신을 '표현하는' '남과 다른' 개인적 스타일의 추구가 책임과 배움의 경험을 통한 인격 성장에 강조를 두는 오랜 페미니스트적 주장들을 대치하였다.

대공황 이후 30년대에 여성들은 깨어났다. 20년대의 신여성 flapperism이 명백히 그 답은 아니었던 것이다. 그들은 그 어느 때보다 더 불안하고 신경쇠약에 걸린 것처럼 느꼈다. 그렇지만 전속력으로 가동 중인 해방의 신화 때문에 감히 불평은 하지도 못했다. 만약 그들이 원하는 것을 얻고도 **여전히** 불만스럽다면 무언가 잘못된 것이 틀림없었다. 남몰래 그들은 결국 자신들이 진짜로 열등**했는지** 모른다고 의심했다. 혹은 어쩌면 잘못된 것은 바로 사회질서일지도 모른다고 생각했다. 그들은 공산당에 가입하여 다시 한 번 사회적 약자들과 강하게 공감했다. 그러나 그들이 착취당하는 노동계급과 강한 동질감을 느끼게 되는 것이 그들 자신의 억압 경험으로부터 직접 나온 것임을 인식하지는 못했다.

40년대에는 생각해야 할 또 하나의 세계전쟁이 있었다. 개인적인 불안은 전쟁 중의 국민협력정신the spirit of the war effort에 의해 일시

*Theda Bara: 1885-1955. 무성영화 시대에 요부의 이미지를 가장 잘 보여준 영화배우. '클레오파트라' 등 다수의 영화에 출연했다.

적으로 가려졌다. 곳곳에 퍼진 군의 선전으로 강화된 애국심과 독선이 그들 자신의 이상이었다. 게다가 '놈들'은 떠나고 없었다. 더 좋은 것은 '놈들'의 권좌가 비어있다는 것이었다. 여성들은 몇 십 년 만에 처음으로 실질적인 직업을 가졌다. 사회는 그들이 가진 최대한의 능력을 전적으로 필요로 했기 때문에 그들에게 여성이라는 지위와 반대되는 인간이라는 지위를 일시적으로 허용했다.(사실상 페미니스트들은 전쟁을 그들의 유일한 기회로 환영해야만 했다.)

40년대 후반에서 50년대에 처음으로 평화와 풍요의 긴 시기가 왔다. 그러나 예견됐던 페미니즘의 부활 대신, 수많은 가망 없는 국면을 지난 뒤에서야, 베티 프리단*이 아주 잘 기록한 『여성의 신비The Feminine Mystique』가 나타났을 뿐이었다. 이 세련된 문화적 장치는 구체적인 목적을 위해 끌어올려진 것이었다. 여성들은 전쟁을 치르는 동안만 고용되었었고, 이제 그만 두어야만 한다는 것이었다. 그들의 새로운 고용창출 효과는 위기의 시기에 이용할 수 있는 편리한 잉여노동력이 될 수 있음이 발견되었기 때문에 나온 것이었다. 그런데도 불구하고 이제는 누구도 그들을 공개적으로 해고할 수 없게 되었다. 그것은 조심스럽게 길러온 해방의 신화 전체가 거짓임을 증명하는 것이 될 것이기 때문이었다. 자의로 그만두게 하는 것이 더 나은 방법이었다. 『여성의 신비』는 그 목적에 놀랍도록 잘 들어맞았다. 여전히 필사적이고, 여전히 무언가를 찾고 있던 (결국 여성들에게 공장 일은 새장 속의 지옥보다는 낫지만 그 또한 천국일 리는 없다) 여성들은 또 다른 잘못된 길을 선택했다.

*Betty Friedan: 1921-2006. '행복한 현모양처'의 환상을 빗신 『여성의 신비』로 60년대 2세대 여성운동을 주도했던 미국의 페미니스트이자 사회심리학자.

48

그 길은 어쩌면 다른 어떤 길보다도 나빴을지도 몰랐다. 그것은 20년대의 (천박한) 관능성도, 30년대의 (허위의) 이상에의 전념도, 40년대의 집단정신(선동)도 제공하지 않았다. 그 길이 여성에게 제공한 것은 체면과 사회적·경제적 신분이동—더불어 환멸스러운 로맨스와 많은 기저귀들, 학부모 회의(마거릿 미드*의 어머니의 양육), 가족 논쟁, 끝없고 효과 없는 다이어트, 지루함을 없애는 연속극들과 광고들이었다. 만약 그래도 고통이 지속된다면 정신치료가 제공되었다. 「트루컨페션*True Confessions*」 지가 노동계급의 모든 여성을 대변했듯이 「굿하우스키핑*Good Housekeeping*」과 「페어런츠매거진*Parents' Magazine*」이 중산계급의 여성들을 대변했다. 50년대는 가장 침울한 10년이었다. 어쩌면 여성들에게는 수 세기 동안 가장 침울한 때였을지도 모른다. 1950년대 판 신화에 따르면, 여성의 해방은 이미 시도되었지만 부족하다는 것이 (의심할 것도 없이 여성 자신들에 의해) 발견되었다. 질식할 것 같은 '창조적 모성*Creative Motherhood*'으로부터 떨어져 나가려는 첫 번째 시도는 완전히 실패한 것처럼 보였다. 이때까지 과거의 페미니스트 운동에 관한 믿을만한 지식은 모두 사장되어 버렸다. 그리고 그와 더불어 현재 여성의 비참함이 여전히 적의에 찬 반발의 산물이라는 것도 사장되었다.

50년대의 젊은이들에게는 더 세련된 문화적 장치가 있었다. 그것은 문화적 인가認可에 의해 허물어지는 가족 구조를 떠받치는 데 전념하는 불굴의 낭만주의의 최신형 모습인 '10대주의*Teenagerism*'이다.(7장 '로맨스 문화'를 보라.) 모든 시대의 어린 소녀

*Margaret Mead: 1901-1978. 문화인류학자. 20대 초반에 사모아 섬에 가서 그곳 청소년기 소녀들의 삶과 성장 과정을 관찰해 쓴 『사모아의 청소년』에서 '양육'의 중요성을 강조하였다.

들은 10대의 로맨스를 통해 어머니의 지긋지긋한 가정으로부터 도망치는 것을 꿈꿔왔다. 20년대의 신여성 시대 이래로 굳어진 전통인 차를 세워놓고 데이트하는 것이 아주 당연하고 꼭 필요한 일이 되어 버렸다. 그것은 아마도 50년대의 정열을 가장 잘 특징짓는 소품일 것이다.(에드워드 킨홀즈Edward Keinholz*의 '주차된 차The Parked Car'와 같은 '환경예술environment'**을 보라.) 고등학교에서 하는 데이트게임dating game의 의식들을 남부의 기사도 전통의 고급의식과 형식상 비교해보면, 20세기의 '미인'은 이제 막대기를 휘두르는 꽃다운 나이의 치어리더들이라는 것을 알 수 있다. 소녀가 성취할 수 있는 최상의 목표는 고전적 '우아함'의 현대판인 '인기'였다.

그러나 청년들은 그것을 받아들일 수 없었다. 여성들로 하여금 자신들의 자리를 지키게 하려는 역겨운 낭만주의와 감상벽은 관련 남성들을 곤경에 빠뜨리는 부작용을 가져왔다. 만약에 여자 쫓아다니기의 의식이 있다면 어떤 남자는 그것을 위해 희생해야 할 것이다. 바비Barbie는 켄Ken***을 필요로 했다. 그러나 데이트하는 것은 성가신 일이었다.("아빠, 오늘 밤 차 좀 쓸 수 있을까요?") 섹스를 하는 더 쉬운 방법이 틀림없이 있다. 프랭키 아발론Frankie Avalon과 폴 앵카Paul Anka****가 10대 소녀들에게 낮은 목소리

로맨스의 탄생

---

*미국의 현대미술가로 특히 아상블라주Assemblages로 유명한 킨홀즈는 미국 사회의 저질스럽고 난폭한 면을 불명확한 이미지로 표현하고 죽음과 성(性)의 그로테스크한 이면을 강조하였다.
**환경예술이란 작품과 관객 사이에 보다 상호유기적인 교류를 의도하여 관객 주위를 회화, 조각, 오브제 등으로 둘러싸고 때로는 소리, 빛 따위도 가해서 독특한 환경을 꾸며내는 예술형식이다.
***Barbie와 Ken은 한 쌍을 이루는 남녀 인형의 이름이다.
****프랭키 아발론과 폴 앵카는 틴팝Teen pop의 황금기를 열었다. 틴팝은 사춘기 전의 아이들 또는 10대들을 대상으로 한 대중음악 장르로 팝, 알앤비, 힙합, 록 등 다양한 삼트에 실려 생산되며 싱글년의 일상과 사랑을 다룬 노랫말, 밝은 분위기의 곡이 특징이다.

로 부드럽게 노래했다. 소년들은 무시당했다.

60년대에 소년들은 분열되었다. 그들은 대학에 가거나 남부 여러 주로 갔다. 그들은 떼를 지어 유럽을 여행했다. 일부는 평화 봉사단에 참여했고 일부는 지하운동을 했다. 그러나 어디로 가든지 그들은 추종자들을 데리고 갔다. 해방된 남성들은 자신들의 새로운 생활방식에 동조하는 근사한 계집애들이 필요했다. 여성들은 노력했다. 그들은 섹스가 필요했다. 여성들은 요구에 응했다. 그러나 그들이 여성들에게 필요로 하는 모든 것은 그것뿐이었다. 만약 계집애가 구식의 헌신을 요구하겠다는 생각을 하게 되면 그녀는 '신경질적이거나' '초조해서' '맛이 가거나' 더 나쁘게는 '완전 기분잡치게 하는 것'이 된다. 계집애들은 남자들에게 장애물('매달리는'으로 번역되는)이 되지 않을 만큼은 독립적이 되는 것을 배워야만 했다. 여성들은 도자기 만들기, 뜨개질, 가죽제품 만들기, 유리공예, 문학·심리학 강좌, 집단치료 등 남자를 성가시게 하지 않을 수 있는 것이라면 무엇이든지 정신없이 등록했다. 그들은 울면서 여러 종류의 이젤 앞에 앉았다.

그것은 '계집애들' 스스로가 고립된 곳Nowheresville으로부터 원래 도망치고 싶어 하지 않았다는 것을 말하려는 것이 아니다. 그들에게는 단지 갈 곳이 없었을 뿐이었다. 그들이 어디에 가든지, 혹은 1960년경의 그리니치빌리지Greenwich Village*, 1964년경의 버클리Berkeley**나 미시시피Mississippi***, 1967년경의 헤이트-애시베

*뉴욕 맨해튼 남부에 있는 예술가 거주지역. 60년대에 크리스토퍼 가(街)를 중심으로 동성애자 사회가 형성된 후 동성애자 권리를 찾기 위한 전 세계적인 운동이 이루어졌다.
**미국 자유언론의 시발점으로 불린다. 1964년 학교가 학생들의 정치활동을 금지시키자 이에 반대하는 한 학생이 반전운동을 이끌었다. 베트남전쟁 반대 운동이 이곳으로부터 시작되었다.
***당시 가장 낙후되고 인종주의(흑인차별)가 극심했던 지역. 흑인 유권자 등

리Haight·Ashbury나 이스트빌리지East Village*에 있든지, 여전히 사람으로는 보이지 않는 '계집애들chicks'일 뿐이었다. 도망갈 수 있는 사회의 주변은 없었다. 성적 계급제도가 모든 곳에 존재했다. 반페미니즘적인 반발에 의해―긴 암흑기 동안 여성들이 페미니즘에 관해 들은 것이 있다면 그것은 반대운동이 폄하한 것뿐이었다―문화적으로 면역된 그들은 여전히 자신들의 문제를 중심으로 조직하기를 두려워했다. 그래서 그들은 20년대와 30년대의 여성들이 빠졌던 것과 똑같은 함정에 빠져 '사적인 해결책the private solution'을 찾으려 했다.

60년대의 '사적인 해결책'은 역설적이게도 예술이나 학문뿐만 아니라 정치적(급진적 정치, 따라서 공식적인―분리된―권력의 영역보다는 더 주변적이고 이상적인) '수단'이었다. 급진적 정치운동은 모든 여성들에게 가장 좋아하는 일을 할 기회를 주었다. 30년대를 되풀이하면서, 많은 여성들은 정치운동을 더 나은 삶을 향한 수단으로서가 아니라 목적 그 자체로 보았다. 많은 여성들이 언제나 여성의 소일거리로 용인되는 평화운동에 참여했다. 정치적으로 무력하기 때문에 해가 없으면서도 그것은 여성의 분노를 대신 해소하는 출구를 제공했다.

다른 사람들은 민권운동에 관계했다. 그러나 비록 평화운동에 참여하는 것보다 직접적으로 더 효과적인 것은 아니었지만, 60년대 초 흑인운동에서 백인 여성의 일정한 참여는 그들의 정치적 성장이라는 측면에서 더욱 가치 있는 경험이라는 것이 증명되었다. 이것은 오늘날의 여성해방운동에서도 쉽게 찾을 수 있다. 남부에 갔던 여성들이 평화운동에서 온 여성들보다 정치적

폭운동과 사유학교 운동인 '프리덤 서머'가 벌였나.
*헤이트-애시베리나 이스트빌리지는 60년대 히피와 마약 문화의 중심지였다.

으로 훨씬 더 기민하고 유연하며 진보적이고, 급진적 페미니즘으로 더 빨리 전향하는 경향이 있다. 아마도 그 이유는 흑인의 고통에 대해 관심을 가지는 것이 1920년 이래로 백인 여성 자신들의 억압에 직면하려는 가장 근접한 시도였기 때문일 것이다. 더 눈에 띄게 억압당하는 사람들을 열심히 옹호하는 것은 너 자신이 억압당하는 사람이라고 완곡하게 말하는 것과 같다. 노예제도 문제가 19세기 급진적 페미니즘에 박차를 가한 것처럼, 이제 인종차별 문제가 새로운 페미니즘을 자극했다. 결과적으로는 인종차별주의와 성차별주의 사이의 유사점을 따져봐야 한다. 사람들이 그들 자신의 인종차별주의를 인정하고 직면한다면 그것과 유사한 문제를 부정할 수 없다. 그리고 만일 인종차별주의가 제거될 수 있다면 성차별주의는 왜 제거될 수 없겠는가?

*

나는 과거의 페미니스트 운동의 끝과 새로운 페미니스트 운동의 시작 사이의 50년 동안의 시기를 서술했는데 그것은 해방의 신화가 각 10년마다 어떤 구체적인 방식으로 근대 여성들의 좌절을 완화시켰는가를 살펴보기 위해서였다. 중상모략의 방법들이 20년대와 30년대의 여성들을 다시 분자화시키는 데 효과적으로 이용되었다. 그 이후로 그 전략은 페미니스트 운동 역사의 침묵과 결합되어 여성들로 하여금 거짓 해결책들의 미로를 신경질적으로 헤매게 만들었다. 신화는 여성들로 하여금 좌절에 대한 정당한 출구를 부정하게 하는 데 효과적으로 쓰였다. 정신치료는 출구로서의 실패를 입증했다.(다음 장을 보라.) 40년대와

50년대의 세대가 증명하였듯이 가정에로의 복귀 역시 해결책이 아니었다.

1970년에 이르러 이 헛된 세대들의 저항하는 딸들은 실제적인 목적에도 불구하고 페미니스트 운동이 있었다는 사실조차 알지 못했다. 실패로 끝난 혁명의 불쾌한 잔여물, 역할에 있어서의 일련의 놀라운 모순들만이 남아 있었다. 한편, 여성들은 대부분의 법적 자유와 함께 완전한 정치적 시민으로 받아들여진다는 보장은 받았으나 권력은 가지지 못했다. 그들은 교육받을 기회는 얻었으나 아직도 고용될 수 없었고 고용되리라는 기대도 가지지 못했다. 그들은 요구한 것 이상으로 복장의 자유와 성의 자유를 가졌으나 여전히 성적으로 착취당했다. 덫에 빠진 입장에 대한 좌절은 대중매체의 발달(7장을 보라)로 악화되었다. 대중매체는 그러한 모순들을 적나라하게 노출했고, 여성들의 추악한 역할은 새로운 매체를 유용한 선전기관으로 만든 바로 그 매체의 강력한 특성에 의해 강조되었다. 성 역할 전통sex role traditions을 강화하는 데 필요한 문화적 세뇌는 전에는 은밀한 것이었으나 이제는 노골적이고 천박한 것이 되었다. 어딜 가나 혐오스럽고 에로틱한 이미지로 공격받은 여성들은 그러한 왜곡(그것이 나일 수 있을까?)으로 인해 처음에는 당황했고 마침내는 분노했다. 처음에는 페미니즘이 여전히 금기였기 때문에 그들의 분노와 좌절은 전면 철수(자유분방한 비트족과 히피세대)하는 것으로 억눌려졌거나, 그들 자신의 운동과 뜻을 달리하는 저항운동, 특히 60년대의 민권운동—여성들이 그들 자신의 억압을 인식하게 되는 것과 가장 가까운 것—으로 향했다. 그러나 결과적으로 그들 자신의 상황과 흑인의 상황과의 명백한 유사점은 보편적인 저항정신과 결부되어 올바른 여성해방운동의 확립으로 이어졌다. 분노는 마침내 올바른 출구로 번져갔다.

그러나 페미니즘의 부활을 다른 운동과 사상에 의해 발생된 자극으로만 보는 것은 잘못된 일이다. 왜냐하면 그것들이 촉매의 역할을 했을지는 모르지만, 사실 페미니즘은 그 자체의 주기적인 운동량을 가지고 있다. 우리가 신봉해온 역사적 해석으로 볼 때, 페미니즘은 여성을 성적-생식적 역할의 압제the tyranny of their sexual-reproductive roles—기본적인 생물학적 조건 자체, 이 생물학적 조건 위에 구축되고 강화된 성적 계급—로부터 해방시킬 수 있는 기술의 발전에 대한 여성의 필연적인 반응인 것이다.

20세기 과학의 발달은 산업혁명에 대한 초기의 페미니스트적 반응을 가속화시켜 왔을 뿐이었다.(예를 들어, 초기 페미니스트들이 해답을 가지지 못했던 문제인 생식조절[피임] 하나만 들더라도 1920년 이래 역사상 최고의 발전단계에 이르렀다.) 나는 페미니즘의 성장을 방해하는—전쟁이나 공황 같은 일시적인 위기들과 함께—반혁명의 역학을 서술해 왔다. 그러한 방해 때문에 페미니즘의 대의를 크게 도울 수 있었던 새로운 과학적 발달은 실험실에 머무른 반면, 사회적-성적 실천social-sexual practices은 위협에 대한 반응으로 전처럼 계속되었을 뿐만 아니라 실제로 강화되었다. 성과 생식 사이의 관계를 더 약화시키거나 끊도록 위협하는 과학적 진보는 문화적으로 거의 실현되지 않았다. 과학적 혁명이 실질적으로 페미니즘에 아무런 효과를 미치지 않는다는 것은 문제의 정치적 본질을 보여줄 뿐이다. 페미니즘의 목적은 진화를 통해서는 결코 성취될 수 없다. 오직 혁명을 통해서만 성취될 수 있다. 권력은 어떻게 진화되었건 기원이 무엇이건 간에 투쟁 없이 포기하지는 않는다.

III. 여성해방운동 the women's liberation[4] movement

3년 동안에 우리는 과거 여성운동의 모든 정치적 범위가 재현되는 것을 보았다. 급진적 페미니스트들과 두 부류의 개혁주의자들, 즉 보수적 페미니스트들과 정치운동가들이라는 넓은 의미의 분리가 현대판으로 다시 나타났다. 현재 운동에는 자체에서 또 갈라지는 주요한 세 진영이 있다. 형성기에서는 한 그룹의 회원뿐만 아니라 정치성도 끊임없이 변하는 상태라는 것을 명심하면서 간략하게 요약해보자.

1) 보수적 페미니스트들

지금은 수없이 많은 비슷한 조직들로 급증하였지만, 이 진영의 대표적인 예는 그 선두주자인(그래서 일반적으로 생각하는 것보다 더 강경하게 페미니즘적인), 그리고 엄청난 반향을 불러일으킨 책 『여성의 신비』의 저자 베티 프리단에 의해서 1965년에 시작된 '전국여성기구 NOW, the National Organization of Women'일 것이다. 종종 여성운동의 NAACP*(실제로 나이 든 전문직—'성공한' 직업여성—여성들로 가득 차 있기 때문에 '출세 제일주의'라며 더 젊

---

[4] "emancipation"과는 반대로 "liberation"은 단순히 성 역할의 평등을 의미하는 것만이 아니라 성적 분류로부터의 자유를 의미한다. 그럼에도 불구하고 나는 언제나 "liberation"이란 말이 신좌파의 수사적인 냄새가 너무 많이 나고 무겁다고 여겼으며, 페미니즘과의 어떤 관계도 인정하는 것을 수치스러워한다. 나는 "급진적 페미니즘 Radical Feminism"이라는 말을 사용하는 것을 더 좋아한다.

*NAACP: National Association for the Advancement of Colored People. 미국을 대표하는 흑인 인권단체로 '전미유색인종지위향상협회'라 불린다. 흑인으로서는

은 해방그룹으로부터 공격을 받기도 한다)라고 불리는 '전국여성
기구'는 성차별주의의 보다 피상적인 증상들—법적 불평등, 고용
차별 등—에 집중한다.

그러므로 정치성에 있어서 그것은 세기가 바뀌는 무렵의 선거
권운동 단체였던 캐리 채프먼 캣의 '전국미국여성선거권협회'와
가장 유사하다. 성 역할로부터의 해방이나 가족의 가치에 대한
급진적 질문 보다는 주어진 체제 내에서의 법적·경제적인 남성
과의 평등을 강조한 것이다. '전국미국여성선거권협회'처럼 '전국
여성기구'는 정치적 원칙에 어떠한 대가를 치르더라도 단일 문제
에 관한 정치적 승리에 집중하는 경향이 있다. '전국미국여성선
거권협회'와 마찬가지로 이 단체는 광범위한 회원들을 모았고 전
통적인 관료적 절차로 회원들을 통제했다.

어쨌든 이미 운동 초기부터 즉각적인 정치적 이익조차도 지켜
질 수 없는 이 입장은 새로운 페미니즘의 모델이라기보다는(혹
은 선두주자라는 말을 더 선호한다면) 과거 페미니즘의 잔재임
이 명백하다. 이것은 지난 보수적 페미니스트 운동의 실패에서
증명된다. 더 좋은 조직이 없어서 '전국여성기구'에 참여했던 많
은 여성들은 급진적 페미니즘으로 전향했다. 그렇게 함으로써 그
들은 '전국여성기구'를 점차 급진적으로 만들었다. 한때는 개혁
이상으로 나아갈 수 없는 사람들을 소외시킬까 두려워서 '낙태
금지법' 폐지를 대놓고 공식적으로 지지하지 못한 조직이었지만,
이제는 낙태금지법 폐지가 중심적 요구 중의 하나가 되었다.

최초로 하버드 대학에서 박사 학위를 받은 윌리엄 두보이스가 주도했다. 그는
흑인도 백인처럼 스스로 사업, 신문, 대학들을 운영해야 하고 이를 통해 흑인
으로서의 자긍심을 회복해야 한다고 주장했는데, 이 협회에는 이처럼 주로 지
식인들이 대거 포진되었다.

2) 정치운동가들Politicos

현대 여성운동의 정치운동가들은 올바른 여성해방운동보다는
좌파('운동')에 우선적으로 충성을 바치는 여성들이다. 진보시대
의 정치운동가들처럼 현대의 정치운동가들은 페미니즘을 그 자
체가 핵심적이고 당면한 급진적 운동으로 보지 않고 '진정한' 급
진적 정치운동에서 부수적인 것으로만 본다. 그들은 여전히 징
병 같은 남성문제는 보편적인 것으로, 낙태 같은 여성문제는 당
파적인 것으로 본다. 현대 정치운동 범주 내에서 이 여성들은 대
략 다음과 같이 작은 범위로 나누어질 수 있다.

(1) 좌파의 여성 보조부대Ladies' auxiliaries of the Left

좌파의 모든 주요 당파, 심지어 이제는 일부 노동조합까지도—상
당한 저항 후에—조직 내의 남성 우월주의에 대한 반대 운동을
하고 여성들의 더 큰 의사결정권을 논하는 여성해방 간부회의를
가진다. 이 간부회의의 정치운동가들은 좌파 정치운동의 제한된
영역 내에서 자신들의 상황을 향상시키는 것이 주목적이라는 의
미에서 개혁주의자이다. 다른 여성들은 기껏해야 그들의 주요한
'지지자들'일 뿐이며 여성문제 그 자체는 '더 큰 투쟁' 속에 여성
을 끌어들여 '급진화시키는' 유용한 도구 이상이 아니다. 그러므
로 다른 여성을 향한 그들의 태도는 '조직가'적 접근, 즉 가르치
려 하거나 전도하려는 경향이 있다. 다음은 지하신문인 『운동The
Movement』과 (여성) '블랙팬서[흑표범단]Black Panther'*와의 인터뷰다.
그 노골성으로 백인 좌파들을 당혹스럽게 할지는 모르지만, 여
성문제에 관한 대부분의 백인들의 혁명적 수사를(그것에서 끌어

*1966년에 결성된 전투적 흑인해방운동 조직.

왔기 때문에?) 전형적으로 보여준다.

보다 진보된 여성, 이미 혁명적 원리들을 이해하는 여성이, 그들에게 가서 그들에게 설명하고 그들과 함께 투쟁하는 것은 매우 중요하다. 우리는 여성이 정치적으로 후진적이고 그래서 우리가 그들과 함께 싸워야 한다는 것을 인식해야만 한다.(강조는 필자)

또 독립적인 여성운동에 관해서는 이렇게 말한다.

그들은 **우선적 투쟁**Primary Struggle을 망각하고 있다. 어떤 여성 그룹을 특별히 조직하는 것은 가능하긴 하지만 위험하다. 그것은 그들끼리만 뭉친다는 의미에서, 노상 **자녀를 돌보는 일**에 관해 이야기하는 쁘띠부르주아 도당이 된다거나 **불평 토로회**가 된다는 의미에서도 또한 위험하다.(강조는 필자)

여기서 흑인은 블랙파워Black Power*의 원칙이 다른 집단에 (여성에게도 역시) 적용되는 것을 완전히 부정하고 있다. 즉 억압받는 사람들이 **자신들이 보고 정의한 대로** 자신들의 억압을 중심으로 조직하려는 권리를 부정한다. 명백한 유사점을 통해 여성들에게 정치적 욕구에 관해 그렇게 많이 가르쳐 주었던 블랙파워운동이 유사점을 뒤집는 것을 보는 것은 슬픈 일이다.(그 이유에 관한 심층 분석을 위해서는 5장을 보라.) 자신의 억압을 중심으로 하는 풀뿌리 조직, 지도력과 권력 놀음의 종식, 피 흘리는 투쟁에 앞서 대중에 기반할 필요성—이 모든 급진적 정치운동의 가장 중요한 원칙

*백인들의 인종차별을 타파하기 위한 미국 흑인들의 사회적·정치적 지위 향상 운동.

들이 갑자기 여성에게만 적용이 안 된다는 것은 최악의 사회적 체제의 이중잣대다. 더 큰 좌파운동 안에서 여전히 일하려고 하는 여성해방 그룹은 기회를 가지지 못한다. 왜냐하면 그들의 노선은 위에서 지시되고, 그들의 분석과 전략은 그들이 저항하고 있는, 정당하지 않은 권력을 가진 바로 그 계급에 의해 형성되기 때문이다. 따라서 그들은 이미 기진맥진한 좌파그룹을 소멸시키는 위협 이상의 긴장을 보태는 것 말고는 거의 할 수 있는 게 없다. 만일 그들이 강력하게 되면 상징적 존재로 포섭되거나, 혹은, 만일 필요하다면, 더 큰 그룹이 조용히 해체되어 그들을 제외하고 재조직된다. 마침내 그들은 종종 분열되고 결국 독립적 여성운동에 가입하도록 강요당한다.

(2) 중도적 정치운동가 Middle-of-the-Road Politicos

별도로 일하고 있지만, 여전히 남성 산하의 보호 아래 있는 이러한 집단은 양가적 ambivalent 이고 혼란스러워한다. 그들은 흔들린다. 자신들의 뚜렷한 목적을 성취하는 데 적합하든 그렇지 않든, 전통적인 (남성)좌파의 분석·수사·술책·전략을 명백하게 모방하는 것은 어디에선가 억압받는 자매들에 대한 지나친 감상으로 보상받는다. 신심이 모호하기 때문에 정치운동도 그런 경향이 있다. 만약 직접적으로 여성을 착취하는 원인이 자본주의라는 것을 확신하지 않아도, 그들은 **남성**이 착취와 관계가 있을지 모른다는 것을 암시하려고도 하지 않는다. 남성들은 형제들이다. 여성들은 자매들이다. 만일 적에 대해 어쨌든 말해야만 한다면, 왜 대놓고 제도 The System 라고 말하지 않는가?

(3) 페미니스트 정치운동가 The Feminist Politicos

이 입장은 아마도 전국에 걸친 무명의 여성해방운동 세포조직 중 가장 큰 부분을 차지할 것이다. 이것은 많은 중도주의자들이 결과적으로 흘러가게 되는 입장이다. 기본적으로 이것은 좌파의 논조를 가진 보수적 페미니즘이다.(혹은 아마도, 더 정확하게는 페미니즘의 논조를 가진 좌파이다.) 페미니스트 정치운동가는 여성들이 느끼는 대로 그들 자신의 억압을 중심으로 조직해야만 한다는 것, 그 일은 독립적인 그룹에서 제일 잘할 수 있다는 것, 어떤 **여성** 집단이든지 일차적으로 여성문제에 집중해야 한다는 것 등을 인정하지만, 그러한 활동이 현존하는 좌파의 분석과 우선순위—물론, 숙녀들Ladies이 결코 우선적이지 않은—의 틀에 맞도록 여전히 모든 노력을 기울인다.

이러한 범위 안에서 외견상의 다양성에도 불구하고 이 세 입장은 하나의 공통분모로 좁혀질 수 있다. 즉 정치적 우선순위에 있어서 페미니즘은 이차적인 것이고, 이미 존재하고 있는 (남성이 만든) 정치적 틀에 맞게 손질되어야 한다는 것이다. 주시하지 않으면 페미니즘이 자제력을 잃어서 혁명에서 이탈하게 된다는 우려는, 페미니즘 그 자체가 정당한 문제, 그것의 목적을 성취하기 위한 혁명을 (불운하게도) **요구할** 문제가 아니라는 정치운동가의 우려로 대치된다.

여기에 문제의 핵심이 있다. 여성 정치운동가는 진정한 정치를 발전시킬 수 없다. 왜냐하면 그들은 근본적으로 **여성으로서의** 억압을 진심으로 직면해본 적이 없기 때문이다. 페미니스트 좌파적인 분석을 창안해낼 수 없는 무능력, 자신들의 문제를 모든 혁명의 중심적인 문제로 보기는 고사하고, 그것을 혁명 그 자체로 보는 것이 아니라 언제나 '우선적 투쟁'과 결부시키려는 욕구는 오래 지녀온 여성으로서의 열등감에서 직접적으로 나온 것이다. 그들 자신의 욕구를 우선시 못 하는 것, 그리고 그것들을 정치적으로 정당화하기 위하여 남성의 승인을—이 경우에는 기존 질서에 반하는 남성의 승인—필요로 하는 것은, 그들로 하여금 필요한 때에 다른 운동으로부터 이탈하지 못하게 함으로써 단지 좌파 개혁주의, 창의성 결핍, 그리고 궁극적으로 정치적 불모성으로 몰아넣는다.

그러나 여성해방운동에 있어서 보다 투쟁적인 급진적 페미니즘과의 대조는 보수적 페미니스트뿐만 아니라 정치운동가들까지도 방어적으로 만들어 결국에는 급진주의를 증대시켰다. 처음에는 쿠바와 '베트남민족해방전선NLF, National Liberation Front' 여성들이 이론의 여지없는 모델들이었고 그들의 자유는 우상화되었다. 이제는 기다려보자는 태도도 있다. 작년에는 흑인, 노동자, 학생의 동조 없는 순전한 페미니스트 문제는 절대 제기되지 않았다. 올해는 좌파의 대변인들이 핵가족의 폐지를 당당하게 중요한 문제로 이야기한다. 왜냐하면 좌파형제들은 그들이 무엇을 끌어들일 수 있는지 보려고 뛰어드는 데 빨랐기 때문에—남성의 작품임이 분명한—일부일처제를 반대하는 성명을 제안한다. 페미니스트들은 쓴웃음을 지을 수밖에 없다. 몇 년 전에는 어리석은 여성운동에 관해 눈곱만큼도 관심을 가지지 않았던 '민주사회를위한학생연합SDS, Students for Democratic Society'은 이제 여성 회원들이 탈퇴하는 것을 막으려고 매력적인 역할을 점점 더 많이 주고 있다. 예를 들어 웨더맨Weathermen*과 그 단체 계열 게릴라들의 '열 명의 긴급수배자' 목록에 첫 번째로 여성이 올라와 있다. 여성의 권리 그 자체로 중요하게 억압된 집단이라는 것을 좌파가 공식적으로 인정하기 시작하고 있는 것이다. 독립적인 페미니스트 운동의 필요성에 관한 피상적인 이해, 낙태나 탁아소와 같은 여성문제나 불평사항들에 관한 약간의 고려, 커져가는 토크니즘tokenism** 등이 그 시작이다. 블랙파워의 초기 단계에서처럼 좌파에서도 "우리 노력하고 있으니 키스해 줘"라는 소리 없는 웃음을 가장하여 진정시키려는 똑같은 시도, 똑같이 신경질적이고 자유로운 웃음, 그리고 여성으로서 어떻게 느끼는지에 관한 똑같은 둔감성들이 있다.

여성의 재발견

3) 급진적 페미니즘

우리가 서술해온 두 입장은 보통 세 번째의 것, 즉 급진적 페미니즘의 입장을 발생시킨다. 그 행렬에 있는 여성들은 '전국여성기구'에서 환멸을 느낀 온건한 페미니스트들에서부터 여성해방운동에서 환멸을 느낀 좌파들에 이른다. 그리고 바로 이러한 대안을 기다려온 여성들과 보수적이며 관료적인 페미니즘이나 낡아빠진 좌파의 교리에 매력을 느끼지 못했던 여성들도 포함된다.

현대 급진적 페미니즘의 입장은 스탠턴과 앤서니에 의해서, 나중에는 전투적인 의회연맹***—후에 '여성당'으로 알려진—에 의해서 옹호되었던 과거 운동에서의 급진적 페미니스트 노선을 직

*1969년 SDS의 한 분파로 조직되었다. 체제에 대한 근본적인 변화를 위해 무장투쟁을 추구했다.
**사회적으로 의미 있는 영역에서 구색을 갖추기 위해 상징적으로 소수의 여성에게 특혜를 주는 것. 명목주의라고도 한다.
***Congressional Union: 1913년 앨리스 폴과 루시 번즈가 창설한 미국의 급진 조직. 헌법 수정안 통과에 전적으로 매달렸다.

접 이어받은 것이다. 급진적 페미니즘은 페미니스트 문제들을 **여성들의** 최우선적인 문제로 볼 뿐만 아니라 더 큰 혁명적 분석에서 중심적인 것으로 본다. 급진적인 페미니즘은 현존하는 좌파의 분석을 받아들이기를 거부하는데 그 이유는 그것이 너무 급진적이기 때문이 아니라 **충분히 급진적이지 않기** 때문이다. 급진적 페미니즘은 현재의 좌파의 분석을 구식이고 피상적인 것으로 본다. 왜냐하면 그 분석이 경제적 계급제도의 구조를 그것의 기원이며 모든 다른 착취제도들의 모델이기도 한 성적 계급제도와 연결하지 않고, 따라서 진정한 혁명이라면 처음으로 제거되어야만 하는 기생충과 연결하지 않기 때문이다.

아래의 장들에서 나는 급진적 페미니즘의 이데올로기와 그것이 다른 급진적 이론과 갖는 관계를 살펴볼 것이다. 그것은 페미니즘 하나만으로도 좌파적 분석의 문제 많은 영역에 초점을 맞추는 것이 어떻게 성공하는가를 보여주기 위해서다. 그리고 처음으로 포괄적인 혁명적 해결책을 제시하고자 한다.

지금 당장 우리는 급진적 페미니스트 운동이 어떤 다른 운동도 주장할 수 없는 많은 정치적 자산, 과거의 어떤 다른 운동과도 질적으로 다를 뿐만 아니라 훨씬 큰 혁명적 잠재성을 가졌다는 것에 주목할 수 있을 것이다.

(1) 분포

소수집단(역사적 사건) 또는 프롤레타리아트(경제적 발전)와는 달리 여성은 언제나 억압된 다수 계급(51%)을 구성해 왔고, 모든 계급에 걸쳐 고르게 퍼져 있다. 미국에서 가장 유사한 운동인 블랙파워는 미국에 있는 모든 흑인을 즉시 동원할 수 있다 하더라도, 인구의 15%만을 지휘할 수 있을 것이다. 실제로 어떤 당파적 내부싸움도 없다고 관대하게 가정하더라도 모든 억압된 소수들을 **합쳐도** 여성을 포함하지 않는 한 다수를 이루지는 못할 것이다. 여성들이 남성과 산다는 사실, 어떤 면에서는 최악으로 불리한 사실—여성들의 상호 고립은 과거 여성해방운동의 부재나 약세에 책임이 있다—이 다른 의미에서는 이점이 되는 것이다. 모든 침실에서의 혁명가는 현재의 상태를 뒤흔들지 않을 리가 없다. 만일 저항하는 사람이 아내라면 그저 교외로 떠날 수만은 없는 것이다. 페미니즘은 그것의 목적을 진정으로 성취할 때 우리 사회의 가장 기본적인 구조를 뚫고 들어갈 것이다.

(2) 개인적 정치학

페미니스트 운동은 '개인적인' 것과 '정치적인' 것을 효과적으로 결합시킨 최초의 것이다. 이것은 관계의 새로운 방식 즉 새로운 정치적 방식을 발달시키고 있고 결과적으로—언제나 여성적 특권인—개인적인 것과 공적인 것, 개인적인 것과 '외부 세계'를 화해시키는 것, 그 외부 세계를 개인의 감정과 감각으로 복귀시키기 위한 방식을 발달시키고 있다.

감정과 지성 간의 이분법은 기존 운동이 대중적 기반을 발달시키는 것을 막아왔다. 한편으로는 정통 좌파들이 있는데 그들은 구체적인 현실과 접촉이 없는 추상적인 상아탑의 지성인들이거나 활동가로 가장한 채 정치적 효율성은 안중에도 없이 제멋대로 행동하면서 호전적으로 **남성성을 과시하는**machismo 사람들이 있다. 다른 한편으로는 우드스톡네이션Woodstock Nation, 저항청년들the Youth Revolt, 히피들the Flower and Drug Generation of Hippies, 이피들Yippies, 미친작자들Crazies, 후레자식들Motherfuckers, 미친개들Mad Dogs, 호그파머스Hog Farmers 같은 사람들*이 있다. 그들은 구식의 전단 살포, 팸플릿 돌리기, 마르크스주의적 분석이 더 이상 인기가 없다는 것을 이해하고 있지만—단순한 프롤레타리아트의 투쟁보다 이것은 훨씬 더 깊은 문제로, 어떤 경우라도 미국의 전위가 되지 못한다—그것을 대치할 그들 자신의 확고한 역사적 분석이 없는 사람들이다. 사실상 그들은 정치와 무관하다. 그러므로 운동은 경직되고 낡은 분석 때문에 주변적이고 분열되고 비효과적인 것이 되거나, 혹은 대중운동적 호소력을 가진 곳에서는 혁명가가 아니라 역사와 경제에 관한 탄탄한 기초가 부족한 '낙오자'들만 있어 실패한다. 페미니스트 운동과의 유대가 절실하게 필요하다.

(3) 권력심리의 종말

대부분의 혁명적 운동은 그들이 설파하는 것을 자신들 사이에서 실천할 수 없다. 강력한 지도자 숭배, 당파주의, '자기도취적' 험담은 예외라기보다는 규칙이다. 여성운동은 짧은 역사에도 이 영역에서 대부분의 운동보다 더 나은 기록을 가지고 있다. 여성운동의 가장 중요한 목적 중의 하나는 내부의 민주주의이고 이 목적을 추구하려고 (종종 터무니없는) 많은 노력을 기울인다.

여성운동이 성공적이라고 주장하려는 것이 아니다. 종종 새롭고 복잡한 여성적 변형이 가미되어, 과거와 같은 게임과 권력 유희를 위선적으로 가장하면서, 이 주제에는 실제보다 과장된 수

*1960년대 미국의 2-30대를 위수로 발생한 하나의 문화충소 및 그것을 따르는 각종 집단의 명칭 및 사람들의 총칭을 말한다.

므로의 볼미드

사가 훨씬 더 많이 있다. 그러나 오늘날 권력심리의 깊은 뿌리인 성적 계급과 가족구조에서 태어난 사람이 권력심리를 없애는 데 성공할 것이라고 기대하는 것은 너무 지나친 일이다. 그리고 많은 여성들이 지배적인 (타인에게 권력을 행사하는) 역할을 수행해본 적이 없는 것은 사실이지만, 많은 여성이 남성과 동일시하면서 살았기 때문에 그들의 복종적인 본성뿐만 아니라 동시에 지배적인 본성까지 근절시켜야 하는 특이한 처지에 처해있다. 그래서 그들은 정력을 심하게 낭비하고 있는 것이다.

그러나 만일 어떤 혁명 운동이 평등한 구조를 확립하는 데 성공한다면 그것은 급진적 페미니즘일 것이다. 남녀 간과 부모자식 간의 기본적 관계에 관해 질문하는 일은 지배-복종의 심리적 유형을 가장 깊은 뿌리에까지 추적하는 일이다. 이 심리를 정치적으로 검토함으로써 페미니즘은 그 문제를 유물론적으로 다루는 첫 번째 운동이 될 것이다.

III 프로이트주의: 오도된 페미니즘

만일 우리가 20세기의 미국을 특징짓는 하나의 문화적 흐름을 말해야 한다면, 그것은 프로이트의 업적과 그것에서 파생된 학문일 것이다. 강의(심리학)를 통해서든, 개인적 치료를 통해서든, 중산계급 자녀들에게 공통된 문화적 경험을 통해서든, 또는 일반적으로 그것이 침투한 대중문화를 통해서든, 인간의 삶에 관한 프로이트의 통찰에 노출되지 않은 사람은 없다. 새로운 어휘들이 우리의 일상 언어에 스며들어와, 보통 사람들도 '병자', '신경증 환자', '정신분열증 환자'라는 존재의 측면에서 생각한다. 그는 '죽음소망' 때문에 '원본능^{id}'*을, '약함' 때문에 '자아^{ego}'를 주기적으로 점검한다. 자신을 거부하는 사람들은 '자기중심적'인 사람이다. 그는 자기가 '거세 콤플렉스'를 가졌다는 것을, 어머니와 동침하고 싶은 욕망을 '억압했다'는 것을, '형제자매간의 경쟁'을 했고 어쩌면 여전히 하고 있을지도 모른다는 것을, 여성들이 그의 음경을 '선망'한다는 것을 당연하게 받아들인다. 그는 모든 바나나나 핫도그를 '음경의 상징'으로 볼 개연성이 있다.

그의 결혼생활에서의 논쟁과 이혼소송 절차는 이 정신분석 안에서 수행된다. 대부분 그는 그러한 용어들의 의미가 무엇인지를 정확하게는 모르지만, 만일 그가 모른다면 적어도 그의 '정신분석의'는 알 것이라고 확신한다. 안경 쓰고 염소수염을 기른 작

*생물학적인 기초를 가진 욕구와 동기를 일컫는다.

은 빈^{Vienne} 사람이 안락의자에서 졸고 있는 광경은 (신경증적인) 현대 유머에서 상투적인 것이다. 정신분석과 관련 있는 만화의 가짓수를 목록으로 만드는 데만도 한참 걸릴 것이다. 우리는 안락의자 하나만을 둘러싼 전혀 새로운 상징학 하나를 만들었다.

프로이트주의는 고해와 참회, 개종자와 전향자, 그것의 유지에 힘쓰는 수백만의 사람들에 의해서 현대판 교회가 되었다. 우리는 불안한 가운데서만 그것을 공격할 수 있는데 그 이유는 최후 심판의 날에 그들이 **옳을지도 모른다**는 것을 우리로서는 결코 알 수 없기 때문이다. 누가 자신이 건강할 수 있는 최대한으로 건강한지를 확신할 수 있겠는가? 누가 자신의 최대의 능력으로 기능하고 있는가? 누가 제정신을 잃고 두려워하지 않겠는가? 누가 자신의 어머니와 아버지를 미워하지 않겠는가? 누가 자신의 형제와 경쟁하지 않겠는가? 어떤 소녀가 때로 소년이기를 바라지 않은 적이 있겠는가? 프로이트주의에 관해 회의를 계속하는 대담한 영혼에게는 **저항**이라는 저 무서운 말이 언제나 있다. 그들은 가장 병이 심한 사람들이다. 그렇게 열심히 싸우고 있다는 점에서 그것은 분명하다.

프로이트주의에 대한 반발이 있어 왔다. 프로이트의 업적 안에서의 모순에 관해 책들이 쓰여졌고 직업들이 생겨났다. 어떤 사람들은 프로이트의 업적 중 극히 일부에 관해서 썼는데도 유명해졌다(예를 들어 죽음소망이나 음경 선망을 반증함으로써). 그리고 더 용감하고 더 야심적인 다른 사람들은 전체적인 부조리를 공격했다. 모든 칵테일 파티에서는 비판이론이 넘쳐난다. 어떤 지성인은 미국의 지적 집단의 붕괴를 정신분석의 수입과 연결 짓기까지 한다. 프로이트주의의 광신성에 반대하여 행동주의라는 경험주의 학파가 결성되었다(비록 실험심리학도 그 자체의 편견으로 곤란을 겪지만). 그리고 점차, 이 모든 것들과 함께, 프로이트주의적 사고는 잠잠해지며, 가장 본질적인 교리는 공격할 것이 아무것도 남아 있지 않을 때까지 하나씩 벗겨졌다.

그럼에도 프로이트주의는 아직 죽지 않았다. 비록 정신분석적 치료가 비효과적임이 증명되었고, 여성의 섹슈얼리티sexuality에 관한 프로이트의 관념들이 완전히 틀렸음이 증명되었지만(예를 들어 이중 오르가슴double orgasm의 신화에 관한 마스터스William H. Masters와 존슨Virginia E. Johnson의 연구*), 오랜 개념들은 여전히 통용된다. 의사들은 계속해서 임상치료를 한다. 그리고 새로운 비판의 말미마다 우리는 그 모든 것을 시작한 '위대한 아버지Great Father'를 향한 죄책감 섞인 찬가를 발견한다. 그들은 내면에서 프로이트를 끊을 수 없는 것이다.

그러나 나는 아직도 단지 임금님이 벌거벗었다는 것을 인정할 용기가 없어서라고 생각하지 않는다. 전적으로 그들이 실직하게 되기 때문일 것이라고도 생각하지 않는다. 대부분의 경우 그들로 하여금 프로이트주의를 파괴하지 못하게 하는 것은 그것에 관해 질문하게 하는 것과 동일한 진실성이라고 생각한다. '직관적'으로 그들의 '양심'이 감히 마지막 도끼를 내리치지 못하게 하는 것이다.

왜냐하면 프로이트의 이론들이 경험적으로 검증될 수 없다는 것이 사실이고, 임상실험에서 프로이트주의가 진짜 부조리로

*마스터스와 존슨 박사의 연구는 모든 성적 문제를 여성의 성적기능에 문제를 돌리고 여성의 성적 만족에 반드시 남성의 참여가 필요하다는 프로이트의 이론을 정면 반박했다. 그들은 그때까지 금과옥조처럼 여겨지던 프로이트 이론을 무력히 이기며 여성 스스로 성적 만족을 취할 수 있다는 지위에 대한 페미니스트 이론을 지지했다.

이어졌으며, 과거의 것 대신으로 제 신경증을 만들어내면서 일찍이 1913년에 정신분석 자체가 치료해야 하는 질병임이 지적된 것도 사실이지만, 우리는 여전히 프로이트주의에 무엇인가 있다고 느낀다.(우리는 받고 있는 치료가 '퇴행regression'과 감정의 '전이transference', 그리고 고뇌에 찬 독백으로 가득한, 이제는 신경증적인, '인식'의 상태로 나아가면서 전보다 더욱 그 자체에 몰두해 있다는 것을 관찰해왔다.) 비록 받고 있는 치료가 '도움이 되는가?' 또는 '가치가 있는가?'와 같은 노골적인 질문을 받을 때는 혼란으로 가득 차지만, 치료를 완전히 무시할 수는 없다.

프로이트는 전 대륙과 문명의 상상력을 선의로 사로잡았다. 비록 표면상 일관성이 없고 비논리적이거나 '빗나갔지만', 그의 계승자들은 신중한 논리와 실험, 수정을 함에도 비교할만한 것이 없다. **프로이트주의는 무척이나 비난할만하지만, 프로이트가 현대 삶의 핵심적인 문제인 섹슈얼리티를 파악했기 때문에 부정하는 것은 불가능하다.**

I. 프로이트주의와 페미니즘의 공통된 뿌리

1) 프로이트주의와 페미니즘은 같은 토양에서 자랐다. 프로이트가 초기 페미니스트 운동의 정점에서 작업을 시작했던 것은 우연이 아니다. 오늘날 우리는 그때의 페미니스트적 관념들이 얼마나 중요했었는지를 과소평가한다. D. H. 로렌스D·H· Lawrence의 『채털리 부인의 사랑』에 기록된 남성과 여성의 본성에 관한 거실의 대화, 인공생식의 가능성(유리병 속의 아기들)은 상상이 아니

었다. 성차별주의는 그 당시 가장 뜨거운 주제였다. 로렌스는 귀동냥을 하고 자신의 견해를 덧붙였을 뿐이다. 성차별주의는 또한 조지 버나드 쇼George Bernard Shaw의 거의 모든 소재들을 결정하다시피 했다. 『인형의 집』에 나오는 입센Henrik Ibsen의 노라는 괴물freak*이 아니었다. 이러한 논쟁들은 많은 현실의 결혼생활들을 파탄시켰다. 『보스턴 사람들』에서 헨리 제임스Henry James가 역겹게 묘사한 페미니스트나 『세월』과 『밤과 낮』에서 버지니아 울프Virginia Woolf의 좀 더 공감이 가는 페미니스트는 실생활에서 나온 것이었다. 문화는 널리 퍼져있는 태도나 관심사를 반영한다. 페미니즘은 그 당시 필수적인 문제였기 때문에 문학의 중요한 주제가 되었다. 작가들은 자신들이 본 것에 관해 쓰기 때문에 주위의 문화적 환경을 묘사한다. 이러한 환경 안에 페미니즘 문제에 관한 관심이 있었다. 여성해방에 대한 질문은 여성들이 새로운 관념을 통해 성장했든지, 그것과 필사적으로 싸웠든지 간에 모든 여성들에게 영향을 주었다. 그 당시의 영화들은 여성들의 예측할 수 없는 행동, 성 역할에 관한 놀랍고도 종종 처참한 실험을 반영하면서 점점 커져가는 여성들 간의 유대를 보여준다. 이러한 격변에 영향받지 않은 사람은 아무도 없었다. 이것은 서구에만 국한된 것은 아니었다. 그 당시 러시아는 가족을 없애는 일을 실험하고 있었다.

　20세기 초에는 사회적·정치적 사고를 함에 있어서도, 문학적·예술적 문화에서 섹슈얼리티, 결혼, 가족, 여성의 역할에 관한 관

---

*『인형의 집』이 발표되자 엄청난 비평이 쏟아졌음은 물론이고 독일 초연 당시 주인공이던 배우 헤트비히 라브로부터 '괴물'이라는 말까지 듣게 된다. 이 배역으로 인해 대중들에게 가정과 아이를 버린 괴물 같은 여자라는 이미지를 심어주게 될 것을 염려하여 그녀는 결국 입센에게 결말을 바꾸어줄 것을 요청했다고 한다.

넘이 굉장한 동요를 일으켰다. 프로이트주의는 이러한 동요에서 나온 하나의 문화적 산물에 불과했다. 프로이트주의와 페미니즘은 둘 다 서구 문명의 가장 독선적인 시대—가족 중심성, 따라서 과장된 성적 억압으로 특징지어지는 빅토리아 시대—에 대한 반응으로 나왔다. 두 운동 모두 의식의 깨어남을 의미했다. 그러나 프로이트는 페미니즘이 치유하려고 주장하는 것을 진단하는 사람일 뿐이었다.

(2) 프로이트주의와 페미니즘은 같은 재료로 만들어졌다. 프로이트의 업적은 섹슈얼리티의 재발견이었다. 프로이트는 섹슈얼리티를 근본적인 생명력으로 보았다. 어린아이 때 이 리비도^{libido}가 조직되는 방식이 개인의 심리를 결정했다.(게다가 그것은 역사적 종의 심리를 재창조했다.) 프로이트는 현재의 문명에 적응하기 위하여서는 성적인 존재가 유년기 때 억압의 과정을 겪어야만 한다는 것을 발견했다. 모든 개인이 억압을 겪어야 하지만, 어떤 사람은 더 심하게(정신병) 또는 덜하게(신경증) 부적응을 낳거나, 혹은 종종 개인을 불구로 만들 정도로 심각하게 부적응을 낳기도 한다.

프로이트가 제안한 치유책은 별로 중요하지 않고 실제로 사실상의 손상을 초래했다. 혹독한 억압을 표면으로 가져오는 과정, 억압을 의식적으로 인식하고 공개적으로 검토하는 과정에 의해 환자는 잠재의식적으로 억압하기보다는 의식적으로 거부하기 위하여 원본능^{id}의 고통받는 소망을 받아들이려고 애써야 한다. 이 치료과정은 '전이'를 통한 정신분석가의 도움으로 시작되는데, 이때 정신분석가는 억압적인 신경증의 근원인 본래의 권위자를 대신한다. 종교적 치유나 최면(실제로 프로이트가 연구하고 영향을 받은)과 같이, '전이'는 이성에 의해서라기보다는 감정적 개입에 의해서 진행된다. 환자는 그의 분석가와 '사랑에 빠진다.' 백지라고 추정되는 치료상의 관계에 문제를 '투사'하면서 환자는 문제를 치료하기 위하여 문제를 끄집어낸다. 그러나 문제는 해결되지 않는다.[1]

왜냐하면 프로이트는 사회적 맥락에 관해서는 질문하지 않은 채 '순수' 과학의 전통에서 심리학적 구조를 관찰했기 때문이다. 그에게 주어진 정신구조와 문화적 편견 하에서 생애의 업적을 검토하라고 기대할 수는 없는 것이다. 그는 보수적인 옹졸한 폭군이었는데 그런 그에게 있어서 일정한 성적 진실은 비싼 대가를 치르고 얻은 것인지도 모른다.(빌헬름 라이히Wilhelm Reich는 그 길을 따라간 소수 중의 하나였다.) 부연하면 마르크스가 인공두뇌의 도래를 고려하지 못했던 것처럼, 당시 프로이트는 우리가 지금 가지고 있는 기술의 가능성에 관한 놀라운 지식을 가지지 못했다. 우리가 프로이트를 개인적으로 비난할 수 있건 없건, 그가 사회 자체에 관해 질문하지 않은 오류는 그의 이론을 중심으로 성장한 학문에 막대한 혼란을 가져오는 원인이 되었다. 근본적 모순을 실행하려 한 결과 해결할 수 없는 문제들로 포위된―그것

---

[1] R. P. Knight는 1941년 『미국정신의학저널American Journal of Psychiatry』에 실린 「정신분석 치료 결과의 평가Evaluation of the Result of Psychoanalytic Therapy」에서 정신분석은 그가 연구한 환자의 56.7%와는 실패했고 단지 43.3%와 성공했음을 발견했다. 그러므로 정신분석은 성공한 것보다는 더 많이 실패한 것이다. 1952년의 다른 연구에서 아이젱크Eysenck는 정신분석을 받은 환자들은 44%, 정신요법으로 치료받은 환자들은 64%, 그리고 아무런 치료를 받지 않은 사람들은 72%의 차도율을 나타냈음을 보였다. 다른 연구들(Barron and Leary, 1955; Bergin, 1963; Cartwright and Vogel, 1969, Truax, 1963, Powers and Witmer, 1951)도 이러한 부정적인 결과들을 확인해준다.

을 만들어낸 환경 안에서의 문제의 해결—그의 계승자들은 악을 제거하려다 선까지 잃을 때까지 그의 이론적 요소들을 하나하나 공격하기 시작했다.

그러나 그러한 관념들에 어떠한 가치가 있는가. 이번에는 급진적 페미니즘의 관점에서 그것들을 다시 한 번 재검토해보자. 그의 관념들을 액면 그대로 받아들이면 부조리로 이어지지만 나는 프로이트가 진실한 것을 말했다고 믿는다. 그의 천재성은 과학적이라기보다는 시적인 것이기 때문에 그의 관념들은 사실로서보다는 은유로서 더 가치가 있다.

이러한 시각에서 프로이트 이론의 초석인 오이디푸스콤플렉스[2]를 먼저 검토해보자. 그것은 남자아이가 그의 어머니를 성적으로 소유하고자 하고, 그의 아버지를 죽이고자 하고, 아버지에 의한 거세의 공포가 그로 하여금 그 소망을 억압하게 한다는 것이다. 프로이트는 마지막 저서에서 "만일 정신분석이 억압된 오이디푸스콤플렉스의 발견 이상의 다른 업적을 자랑할 수 없다 할지라도, 그 하나가 인류의 귀중한 새로운 획득물 가운데 포함될 거라고 감히 주장하겠다"고 말했다. 이 말을 앤드루 샐터Andrew Salter가 『정신분석에 대한 반증The Case Against Psychoanalysis』에서 말한 것과 비교해보자.

---

[2] 만일 내가 여아보다 남아를 먼저 다룬다면 그것은 프로이트—사실상 우리의 전체 문화—가 남아를 먼저 다루기 때문이다. 프로이트를 적합하게 비판하기 위해서조차 우리는 그가 그의 업적에서 설정해 놓은 우선순위들을 따라야만 할 것이다. 또한 프로이트 자신이 보았듯이 오이디푸스콤플렉스는 엘렉트라콤플렉스Electra Complex보다 문화적 중요성이 훨씬 더 크다. 나도 역시 오이디푸스콤플렉스가 심리적으로 더 손상된다는 것을 보이고자 할 것이다. 남성이 지배하는 문화이기 때문에 남성 심리에 가해진 손상은 막대한 결과들을 가져온다.

프로이트에게 가장 공감하는 사람들조차도 오이디푸스콤플렉스에서 다소 혼란스러운 모순을 발견한다. 정신분석 사전Psychiatric Dictionary은 오이디푸스콤플렉스의 경과에 관해서 "오이디푸스콤플렉스의 운명은 아직 명확하게 이해되지 않는다"고 말한다. 나는 우리가 오이디푸스콤플렉스의 운명에 관해서 확실하게 말할 수 있다고 생각한다. 오이디푸스콤플렉스의 운명은 연금술, 골상학, 그리고 수상학의 운명이 될 것이다. 오이디푸스콤플렉스의 운명은 망각이 될 것이다.

왜냐하면 샐터는 사회적 맥락을 가정한 이론에서의 모든 통상적 모순들로 홍역을 치러서 콤플렉스의 원인이 불변의 것이라고 말했기 때문이다.

오이디푸스콤플렉스의 '정상적'인 소멸에 관한 프로이트의 사고는 치명적인 논리적 모순에 시달린다. 만일 우리가 오이디푸스콤플렉스의 소멸이 **거세공포를 통해** 성취된다는 것을 인정한다면, **정상상태가 소년에게 행사된 공포와 억압의 결과로서 획득되어진 것처럼** 보이지 않지 않겠는가? 억압에 의한 정신건강의 성취는 가장 기본적인 프로이트적 교리와는 명백한 모순이 아닌가?(강조는 필자)

나는 오이디푸스콤플렉스가 완전한 의미를 가질 수 있는 유일한 길은 권력의 측면에서라고 주장한다. 우리는 프로이트가 가부장제 사회의 핵가족—생물학적 가족 자체에 내재하는 불평등의 최악의 결과들을 강화시키는 사회조직 형태—에서 자란 모든 정상적인 개인에게 공통적인 것으로서 오이디푸스콤플렉스를 관찰했다는 것을 염두에 두어야 한다. 남성이 권력을 덜 가진 사회에서는 오이디푸스콤플렉스의 영향력이 감소하고, 게다가 약화되는 가부장제는 오이디푸스콤플렉스의 완화를 추적할 수 있는 많은 문화적 변화들을 만들어낸다는 것을 증명하는 증거들이 있다.

오이디푸스콤플렉스가 뚜렷하게 나타나는 가부장제 핵가족을 들여다보자. 이러한 종류의 전형적인 가족에서 남성은 돈을 벌어오는 사람이다. 이 가족의 모든 다른 구성원들은 따라서 그에게 의존하는 사람들이다. 그는 가사노동을 하고 성을 제공하고 출산하는 아내의 봉사에 대한 보답으로서 아내를 부양하는 데 동의한다. 그녀가 그를 위하여 낳은 아이들은 더 의존적이다. 그들은 법적으로 아버지의 소유이고(초기 여권운동의 캠페인 중 하나는 이혼 시 여성들로부터 아이들을 빼앗는 일을 반대하는 것이었다), 아버지의 의무란 그가 속한 사회적 계급이 어디이든 자녀들이 그들의 존재를 인정받을 수 있도록 '형성'하기 위하여 그들을 먹이고 교육시키는 것이다. 그에 대한 보답으로 그는 불멸성과 종종 혼동되는 명성과 소유가 지속되기를 기대한다. 자녀들에 관한 아버지의 권리가 완성되는 것이다. 그가 그런 종류의 아버지(주인)가 아니라면 운이 없는 것이다. 아이들은 성장할 때까지 아버지의 손아귀를 피할 수 없고, 피할 수 있을 때쯤에는 심리적 성격 형성도 완료된다. 그들은 이제 아버지의 행위를 반복할 준비가 된 것이다.

비록 이 본질적 관계들을 알아볼 수 없을 정도로 흐리게 하기도 하지만 최신판 핵가족 역시 아버지, 어머니, 아들이라는 동일한 의존성의 삼각관계를 본질적으로 재생산한다는 것을 기억하는 일은 중요하다. 왜냐하면 여성이 동등하게 교육받았을지라도, 심지어 그녀가 일할 때라도(우리는 프로이트 시대의 여권운동이 어렵게 승리할 때까지 여성들은 교육받지도 못했고 직업을 구할 수도 없었다는 것을 기억할 필요가 있다), 직업 시장의 불평등 하에서 그녀가 남편만큼 돈을 벌 수 있는 경우는 드물다.("그녀가 남편만큼 버는 결혼은 화있을진저.") 그러나 그렇게 할 수 있다 하더라도 후에 그녀가 아이를 낳고 돌볼 때, 그녀는 다시 한 번 철저히 무능력하게 된다. 여성과 아이들을 완전히 독립시킨다는 것은 가부장제 핵가족뿐만 아니라 생물학적 가족 그 자체까지 없애야 하는 일이 될 것이다.

　이것이 정상적인 아이가 성장하는 억압적인 환경이고, 이 환경에서 아이는 처음부터 권력의 위계질서에 민감하다. 그는 육체적이든 경제적이든 감정적이든 모든 면에서 부모들이 어떤 사람일지라도 부모에게 완전히 의존되어 있고, 따라서 부모들에 의해 좌우된다는 것을 알고 있다. 부모 중에서 확실히 그는 어머니를 더 선호할 것이다. 그는 양쪽 부모에게 억압받지만, 어머니도 적어도 한 사람에게는 억압받기 때문에 어머니와 억압으로 결합되어 있는 것이다. 아이가 볼 수 있는 한, 아버지는 완전한 통제력을 갖고 있다.("아버지가 사무실에서 돌아오시기만 해봐. 너는 매를 맞을 거야!") 아이는 어머니가 권위와 무력 사이에 있다는 것을 알아차린다. 그는 어머니가 부당한 일을 하려고 하면 아버지에게로 달려갈 수 있다. 그러나 아버지가 때리면 어머니는 마실 것과 동정심을 베푸는 것 이외에 할 수 있는 게 없다. 만일 그의 어머니가 부정의에 민감하다면, 그녀는 그가 변을 당하지 않게 하려고 술책과 눈물을 이용할지도 모른다. 그러나 그 정도의 나이가 되면 그는 스스로 술책과 눈물을 이용하고, 눈물이 공고한 폭력과 비교되지 않는다는 것을 안다. 어쨌든 눈물의 효과는 제한되어있고 많은 변수('사무실에서 재수 나쁜 날')에 의존한다. 그때에는 육체적 폭력이나 폭력에 대한 위협이 확실해진다.

전통적인 가족에서는 부모의 양극성이 존재한다. 어머니에게는 자녀를 헌신적으로 무조건 사랑할 것이 기대되는 반면, 아버지는 유아에게 적극적인 관심을 가지지 않고—물론 양육에도 관심을 가지지 않고—후에 아들이 나이가 들었을 때 실적과 성과에 대한 반응으로서 그를 조건적으로 사랑한다.『사랑의 기술』에서 에리히 프롬Erich Fromm은 다음과 같이 말한다.

우리는 이미 모성애에 관해서 논의해 왔다. 모성애는 바로 그 본질상 무조건적이다. 어머니는 새로 태어난 아기가 그녀의 아기이기 때문에 사랑한다. 아이가 어떤 구체적인 조건을 충족시키거나 어떤 구체적인 기대에 맞게 살기 때문에 사랑하는 것이 아니다. …… 아버지와의 관계는 무척 다르다. 어머니는 우리가 태어난 집이고, 자연이고, 흙이고, 대양이다. 아버지는 그러한 자연적인 집을 대표하지 않는다. 아버지는 아이의 생애의 처음 얼마 동안은 아이와 거의 관계를 가지지 않는다. 그리고 초기에 아이에 있어서의 아버지의 중요성은 어머니의 중요성과 비교될 수 없다. 그러나 자연적 세계를 대표하지는 않지만 아버지는 인간 존재의 다른 세계 즉, 사상의 세계, 인간이 만든 세계, 법과 질서의 세계, 규율의 세계, 여행과 모험의 세계를 대표한다. 아버지는 아이를 가르치는 사람이고, 세계로 향하는 길을 보여주는 사람이다. …… 아버지의 사랑은 조건적인 사랑이다. 부성애의 원칙은 '네가 나의 기대를 충족시키므로, 너의 의무를 다하므로, 나와 **같으므로** 너를 사랑한다'는 것이다. …… 어머니 중심의 애착으로부터 아버지 중심의 애착으로의 발전과 그것들의 궁극적인 통합 안에는 정신건강과 성숙의 성취를 위한 기초가 있다.

그가 이것을 쓸 때 실제로는 그렇지 않았다면, 지금은 확실히 그렇게 되었을 것이다. 사랑에 관한 프롬의 책은 17개 언어로 번역되었고 책 표지에 쓰여진 대로 영어판만 150만 권이 팔렸다. 후에 나는 저 인용이 지지하는 어머니의 사랑의 본질과 그러한 이상이 어머니와 아이에게 가하는 해를 더 상세하게 다루겠다. 여기서는 어떻게 이러한 전통적 양극성이 오이디푸스콤플렉스와 관계되는지만을 보이고자 할 것이다.

다른 사람들과 달리 프로이트는 여섯 살 이전의 아이에게 무슨 일이 일어나는지를 과소평가하지 않았다. 만일 유아의 기본적 욕구가 어머니에 의해 돌봐진다면, 어머니에 의해 먹여지고, 입혀지고, 응석이 받아진다면—벌 받을 때나 '남성의 승인'이 필요할 때 이외에는 보는 일이 거의 없는—아버지에 의해 '조건적으로' 사랑받는 것과는 반대로 '무조건적으로' 어머니의 사랑을 받는다면, 그리고 더욱이 그와 어머니가 그들이 기쁘게 하고 진정시켜야만 하는 강력한 아버지에 대항하여 결속되어 있다는 것을 알아차린다면, 모든 정상적인 남아가 처음에 여성과 동일시한다는 것은 당연한 일이다.

어머니를 욕망하는 것, 그래, 그것도 마찬가지다. 그러나 프로이트의 것을 문자 그대로 해석하는 것은 부조리로 이끌 수 있다. 아이는 어머니에게 삽입하는 것을 적극적으로 꿈꾸지 않는다,

그는 어떻게 사람들이 그러한 행위를 할 수 있는지 상상할 수조차 없다. 또 그는 성적 흥분을 완화시킬 필요가 있을 정도로 육체적으로 발달해 있지도 않다. 이 성적 욕구는 일반화된 방식, 더 부정적인 방식으로 보는 것이 더 정확할 것이다. 즉, 나중에야, 성적인 것을 다른 종류의 육체적이고 감정적인 반응들로부터 분리시켜야 하는 근친상간 금기를 중심으로 구조화된 가족 때문인 것이다. 처음에는 모든 반응이 통합되어 있었다.

갑자기 '정신 차리기' 시작해서 작은 남자처럼 행동하는 여섯 살쯤의 소년에게 어떤 일이 일어나는가? '남성 동일시 male identification'와 '아버지의 이미지'와 같은 말들이 돌아다닌다. 작년에 부둥켜안았던 장난감은 뺏기고 만다. 야구를 시작하도록 바깥에 보내진다. 트럭과 전기 기차가 늘어난다. 울면 '계집애 같다'고 불리고, 어머니에게로 달려가면 '마마보이'라 불린다. 아버지는 갑자기 소년에게 적극적인 관심을 가진다.("당신이 애를 망치고 있어.") 소년은 당연히 아버지를 두려워한다. 그는 부모 중에서 어머니가 훨씬 더 그의 편이라는 것을 안다. 대부분의 경우에서 그는 이미 아버지가 어머니를 불행하게 만들고, 울게 만들고, 그녀에게 말을 거의 걸지 않고, 그녀와 언쟁을 많이 하고, 못살게 군다는 것을 매우 명확하게 관찰해왔다.(이것이 만일 그가 성교를 보았다면, 부모의 관계에 관해 그가 이미 모은 것을 기초로 하여 성교를 해석하기 쉬운 이유이다. 즉 그의 아버지가 그의 어머니를 공격한다고 해석하는 것이다.) 그러나 갑자기 이제 그에게 이 야만적인 이방인과의 동일시가 기대된다. 물론 그는 원하지 않는다. 그는 저항한다. 그는 괴물에 관한 꿈을 꾸기 시작한다. 그는 아버지의 그림자도 두려워하게 된다. 그는 이발관에 갈 때 운다. 그는 아버지가 그의 음경을 잘라버리기를 바란다. 그는 작은 남자가 되는 것이 더 낫다는 것을 배웠는데도 그렇게 행동하지 않는다.

이것이 그의 '어려운 과도기'이다. 그렇다면 마침내 무엇이 그의 동일시를 뒤집도록 정상적인 남아를 설득하는가? 프롬은 그것을 너무도 잘 표현했다.

자연적 세계를 대표하지는 않지만 아버지는 인간 존재의 다른 세계 즉, 사상의 세계, 인간이 만든 세계, 법과 질서의 세계, 규율의 세계, 여행과 모험의 세계를 대표한다. 아버지는 아이를 가르치는 사람이고, **세계로 향하는 길**을 보여주는 사람이다⋯⋯.

마침내 소년을 설득시키는 것은 그가 자랄 때 **세계를** 제시하는 것이다. 무력한 사람들인 여성들과 아이들의 상태에서부터 잠재적으로 강력한 상태인 (자아 연장인) 아버지의 아들로 이행하도록 요청받는다. 대부분의 아이들은 바보가 아니다. **그들은** 여성들의 형편없는 제한된 삶으로 끝장내려고 계획하지 않는다. 그들은 여행과 모험을 원한다. 그러나 그것은 어렵다. 왜냐하면 그들은 가슴속 깊이 철두철미하게 아버지를 경멸하기 때문이다. 그들은 어머니와 공감한다. 그러나 그들이 무엇을 할 수 있는가? 그들은 어머니에 대한 깊은 감정적 애착을 '억압하고', 아버지를 죽이고자 하는 욕망을 '억압하고', 그리고 나서 남자라는 명예로운 상태로 나타난다.

그러한 이행이 감정적 잔여물인 '콤플렉스'를 남기는 것은 놀라운 일이 아니다. 남아는 자기 목숨을 구하기 위해서 어머니를 버리고 배반해야만 하며, 그녀를 억압하는 자와 같은 부류에 속해야 한다. 그는 죄책감을 느낀다. 여성 일반을 향한 감정도 영향받는다. 대부분의 남성들은 다른 사람들에 대한 권력을 행사하기 위한 이행을 너무도 잘해냈다. 그리고 일부는 여전히 시도하고 있다.

프로이트 이론의 다른 요소들도 권력, 즉 정치적인 개념들로 검토될 때 마찬가지로 분명해진다. 페미니즘의 해독제는 최초의 왜곡을 만들어낸 성적 편견을 중화시킨다.

일반적으로 엘렉트라콤플렉스는 오이디푸스콤플렉스보다 덜 심오한 발견이라고 믿어지는데, 그 이유는 여성에 관한 모든 프로이트의 이론처럼 여성을 단지 부정적인 남성negative male으로서만 분석하기 때문이다. 즉, 엘렉트라콤플렉스는 역전된 오이디푸스콤플렉스라는 것이다. 거세공포와 얽힌 엘렉트라콤플렉스를 간략히 보면 다음과 같다. 어린 소년처럼 어린 소녀는 어머니에 대한 집착으로 시작한다. 소녀가 음경을 가지지 않았다는 것을 발견하는 다섯 살 때쯤, 그녀는 거세되었다고 느끼기 시작한다. 그것을 보상하기 위해 그녀는 유혹을 통해 아버지와 연합하려 하고 그래서 그에 따른 적대감 때문에 어머니와의 경쟁심을 발전시킨다. 초자아는 아버지에 의한 억압에 대응하여 발전한다. 그러나 아버지는 딸의 유혹의 대상이기 때문에, 어머니의 사랑에 대한 성적 경쟁자인 아들을 억압하듯이 딸을 억압하지는 않는다. 그러므로 어린 소녀의 기본적 정신구조는 그녀의 남자형제와 다르며 약하기도 하다. 아버지와 계속해서 강력하게 동일시하는 소녀는 여성의 섹슈얼리티의 '음핵' 단계에서 지체되어 불감증에 걸리거나 동성애자가 된다고 한다.

페미니스트 용어로 재진술된 이 묘사의 가장 놀라운 특징은 **어린 소녀 역시 처음에는 어머니에게 애착을 느낀다는 것**이다.(그것은, 부수적으로, 생물학적으로 결정된 이성애를 반증한다.) 어린 소년처럼 어린 소녀는 똑같은 이유로 아버지보다 어머니를 더 사랑한다. 아버지보다 더 친밀하게 자신을 돌보고 자신의 억압을 함께 나누기 때문이다. 소년과 마찬가지로 다섯 살 때쯤, 소녀는 아버지의 더 커다란 권력을, 어머니에게는 허용되지 않은 흥미로운 더 넓은 세계에 아버지가 접근하는 것을 의식적으로 관찰하기 시작한다. 이 시점에서 소녀는 어머니가 따분하고 익숙하기 때문에 거부하고, 아버지와 동일시하기 시작한다. 소녀에게 남자형제가 있으면 상황은 더 복잡해지는데, 그 이유는 아버지가 그의 세계, 그의 권력을 소녀의 남자형제에게는 기꺼이 허용하지만 **소녀**에게는 허용하지 않는다는 것을 보기 때문이다. 이제 소녀에게는 두 가지 대안이 있다. (1) 현실적으로 상황을 판단하여 아버지로부터 그의 권력을 뺏으려고 여성의 술책을 사용하기 시작할 수 있다.(그러면 그녀는 권력자의 총애를 받기 위하여 어머니와 경쟁해야만 할 것이다.) 또는 (2) 그녀와 그녀의 남자형제 사이의 육체적 차이가 그에 상응하는 권력의 불평등을 영원히 함의하리라고 믿는 것을 거부할 수 있다. 이 경우에 그녀는 어머니와 동일시되는 모든 것, 예를 들어 노예성과 술책들, 억압받는 자의 심리를 거부하고, 그녀가 추구하고 있는 종류의 자유와 승인을 **남자형제에게** 가져다주는 모든 것을 끈덕지게 모방한다.(그녀가 남성성을 **가장한다고** 말하지 않는다는 것에 주목하라. 그러한 특성들은 성적으로 결정되지 않는다.)

그러나 그녀의 아버지가 공공연히 남자형제에게 행동하두록 북돋아왔던 방식으로 점점 더 행동함으로써 아버지의 총애를 얻으려고 필사적으로 노력해도 **그녀에게는** 효과가 없다. 그녀는 더 열심히 노력한다. 그녀는 말괄량이가 되고, 그렇게 불리는 것을 자랑스럽게 여긴다. 불행한 현실 앞에서 이런 고집스러움은 성공할지도 모른다. 얼마 동안은. 어쩌면 사춘기 이전까지 그럴지 모른다. 그러고 나서 그녀는 진짜 꼼짝 못하게 된다. 그녀는 더 이상 자신의 성을 부정할 수 없다. 그녀의 성이 주위의 호색적인 남성들에 의해 확인되기 때문이다. 이때가 흔히 그녀가 복수심과 함께 여성의 정체성을 발전시키는 때이다.(10대 소녀들은 '다루기 어렵고', '비밀스러우며', '키득키득 웃는다'. 한편 소년들과의 관계는 선머슴의 단계에 있다.)

'음경 선망'도 은유로 보는 것이 더 안전하다. 실제로 성기에 사로잡혀 있을 때조차도, 육체적으로 선망되는 남성을 구분하는 어떤 것이 선망될 것임은 분명하다. 왜냐하면 소녀는 그녀의 남자형제와 똑같은 것을 했을 때 어떻게 해서 남자형제의 행동은 승인되고, 그녀의 행동은 승인되지 않는지를 정말로 이해할 수 없기 때문이다. 소녀는 남자형제의 행동과 그를 구별 짓는 기관the organ 사이의 관계에 대해 혼란스러울 수도 있고 그렇지 않을 수도 있다. 어머니를 향한 소녀의 적대심도, 다시, 성기의 유사점이 관찰되었을 때에만 얽매이는 게 가능하다. 즉, 그녀가 그토록 거부하고자 하는 어머니와 그녀를 동일시하는 어떤 것도 거부된다. 그러나 한 작은 소녀가 스스로를 어머니와 같은 성으로 본다는 것은 그녀가 자기 자신을 무성적asexual이라고 보는 것보다 훨씬 더 가능성이 낮다. 그녀는 무성적인 것을 자랑스러워할 수도 있다. 어쨌든 그녀가 여성임을 표시해주는 유방 같은 뚜렷한 돌기부를 가지지 않은 것이다. 그녀의 성기로 말하자면, 그녀의 순진한 음부는 어머니가 가진 털이 난 둔덕과 유사성이 없는 것 같이 보인다. 그리고 그녀는 그것이 봉인되어 있기 때문에, 그녀가 질을 **가지고 있다**는 것을 모른다. 그녀의 몸은 아직 남자형제의 것처럼 유연하며 기능적이고, 그래서 그녀는 몸과 자신이 하나가 된다. 즉, 그녀와 남자형제는 성인들의 커다란 힘에 의해 똑같이 억압되어 있을 뿐이다. 특정한 방향 없이 그녀는 결국 어머니와 같은 치지에 치하지 않으리라고 오랫동안 자신을 속일 수 있다. 이것이 왜 그녀가 인형을 가지고 놀고 '소꿉놀이'를 하고, 예쁘고 매력적인 여자가 되라고 권장되는지에 대한 이유이다. 사람들은 그녀가 마지막 순간까지 그녀의 역할에 대해 싸우는 사람 중의 하나가 되지 않기를 바란다. 사람들은 그녀가 필요성에 의해서보다 인위적인 설득에 의해 일찍 여성의 역할에 빠지기를 바란다. 즉, 한 아기에 대한 추상적인 약속이 '여행과 모험'의 신나는 세계를 대체하는 충분한 미끼가 될 것이다.[3]

이러한 페미니스트적 해석의 관점에서 보면, 부조리하게 보였던 많은 지엽적인 프로이트의 이론들이 이제 그럴듯해진다. 예를 들어 『정신분석에 관한 논문들Papers on Psycoanalysis』에서 어니스트 존스Ernest Jones는 다음과 같이 말한다.

많은 아이들에게는 그들 부모의 부모가 되고 싶다는 생생한 욕구가 있다. …… 이 기묘한 상상력의 구성은 …… 분명히 근친상간의 소망

---

[3] 번창하는 인형 사업은 이러한 부모의 불안을 이용한다. 아이로서 그녀는 성인들이 어떤 애매한 추론을 하든 간에 선물들을 좋아한다. 인형들이 무엇을 위해 있는지를 깨달았어도 많은 영리한 어린 소녀들은 다른 종류의 장난감 또는 식녀모 '바비' 인형을 원한다고 심립히 칠캥낸다. 필국 소녀들은 이미 칭복된 엄마와 놀기보다는 '켄'을 공격하는 무기를 연마시키고 싶어 한다.

과 밀접히 연결되어 있다. 왜냐하면 상상력의 구성은 그 자신의 아버지가 되고 싶다는 **공통된 욕구**의 과장된 형태이기 때문이다.

페미니스트적 번역은 이렇다: 아이들은 그들의 주인인 부모, 특히 진짜 권력을 가진 사람인 아버지를 지배하는 위치에 있는 것을 상상한다.

또 프로이트는 페티시즘[성적 도착증의 일종^{fetishism}]에 관해 다음과 같이 말한다: '그 대상은 어린 소년이 그 존재를 믿지만 포기하고자 하지 않는 어머니의 성기를 대치한 것이다.' 프로이트는 정말로 난처할 수 있다. 어머니의 권력에 관해 말하는 것이 훨씬 더 그럴듯하지 않은가? 어린 소년은 음경과 음핵 간의 차이를 가까이서 관찰하기는커녕 어머니가 옷 벗은 것을 본 일조차 없다. 소년이 알지 못하는 것은 그가 어머니에게 애착을 가진다는 것과 그녀가 무력하다는 이유로 그녀를 거부하기를 원하지 않는다는 것이다. 선택된 대상은 이 애착의 상징일 뿐이다.

그러한 다른 예들이 널려있지만 내 논지는 확실히 설명했다. 즉, 페미니스트적 분석을 통하여 프로이트주의의 전체 구조는 동성애처럼 중요하게 관련된 영역이나 억압적인 근친상간 금기 자체의 본질을 명확히 하면서 처음으로 철저하게 이해된다. 동성애와 근친상간 금기는 오랫동안 일치점이 없이 연구되어온 서로 인과관계에 있는 주제들이다. 우리는 마침내 그것들을 가족에 의하여 만들어진 권력심리의 징후로서만 이해할 수 있게 된다.

세기의 전환기에 뒤르켐^{Emile Durkheim}은 근친상간에 관한 기초 작업을 함으로써, 프로이트처럼, 오늘날까지 지속되는 일련의 모순적인 견해들을 발표하기 시작했다. 뒤르켐은 근친상간 금기는 친족 구조에 기원이 있다고 생각했다.

인간사회의 초기에 근친상간은 적어도 두 개의 근원적인 친족으로 분화될 때까지 금지되지 않았었다는 것을(많은 사실들이 증명한다고 하겠다). 우리가 아는 이 금지의 첫 번째 형태, 즉 족외혼exogamy은 무엇보다도 이 조직체와 상관관계가 있는 것으로 보인다. 후자는 확실히 원시적인 것이 아니다.

그리고

친족의 기본적 구조는 모든 인간사회가 통과하는 한 단계로 보였던 것과 같이, 족외혼은 친족의 구성과 엄격하게 연결되어 있기 때문에, 친족이 일으키고 전승한 도덕적 상태가 그 자체로 인류 전반에 걸쳐져 있다는 사실은 놀라운 것이 아니다. 적어도 그것을 이겨내기 위하여, 특히 사회적 욕구들을 억누르기 위하여 족외혼은 필요했다. 그리고 이것이 어떤 사람들 사이에서는 어떻게 근친상간이 정당화되고 왜 그런 사람들은 예외로 남는지를 설명한다.

일단 가족이 종교적 도덕주의의 중심이 되자 모든 자유로운 열정이 가족 바깥의 여성 및 성과 연결되고, 근친상간에 대한 금기는 확고하게 확립되어 저절로 지속하게 되었다. 이유는 다음과 같다.

이 이원성(도덕성과 열정 간의)의 기원이 사라질 무렵, 그것은 문화 속에 깊이 뿌리 박았다. 도덕적인 삶 전체는 이 발달의 결과로서 조직되었다 이전의 상태로 돌아가기 위해서는 도덕성 전체를 전복할

88

필요가 있었을 것이다.

뒤르켐은 놀랍게도 "족외혼의 기원 없이는 남녀 간의 열정과 사랑이 동의어가 되지 않았을 것이다"라고 덧붙인다. 그러므로 근친상간 금기를 제거하기 위하여 우리는 현재 구조화된 가족과 성을 제거해야만 할 것이다.

이것은 그렇게 나쁜 생각은 아니다. 왜냐하면 전통적이고 그리고 이제는 거의 보편적인 근친상간 금지는 우리로 하여금 개인적 잠재성이 실현되지 않고 남아있는 성을 '정상적인' 것으로서 받아들이게 해왔기 때문이다. 프로이트는 특히 모든 정상적 남아에게서 오이디푸스콤플렉스를, 모든 정상적 여아에게서는 그것의 반대급부인 엘렉트라콤플렉스의 존재를 발견함으로써 근친상간 금기에 의해 야기된 성적 억압에 의한 심리적 처벌을 묘사했다.

동성애는 마땅히 억압해야 하는 것을 '받아들이지' 않을 때에만 생긴다는 것이다. 즉, 철저하게 억압되는 대신 개인으로 하여금 사회에서 적어도 기능할 수 있게는 하면서, 개인의 성적 관계나 정신 전체까지도 심각하게 불구화하면서 표면적으로 남아 있다는 것이다. 아이가 감정적으로 반응하는 첫 번째 사람이 아이에게 그러한 반응의 상당 부분을 억압하라고 요구하는 체계는 대부분 의도하는 효과를 얻지 못하게 마련이다. 루스 히르쉬베르거Ruth Hirschberger가 『아담의 갈비뼈Adam's Rib』에서 지적한 바와 같다.

소년의 애정(누구도 노골적으로 나타나는 그것의 성적 요소를 부정하지 않는다)을 일깨우는 그 여성이 또한 그의 성에 금지를 가하

는 첫 번째 사람이라는 것은 중요한 사실이다. …… 성의 억압은 어
머니의 애정을 받을 수 있는 입장권이 된다.

또는 남성의 동성애는 아이가 다섯 살이나 여섯 살 때 '어머
니 중심mother-centredness'으로부터 '아버지 중심father-centredness'으로 이
행하는 것을 거부함으로써 생길 수도 있는데, 이는 종종 어머니
에 대한 진정한 사랑과 아버지에 대한 경멸에서 발생한다.('아버
지와 같은 존재'가 실종된 경우, 아이에게 그런 이행은 결코 명백
하게 요구되지 않는다.) 대부분의 결혼생활에서 나타나는 부부
싸움에서 어머니는 아버지가 그녀를 관용하는 이유인 자식을 거
부함으로써 아버지에게 앙갚음을 하려고 한다. 따라서 악의로
자녀들이 자신에게 애착을 가지도록 북돋는다. 그러나 나는 어
머니의 애정에서 무심하고 때로 방탕한 아버지를 아이가 대신
할 뿐이라고 말하는 것이 더 정확하다고 생각한다. 모든 어머니
에게는 심지어 가장 '적응을 잘하는' 사람에게조차도, 모성을 삶
의 초점에 맞추라고 **기대된다**. 아이란 대부분의 경우 더 큰 세계
에서 그녀에게 허용되지 않았던 모든 것을 유일하게 대신하는 존
재가 되는 것이다. 프로이트의 용어로 그녀의 '음경' 대용물이다.
그런데 어떻게 그녀가 '소유적'이 아니기를, 일생동안의—여행과
모험의 세계로의—상실을 보상해주기로 된 바로 그 아들을 투쟁
없이 갑자기 포기할 것을 요구할 수 있겠는가?

여성의 동성애는—비록 그것 역시 성공하지 못한 억압(엘렉트
라콤플렉스)이 그 원천이지만—상당히 더 복잡하다. 어린 소녀
또한 처음에는 어머니에게 애착을 갖고 있었다는 것을 기억하라.
그녀는 후에 경쟁심 때문에 이 애착을 억압하는 것을 배우지 않

앉을 수도 있다. 또한 그녀는 어머니의 인정(불행하게도 여성 역시 남아를 선호한다)을 받기 위하여 소년처럼 행동하려고 할지도 모른다. 반대로 소녀가 그녀의 아버지와 매우 강하게 동일시하는 경우에는, 사춘기 이후까지도 선망하는 남성의 특권을 포기하기를 거부할지도 모른다. 극단적인 경우에는 여자의 역할을 수행하고 있는 진짜 남자**라고** 상상한다.

성적으로 적응된 것처럼 보이는 여성들조차도 실제로 그런 경우는 드물다. 우리는 여성이 거의 아무런 반응 없이 성교를 할 수 있다는 것을 기억해야만 한다. 이는 남성은 할 수 없는 것이다. 여성들에게 가해지는 순응하라는 과도한 압력 때문에 적극적으로 동성애자가 됨으로써 여성의 역할을 전적으로 거부하는 여성은 없지만, 그렇다고 대부분의 여성이 남성과의 성교를 이행한다는 것은 아니다.(그러나 손상된 여성의 섹슈얼리티는 사회적 의미에서 상대적으로 해가 없다. 반면 남성의 성적인 병, 성과 권력을 혼동하는 것은 다른 사람에게 해를 가한다.) 이것이 빅토리아 시대에, 그리고 그 시대 이전, 또 오늘날을 포함한 그 시대 이후까지 성에 관한 여성들의 관심이 남성들보다 적은 이유 중의 하나이다. 이 사실은 당황스러울 정도로 명백하여, 유명한 정신분석학자인 시어도어 라이크Theodore Reik로 하여금 "성적 욕동 그 자체는 여성에게 있어서조차도 남성적인 것이다. 왜냐하면 더 낮은 진화의 단계에서는 남성 없이 생식이 가능하기 때문이다"라고 결론짓게(1966년에!) 했다.

그러므로 우리는 가족에 기초를 둔 사회에서 근친상간 금기로 인한 억압이 누구라도 성적으로 완전히 충족하는 것을 불가능하게 만들며 제대로 기능하는 성은 오직 소수에게만 가능하다는 것을 알게 된다. 우리 시대의 동성애자들은 가족에서 발전한 왜곡된 성적 제도의 극단적인 희생자들일 뿐이다. 그러나 현재는 동성애가 우리의 이성애처럼 제한된 것이고 병적인 것이지만, 건강한 성전환transexuality이 규범이 되는 날이 곧 올지도 모른다. 그 이유는 다음과 같다. 태어날 때 성적 욕동은 분산되어 있으며 전체 인격과 구별되어 있지 않음을(프로이트의 '다형적인 도착성 polymorphous perversity'), 우리가 보아온 대로 근친상간 금기에 대한 반응으로서만 구별됨을, 게다가 근친상간 금기는 이제 가족을 보존하기 위해서만 필요함을 인정해보자. 그러면 만일 가족을 없애면 우리는 결과적으로 섹슈얼리티를 구체적인 형태로 형성하는 억압을 없애는 것이 될 것이다. 다른 모든 것이 마찬가지라면 사람들은 육체적으로 더 편리하기 때문에 이성 간의 성을 선호할지도 모른다. 그러나 이것조차 커다란 가정일 뿐이다. 왜냐하면 만일 섹슈얼리티가 언제든지 다른 반응들과 사실상 분리되지 않는다면, 만일 한 개인이 다른 사람에게 섹슈얼리티가 한 요소로서 **포함된** 전체적인 방식에 반응한다면, 전적으로 육체적인 요인이 핵심은 아닐 수 있기 때문이다. 그러나 우리는 그것을 지금 알 길이 없다.

성적인 것과 전체적인 것과의 재통합을 통한 인격의 구분화를 종식시키는 것은 중요한 문화적 부작용을 가져올 수 있다. 현재 거의 보편적인 근친상간 금기에 기원을 둔 오이디푸스콤플렉스는 아이에게 '감정적인 것'과 '성적인 것'을 곧 구분하라고 요구한다. 즉, 한 가지는 어머니에 대한 반응으로 적절하고, 다른 하나는 적절한 반응이 아니라고 아버지는 여긴다. 만일 아이가 어머니의 사랑을 얻으려면 그는 그의 다른 느낌들로부터 성적인 것을 분리시켜야만 한다(프로이트의 '목적이 억제된$^{aim\text{-}inhibited}$' 관계). 그러한 부자연스러운 심리적 이분법으로부터 직접 나아가는 문화 발전은 전체 문화를 병들게 하는 '좋은 여성-나쁜 여성' 증후군이다. 즉 인격의 분열이 '여성' 계급을 향해 투사된 것이다. 어머니를 닮은 여성들은 '좋고', 결과적으로 그들에게 성적 느낌을 가져서는 안 된다. 어머니와 같지 않고 전체적인 반응을 불러일으키지 않는 여성들은 성적이고, 그러므로 '나쁘다'. 예를 들어 성매매 여성 같은 사람들의 계급 전체는 이 이분법을 그들의 삶의 대가로 지불한다. 다른 사람들은 정도를 달리해서 고통받는다. 우리 언어의 많은 부분은 여성들에게 성적인 느낌을 가질 수 있게끔 여성을 비하시킨다.("매춘부 같은 년, 넌 뇌가 다리 사이에 있지.") 이 성적 분열증은 개인에 있어 완전하게 극복되는 일이 거의 없다. 더 큰 문화권에서는 역사적 발전 전체, 예술과 문학의 역사 자체가 그것에 의해 직접 형성되었다. 그러므로 여성을 찬양하는 중세의 정중한 겉치레는 인류의 육체를 희생하며—성을 참사랑과 분리된 저급한 행위로 만들면서—성모마리아주의, 예술과 시에서의 동정녀 숭배로 발전해갔다.

그 시대의 노래 하나가 그러한 분열을 구체적으로 보여준다.

나는 좋아하지 않는다네
사랑을 호소하고 간구해야만 하는 귀부인들을.
친절한 아마릴리스,
말괄량이 시골처녀를 내게 주게.
자연의 예술은 경멸하지만
그녀의 아름다움은 그녀만의 것.

우리가 포옹하고 입 맞출 때

그녀는 '정말이지 가게 해주세요'라 외치지만

우리가 쾌락을 주는 곳으로 다가갈 때

그녀는 결코 싫다고 하지 않는다네.*

성을 감정으로부터 분리하는 것은 서구 문화와 문명의 토대다. 만일 초기의 성적 억압이 그것에 의해 정치적·이데올로기적·경제적 노예상태를 지지하는 성격 구조가 생산되는 기본적 기제라면, 가족의 폐지를 통한 근친상간 금기의 종식은 지대한 결과를 가져올 것이다. 섹슈얼리티는 그 자체의 정의를 바꾸면서 구속에서 해방되어 우리의 전체 문화를 성애적으로 만들 것이다.

*

나의 두 번째의 요점을 간략하게 요약하자면 프로이트와 페미니즘이 같은 내용을 다루었다는 것이다. 프로이트의 근본적인 가정, 즉 성욕의 본질과 그것의 현실적 원칙과의 갈등은 (가부장제 핵)가족을 사회적 배경으로 하여 볼 때 훨씬 더 의미가 통한다. 나는 가족제도 안에서 섹슈얼리티와 그것의 억압에 가장 직접적으로 관련된 프로이트 이론의 요소들을 페미니스트적 개념으로 재해석하고자 했다. 즉, 근친상간 금기와 그것의 결과물인 오이디푸스콤플렉스 및 엘렉트라콤플렉스, 그리고 그들에게 공통적인 실패인 성적 기능 이상, 또는 심한 경우의 성적 도착이 그것이었다. 가족의 통합을 도모하기 위하여 모든 개인에게 요구되는 이

*17세기 초 활동한 성가의 시인 작가기 문학이론가 음악이론가인 토마스 캠피온Thomas Campion의 'I Care Not for These Ladies' 중 일부이다.

성적 억압이 개인을 신경증 환자로 만들 뿐만 아니라 광범위한 문화적 질병도 만든다는 것을 나는 지적했다.

윤곽을 보여주는 것 이상의 작업은 이 장의 범위를 벗어나는 일이다. 프로이트의 이론을 페미니스트 개념으로 철저하게 다시 쓰는 것은 그 자체로 가치 있는 책이 될 것이다. 여기서 나는 프로이트주의와 페미니즘이 같은 자극에 대한 반응으로 동시에 생겨났고, 본질적으로 같은 내용으로 되어 있다고 제안했을 뿐이다. 프로이트주의의 기본적 주장들을 조심스럽게 검토하면서, 나는 그것들이 또한 페미니즘의 원료임을 보였다. 차이점이란 급진적 페미니즘이 억압이 불변의 것으로 발전해야만 하는 (그래서 신경증을 야기하는) 사회적 맥락을 받아들이지 않는다는 데 있을 뿐이다. 만일 우리가 가족을 해체해버리면, '쾌락'을 '현실'에 예속시키는 것, 즉 성적 억압은 그 기능을 잃게 된다. 다시 말하면 성적 억압은 더 이상 필요없게 되는 것이다.

II. 프로이트주의는 페미니즘을 포섭한다

이 장의 주요 요점 두 가지는, 첫째 프로이트주의와 페미니즘이 같은 역사적 조건에서 발생했다는 것, 둘째 프로이트주의와 페미니즘이 같은 현실에 기반한다는 것이다. 이제 나는 여기에 하나를 덧붙여 세 번째 요점을 말하고자 한다. **프로이트주의는 두 가지 악(惡) 중 덜 악한 것으로서 페미니즘의 자리를 포섭했다.**

우리는 페미니즘과 프로이트주의가 같은 문제를 어떻게 취급했는지를 보아왔다. 양쪽 모두 가족생활의 개인화, 여성의 극단적인 예속, 성적 억압과 그에 따른 신경증이 심화되어온 수백 년

에 대한 동시적인 반응이었다. 프로이트도 역시 한때 사회에 파
괴적인 색정광으로 여겨졌었다. 그도 전투적인 페미니스트들처
럼 많은 조롱과 경멸을 받았었다. 프로이트주의가 기존 종교처
럼 신성하게 된 것은 훨씬 나중의 일이었다. 어떻게 이런 역전이
가능하였을까?

프로이트주의와 페미니즘이 발전한 사회적 맥락에 관해 우선
생각해 보자. 우리는 초기의 급진적 페미니스트들의 관념이 도
래하는 성혁명의 씨앗을 포함하고 있다는 것을 보았다. 비록 많
은 경우에 페미니스트들 자신은 우연히 관여하게 된 것의 중요
성을 분명하게 파악하지 못했고, 철저하고 일관성 있는 급진적
페미니즘으로 사회비판을 하지 못했지만—그 당시의 정치적 환
경에서는 이상한 일이 아니다—그들에 대한 사회의 반응은, 그들
자신은 확신할 수 없더라도 그들의 적은 그들이 무엇을 할지 알
고 있었다는 것을 보여준다. 당시 적의에 찬 반페미니즘적 문건
들이 자신의 영역에서 상당한 존경과 명예를 얻고 있던 남성들
에 의해서 자주 쓰여졌다는 것은, 페미니스트들이 기존 질서에
위협으로 나타났다는 것을 구체적으로 보여준다.

나는 또한 제2장에서 어떻게 여성운동이 선거권을 얻기 위해
서 모든 노력을 다 기울이는 방향으로 바뀌고, 이런 방식이 어떻
게 운동을 옆길로 빠지게 하고 파괴하는지를 보여왔다. 선거권
허용과 함께 페미니스트 운동의 종말에 따른 신여성들의 시대
the era of the flappers가 왔고 우리 시대와 많이 닮은 사이비-해방pseudo-
liberated sexuality의 시대가 왔다. 페미니스트 운동에 의해 선동된 광
범위한 여성의 반란은 이제 갈 곳이 없어졌다. 머리를 자르고, 치
마의 길이를 줄이고, 대학에 간 여성들은 그들의 좌절을 더 이상

정치적인 방향으로 돌리지 못했다. 대신에 그들은 마라톤에서 그 좌절을 날려 보내거나, 해협에서 수영하고 대서양을 횡단 비행하는 데 쏟았다. 그들은 자신들의 의식을 가지고 무엇을 할지 모르는 깨어있는 계급이었다. 오늘날 우리가 여전히 듣는 것처럼 그들은 그때 "너는 시민의 권리와 짧은 치마와 성적 자유를 얻었다. 너는 너의 혁명을 얻었다. 더 이상 무엇을 원하는가?"라는 말을 들었다. 그러나 그 '혁명'은 가부장제 핵가족을 둘러싸고 조직된 제도 안에서 얻어진 것이었다. 허버트 마르쿠제Herbert Marcuse가 『에로스와 문명』에서 보여주듯이, 그러한 억압적인 구조 안에서는 보다 정교한 억압만이 발생할 수 있다('억압적 탈승화repressive de-sublimation').

억압적인 사회에서 개인적 행복과 생산적 발전은 사회와 모순된다. 만일 그것들이 사회 안에서 실현되어야 하는 가치로 정의된다면, 그것들은 그 자체가 억압적인 것이 된다. …… 그것(억압적 탈승화의 개념)은 성애적 에너지를 줄이고 약화시키는 형태와 양식으로 섹슈얼리티를 분출시키는 것이다. 이 과정에서 섹슈얼리티는 이전에는 금기였던 차원과 관계에까지 스며든다. 그러나 쾌락원칙의 이미지 안에서 이러한 차원과 관계를 재창조하는 대신에 그 반대의 경향이 나타난다. 현실원칙이 에로스를 연장시킨다. 그것을 가장 잘 보여주는 예는 성적인 것을 사업, 정치, 선전 등에 방법적으로 끌어들이는 것이다.

20년대에는 미국적 '직업 여성', '남녀공학 여학생', '남자 같은' 여성 사업가란 고정관념들이 생겨나기 시작했다. '해방된' 것처럼 보이는 여성들의 이미지가 할리우드를 통해 세계에 전해졌는데, 사이비-해방된 여성들에게 미친 불균형 효과는 반페미니스트들에게 새로운 논쟁거리를 주었고, 여전히 공개적으로 남성우월적인 사회에서 '그들의' 여성을 자유롭게 하려는 저항을 더욱 강화시켰다.("우리는 우리의 여성들이 그들의 있는 그대로의 모습, 즉 **여성스러운** 것을 좋아한다.") 미국 군인들은 2차대전 후에 여전히 남성을 기분 좋게 할 줄 아는 훌륭한 유럽 여성들의 이야기들을 갖고 돌아왔다. **거세**^{castration}라는 말이 나돌기 시작했다. 그리고 마침내 미국에서 40년대에 프로이트주의가 크게 유행했다.

그동안 프로이트주의는 커다란 내적 변화를 겪었다. 원래 정신분석학적 이론으로 강조되었던 것이 임상치료를 중요시하게 되었다. 『에로스와 문명』의 마지막 장에서 마르쿠제는 이러한 변화의 반동적인 의미를 논한다. 프로이트의 관념과 그것에 기반한 효과적인 '치료'의 가능성 간의 모순이—엄격하게 통제된 개인의 행복 이상을 관용할 수 없는 구조를 가진 사회에서 정신분석학은 개인의 행복에 영향을 미칠 수 없다는—결국 어떻게 이론을 치료에 맞게 동화시키는가를 보이는 것이다.

임상적으로 검증할 수 없는 가장 사변적이고 '형이상학적인' 개념들은 …… 최소화되었고 전적으로 무시되었다. 게다가 그 과정에서 프로이트의 가장 핵심적인 개념들(원본능과 자아의 관계, 무의식의 기능, 성의 영역과 중요성 등)은 그 폭발적인 내용이 거의 제거되는 방식으로 재정의되었다. …… 수정주의자들은 약화된 프로이트 이론을 새로운 이론으로 전환시켰다.

이 신-프로이트주의적 수정주의neo-Freudian revisionism를 가장 잘 특징짓는 용어는 아마 '적응adjustment'일 것이다. 그러나 무엇에의 적응인가? 기본 가정은 사람들이 처한 현실을 받아들여야 한다는 것이다. 그러나 여성, 흑인, 또는 특별히 불운한 사회적 계급의 일원이라면 어떤 일이 발생하는가? 그들은 이중적으로 불운해진다. 그들은 우리가 보아온 대로 특권을 가진 사람들에게조차 어렵고 불안정한 정상성을 획득해야 할 뿐만 아니라 처음부터 자신들의 가능성을 제한하는 특수한 인종차별주의나 성차별주의에도 '적응'해야만 한다. 그들은 자기정의self-definition 또는 자기결정self-determination을 하려는 모든 시도를 포기해야만 한다. 그러므로 마르쿠제의 관점에 있어서, 치료의 과정은 그저 '체념의 과정'일 뿐이고, 건강과 신경증 간의 차이는 '체념의 정도와 효과'일 뿐이다. 왜냐하면 자주 인용되듯이 프로이트는 환자에게(『히스테리 연구Studies on Hysteria』, 1895년), "만일 우리가 치료를 통해서 당신의 신경증적인 고통을 일상적인 불행으로 변형시키는 일에 성공한다면 (많은 것이 얻어질 것이다)"이라고 했기 때문이다.

치료를 겪어 본 모든 사람들이 증언할 수 있듯이, 그것이 치료가 하는 일이다. 『차가운 영혼』에서 클리버Eldridge Cleaver가 자신이 받은 분석을 묘사한 것은 다른 억압된 사람들의 경험을 잘 대변한다.

나는 정신과 의사와 여러 번 면담했다. 그의 결론은 내가 나의 어머니를 증오한다는 것이었다. 그가 어떻게 그러한 결론을 얻었는지 나는 결코 알 수 없을 것이다. 왜냐하면 그는 나의 어머니에 관해서 아무것도 모르고 그가 질문하면 나는 터무니 없는 거짓말로 대답했기 때문이다. 나로 하여금 그에게 반항하게 한 것은, 내가 백인을 비난하는 것을 듣고도 그는 매번 대화를 나의 가정생활로, 나의 유년시절로 돌아가게 고의적으로 유도했다는 사실이다. 그 자체는 괜찮았지만, 그는 인종적 문제를 말하려는 나의 모든 시도를 고의적으로 막았고, 백인에 관한 나의 태도에 관심이 없다는 것을 분명히 했다. 그것은 그가 열고 싶어 하지 않는 판도라의 상자였다.

보통사람들이 이해하기 쉬운 프로이트 이론가들 중의 하나인 시어도어 라이크는 환자의 진짜 문제에 관하여 대부분의 정신분석가들이 우둔하고 둔감하다는 것을 보여준다. 남녀 간의 감정적 차이에 관해 그렇게 많이 쓰면서도 라이크가 그들의 사회적 상황의 객관적 차이점들을 전혀 발견하지 못했다는 것은 놀라운 일이다. 예를 들어 그는 올바른 결론을 이끌어내지 못한 채 다음과 같이 피상적인 차이점들만을 관찰했다.

어린 소녀들은 때로 '남자들은 이러쿵저러쿵한다'고 서로에게 속삭인다. 어린 소년들은 여자들에 관해서 이런 식으로 절대 말하지 않는다.

여성들은 남성들이 자신이 남성임에 관해서 생각하는 것보다 훨씬 많이 여성임에 관해서 생각한다.

대부분의 여성들은 남성에게 무엇을 부탁할 때 웃는다. 같은 상황에서 남성들은 거의 웃지 않는다.

여성에게 바람직한 남성이 된다는 것은 대단한 남성이 되지 않는다는 것을 의미한다.

거의 모든 여성들은 사랑하는 남성이 그들을 떠날 것을 두려워한다. 그러나 남성들은 여성이 그를 떠날 것을 두려워하지 않는다.

여성들은 삼삼오오로 가끔 '우리 주인 양반이 오늘 밤 집을 나오게 해주었어요'라고 말한다. 반면에 남성들은 '내 자유를 구속하는 여자[족쇄]'라고 말한다.

다음은 성을 이해하는 데 있어서 그의 신프로이트적 공헌을 보여주는 예들이다.

사람들로 가득 찬 방에 들어서는 젊은 여성에게서 받는 첫인상은 감추어지거나 잘 가장된 불안정이다. 음경의 소유자가 남성을 자의식 과잉으로부터 보호하는 듯이 보인다.

남성은 우주에서 편안함을 느끼지 않기 때문에 그것을 탐험해야 한다. 모든 유기적 존재들과 사슬을 형성하는 여성들은 세계에서 편안함을 느끼기 때문에 그것에 관한 모든 것을 알고자 하는 충동을 느끼지 않는다.

어린 소녀가 경험하는 성기의 육체적 결핍을 강조하는 정신분석학적 연구는 여성적 태도의 발달에 있어서 미적 가치와 그것의 중요성을 무시해온 것처럼 보인다. 나는 어린 소녀가 자신의 성기를 어린 소년의 성기와 비교할 때 자신의 것이 추하다는 것을 발견하리라고 본다. 더 단정해지려는 노력뿐만 아니라 끊임없이 자신들의 몸을 아름답게 만들고 장식하려는 노력이란 그들의 성기가 추하다는 최초의 인상을 과도하게 보상하려는 노력의 전치이고 노력의 연장으로 이해된다.

나는 청결함은 이중적인 기원을 갖고 있다고 생각한다. 첫째는 종족의 금기이고, 둘째는 수천 년 후에 생긴 깃 즉 여성들이 그들 자신의 체취, 특히 성기의 분비액에서 나는 나쁜 냄새를 의식한 것이다.

그리고 일반적인 치료 해석은 다음과 같다.

(환자는 나에게 그녀의 책을 보여주기를 두려워했다.) 나는 다음과 같은 생각이 들었다. 이 환자는 이전의 감정전이 과정에서 나를 향한 전이된 사랑을 분명하게 암시했었고 이제 그 책이 나로 인해 갖게 된 아이인 것처럼 행동한다. 그녀는 아이를 남편에게 처음으로 보여야 하는 여성처럼 행동한다. 그녀는 남편이 새로 태어난 아기를 좋아하지 않을까 두려워한다.

프로이트적인 유머집을 읽는 것 같다. 하지만 라이크의 여성 환자들은 오히려 측은할 정도로 감각이 예민하고 날카로운 재기까지 겸비하고 있어서, 그들의 상황에 대해 라이크보다 훨씬 정확한 현실감각을 가지고 있었다.

어떤 것을 강하게 부정하고 싶은 감정을 표현할 줄 모르는 한 여성

은 정신분석을 위한 면담에서 자신의 무능을 이렇게 설명한다. "나
는 그러한 감정들을 보이는 것이 두렵다. 만일 내가 그렇게 하면 판
도라의 상자를 여는 것과 같기 때문이다. …… 나는 나의 공격성이
모든 것을 파괴할까 봐 두렵다."

그녀가 떠나기 전에 나는 그녀를 창문가로 데려가 그녀에게 길 건
너 상점들과 네온사인들을 보여주면서 "저것이 여성의 세계가 아닌
가요?"라고 말했다. 그러나 그녀는 그것에 깊이 감동받지 않고 "월
스트리트를 걸으면 그것이 남성의 세계라는 것을 보게 될 거예요"
라고 대답했다.

(한 환자는 다음과 같이 지적했다.) 남성들은 이상하다. 그들은 우
리로 하여금 다만 여성이기를 허용하지 않는다. 내 말 뜻은 모든 약
점을 가진 여성이기를 허락하지 않는다는 것이다. 그러면서도 그들
은 한순간이라도 우리들이 여성일 뿐이라는 사실을 잊도록 하지
않는다.

어떻게 이러한 여성들이 라이크의 어리석은 여성혐오증을 견
딜 수 있겠는가? 그들은 참을 수 없었다.

내가 어떤 40대의 환자에게 그녀가 그녀의 남자형제처럼 소년이기
를 원했었다고 말하자, 그녀는 "씨팔", "뒈져버려라" 그리고 다른 여
성답지 않은 표현으로 나를 저주하고 욕하기 시작했다.

그러나 승리는 의사의 것이다.

떠날 시간이 되자, 그녀는 모자를 제대로 쓰느라 보통 때보다도 오래 대기실 거울 앞에 서 있었다. 나는 웃으면서 "여성성이 남아있는 것을 보게 되어 기쁘네요"라고 말했다.

다음과 같은 반응을 하는 여성들도 있다.

"선생님이 아무 말도 안 하면서 제 말을 오랫동안 들을 때면, 나는 내가 말하는 것이 여자들의 어리석은 이야기이며 가치 없는 이야기라는 인상을 가집니다. 선생님이 제 이야기를 제게 대꾸할 만큼 가치 있는 것으로 여기지 않는 것 같습니다."

여성은 "당신의 즉흥성조차 인위적이다"라고 자신의 정신분석의를 비판한다.

환자는 보통 때보다 더 오래 침묵을 지키더니 조용하게 말했다. "제기랄, 내가 왜 여기 있는지 모르겠네. 씨팔!"

이러한 여성들이 자신들의 상황을 깨닫지 못하고 있었던 것은 아니다. 반대로 그들은 깨닫고 있었기 때문에 라이크의 사무실에 있었던 것이다. 그들은 좌절을 다룰 수 있는 다른 방법이 없었다. 왜냐하면 **혁명이 일어나지 않는 한** 그것을 다룰 방법이 **없기** 때문이다.

여기서 마지막 요점에 다다른다. 페미니즘의 흐름을 막기 위해 임상적인 프로이트주의clinical Freudianism가 수입되었다는 것이 그것이다. 20년대와 30년대의 처녀들은 전통적인 역할에 반은 속해 있었고 반은 벗어나 있었다. 그러므로 그들은 전처럼 큰 세계로 부터 차단되거나 보호되지 않았고 그 세계에 직면할 준비가 되어있지도 않았다. 그들의 개인적인 삶이나 직업적인 삶은 어려웠다. 그들이 획득한 아주 작은 거짓 해방의 세계조차 경멸당한다는 사실로 인해 복잡해지면서 그들의 좌절은 자주 신경질적인 형태로 나타났다. 대중적인 혼란은 그들을 정신분석의에게로 몰아갔다. 그런데 모든 정신분석의는 어디서 왔는가? 그때 유럽에서는 전쟁을 하고 있었고 독일과 오스트리아의 많은 지성인들이 개업을 하러 미국에 정착했다. 미국은 이상적이었다. 고통받는 하나의 계급 전체가 그들을 기다렸던 것이다. 소수의 권태롭고 부유한 여성들만이 이 새로운 종교에 빨려 들어간 것은 아니었다. 왜냐하면 미국은 이미 초기단계를 넘어선 성혁명을 보류하는 데서 오는 심각한 경련을 겪고 있었기 때문이었다. 여성뿐만 아니라 남성도, 모든 사람이 고통을 겪었다.『신경증 환자와 사는 법 How to Live with a Neurotic』과 같은 제목을 가진 책들이 나왔다.(왜냐하면 억압된 계급은 애처롭게 울고, 불평하고, 성가시게 굴면서 바로 당신의 부엌에 있으니까.) 남성들 역시 정신분석의에게 속속 모습을 드러냈다. 정신병 환자뿐만 아니라 교육 잘 받고 책임감 있는 시민들, 그리고 아이들까지도. 이렇게 쇄도하는 환자를 다루기 위해서 전체적으로 새로운 분야가 개척되었다. 아동심리학, 임상심리학, 집단치료, 결혼상담 봉사 등 당신이 상상할 수 있는 어떤 것이든 이름이 붙여졌고 존재하게 되었다. 그리고 그중 어떤 것도 충분하지 못했다. 새로운 학과가 대학에 창설될 수 있는 것보다 그 요구가 더 빠르고 다양해졌다.

이러한 새로운 학과들이 곧 여성들로 가득 찼다는 것은 이상한 일이 아니다. 자기분석을 하는 수많은 여성들이 자신들의 '문제'에 관한 해결책을 찾고자 하는 희망에서 열정적으로 심리학을 공부했다. 그러나 그들이 살고있는 곳에서 그들의 마음을 움직였던 살아있는 소재 때문에 심리학에 관한 관심을 키워갔던 여성들은 곧 결혼에서의 적응과 성 역할의 책임에 관한 전문용어들을 읊조리게 되었다. 심리학과는 여성들을 아내와 어머니로서의 전통적인 역할에 '적응시켜' 종종걸음으로 돌려보내는 간이역 같은 곳이 되어버렸다. 직업을 고집스럽게 요구하는 여성들은 차례로 억압적인 교육제도, 새로운 여성과 아이들 세대를 억압하는 데 복무하는 새로 발견된 심리학적 통찰—아동심리학, 사회사업, 초등교육 등의 허튼소리—의 도구가 되었다. 심리학은 권력을 가진 사람들에게 유용한 것이 됨으로써 진지한 학문으로서 훼손되었고 그것의 핵심과 잠재성은 반동적인 것이 되었다.

심리학만이 타락한 유일한 학문은 아니었다. 교육학, 사회사업학, 사회학, 인류학, 모든 관련된 행동과학은 '인간 행동'에 대한 연구뿐만 아니라 여성의 교화敎化라는 이중적인 기능을 과도하게 수행하면서 수년 동안 사이비과학pseudo-science으로 남아 있었다. 반동적인 사상을 가진 학파가 발달했다. 사회과학은 주어진 가치체계 안에서만의 제도에 대한 작용을 연구하고 현상 유지에 대한 수용을 촉진하면서 '기능적'이 되었다.

이러한 것들이 '여성들의 분야'로 남은 것은 놀라운 일이 아니다. 남성들은 곧 (남성들의 독점인) '순수' 과학으로 도피했다. 여전히 불완전하게 교육받은, 학계에 새로 진입하는 것에 겁먹은 여성들은 사이비과학들의 헛소리에 파묻히도록 남겨졌다. 왜냐하면 교화의 역할 외에도, 행동과학은 탐구하는 새로운 지성인

들의 무리가 '진짜' 과학—물리학, 공학, 생화학 등—으로 진입하
는 것을 막는 역할을 했기 때문이었다. 기술 사회에서 과학은 그
사회를 통제하는 데 점점 더 직접적인 관계를 낳기 때문이다.

결과적으로, 초기 여권운동의 몇몇 승리 중의 하나인 고등교
육에의 접근조차 전복되었다. 전보다 더 많은 보통 여성들이 대
학에 갔으나 효과는 더 적었다. 현대의 대학교육을 받은 가정주
부와 전통적인 가정주부의 차이점이란 결혼지옥marital hell을 묘사
할 때 사용하는 전문용어일 뿐이었다.

*

요약하자면, '사회적 적응social adjustment'이라는 새로운 기능을 위해
다시 손질된 프로이트 이론은 페미니스트 반란을 없애는 데 이
용되었다. 유산된 페미니스트 혁명의 사상자들에게 반창고를 붙
여주면서, 프로이트주의는 엄격한 가부장제 가족에 대한 첫 번
째 공격의 여파로 따라온 커다란 사회적 불안과 성 역할의 혼돈
을 잠재우는 데 성공했다. 프로이트주의의 도움 없이 반세기 동
안 성혁명이 중간지점에서 마비된 채 남아 있을 수 있었을지는
의심스럽다. 왜냐하면 첫 번째 페미니즘의 물결이 불러일으킨 문
제들이 오늘날에도 여전히 해결되고 있지 않기 때문이다. D. H.
로렌스와 버나드 쇼는 그들 시대에 그랬던 것과 마찬가지로 오늘
날에도 상당한 의의를 가지고 있다. 빌헬름 라이히의 『성혁명the
Sexual Revolution』 역시 어제 쓰였을 수도 있다.

프로이트주의는 페미니즘을 완벽하게 돋보이게 하는 것이었
다. 그 이유는 비록 같은 신경nerve을 건드렸지만 그것은 페미니즘
이 갖지 못한 안전장치를 가졌기 때문이었다. 즉 프로이트주의는

주어진 현실에 관해 결코 질문하지 않았던 것이다. 둘 다 그 핵심에 있어서는 폭탄과 같은 것이었는 데 반하여, 프로이트주의는 점진적으로 임상치료의 실용적인 욕구에 맞게 수정되었다. 그것은 흰옷을 입은 기술자들이 완비된 응용과학이 되었고, 그 내용은 반동적인 목적—인위적인 성 역할에 맞게 남녀를 사회화시키는 것—을 위해 전복되었다. 그러나 억압에서 벗어날 방법을 찾는 사람들을 위한 미끼 역할로서 원래의 힘은 충분히 남겨졌다. 이것은 프로이트주의의 현재 지위에 대해 대중들이 극단적인 의혹과 혐오를 야기시키고 있다. 즉, 정신분석 전문가가 결혼 파탄에서부터 형사소송 판결에까지 모든 문제에서 최종 발언자가 된 것이다. 그러므로 프로이트주의는 페미니즘이 잃어버린 기반을 얻었다. 페미니즘을 훼손시켜가며 그것의 흩어진 힘을 포괄하는 것으로서의 역할을 할 정도로 프로이트주의는 번성했다.

　최근에야 우리는 마비된 세대들을 느끼기 시작했다. 반세기 후에서야 여성들이 깨어나고 있는 것이다. 행동과학에서뿐만 아니라 심리학에서도 객관적인 사회적 조건을 새롭게 강조하고 있다. 이러한 학문들은 손상을 입은 지 몇십 년 후인 이제서야 오랜 지적 매춘에 대한 반성으로써 과학적 검증, 즉 '객관성objectivity'의 종말과 '가치판단value judgement'의 재도입을 요청하고 있다. 이러한 분야의 많은 여성들은 곧 이 사실을 그들에게 유리하게 사용하기 시작할지도 모른다. 무용하다기보다는 해로운 것으로 증명된 치료는 궁극적으로 이로울 수 있는 유일한 길, 즉 정치적 조직화에 의해 대치될 수 있다.

IV 아동기를 없애자

아동기가 없어지기 전에 성장하여 아동기를 벗어날

느헤미야^{Nechemia}*를 위하여

여성들과 아이들은 언제나 바로 연이어서 언급된다.("부녀자들
은 요새로!") 여성들이 아이들과 가지는 특별한 유대는 누구나
인식한다. 그러나 내 의견으로는 이 유대의 본질이란 억압을 공
유하는 것 이상이 아니다. 게다가 이 억압이 복잡하게 얽혀있고
또 서로 복잡한 방식으로 강화하므로 우리는 아동해방을 논의
하지 않고는 여성해방에 관해 논의할 수 없고, 그 반대도 마찬가
지라고 생각한다. 여성 억압의 핵심은 자녀 출산과 자녀 양육의
역할이다. 그리고 또한 아이들이 이 역할과의 관계에서 정의되
고, 그 관계에 의해 심리학적으로 형성된다. 그들이 성인으로서
어떤 사람이 되는가와 그들이 어떤 종류의 관계를 형성할 수 있
는가가 그들이 궁극적으로 건설할 사회를 결정하게 된다.

*

*히브리어로 '소년'의 이름이며 '여호와께서 위로해 주셨다'는 뜻이다. 『구약성
경』에 나오는 기원전 450년 무렵의 인물. 페르시아의 포로 시절에는 왕의 신임
을 받은 시종(侍從)이었고, 포로의 몸에서 벗어나 예루살렘에 돌아와서는 훼
손된 성진을 새긴하고 이스라엘 종교의 순수성을 보존하기 위한 종교적 개혁
에 힘썼다.

나는 생물학적 가족에 있어서의 권력의 위계질서와 그것을 유지하는 데 필요한 성적 억압이—가부장제 핵가족에서 유난히 극심한—개인들의 정신을 파괴하고 개인들에게 많은 대가를 치르게 한다는 것을 보이려고 했다. 그것이 어떻게 그리고 왜 아동기에 대한 숭배ª cult of childhood를 만들어냈는지를 서술하기 전에, 가부장제 핵가족이 어떻게 발달해왔는지 살펴보기로 하자.

오늘날까지 모든 사회에는 어떤 형태로든 **생물학적** 가족이 있어왔고, 따라서 그 정도는 다르지만 여성과 아이에 대한 억압도 언제나 있어 왔다. 엥겔스, 라이히 그리고 많은 사람들이 권위주의, 착취, 그리고 성적 억압들이 일부일처제에서 어떻게 기원되었는지를 보이기 위해 과거의 원시적 모계사회를 지적한다. 그러나 이상적인 상태를 찾아서 과거로 향하는 것은 너무 안이한 일이다. 『제2의 성』에서 다음과 같이 말한 시몬 드 보부아르가 더 정직하다고 할 수 있다.

여전히 어머니 여신의 손에서 노는 사람들, 모계제도를 유지하는 사람들은 또한 문명의 원시적 단계에 포박된 사람들이다. …… (가부장제하의) 여성에 대한 평가절하는 인류의 역사에 있어서 필수적인 단계를 대표하는데, 그 이유는 여성의 특권이라는 것이 그녀의 긍정적인 가치에 기초하고 있는 것이 아니라 남성의 약점에 기초하고 있기 때문이다. 여성에게는 자연의 모든 불안한 신비들이 구현되어 있고, 그래서 남성이 자연으로부터 자신을 해방할 때에는 그녀의 지배로부터 달아나는 것이다. …… 그러므로 가부장제의 승리는 기회의 문제도 폭력 혁명의 결과도 아니었다. 인류의 출발에서부터 남성들의 **생물학적 이점**은 그들로 하여금 자신들의 지위를 유일하고 지배적인 주체로 긍정할 수 있도록 했다. 그들은 절대 이러한 지위를 포기하지 않았다. 그들은 한때 그들의 독립적인 존재의 일부분을 자연에게 그리고 여성에게 양도했었다. 그러나 그 후로 그들은 그것을 되찾았다.(강조는 필자)

그녀는 덧붙인다.

그러나 **만일 생산적 노동이 그녀의 힘이 미치는 데 남아있었다면**, 여성은 **남성과 함께** 자연에 대한 정복을 성취했을 것이다. …… 남성과 여성 **양성**을 통해서 …… 그러나 그녀가 남성의 노동방식과 사고방식을 공유하지 않았기 때문에, **그녀가 생명의 신비스러운 과정에 계속 구속되어 있었기 때문에,** 남성은 그녀를 그 자신과 같은 존재로 인식하지 않았다.(강조는 필자)

그러므로 여성의 원천적인 억압과 계속된 억압을 설명하는 것은, 그 기원을 설명하느라 프로이트 자신도 어쩔 줄 몰라 했던 갑작스러운 가부장제 혁명이 아니라 여성의 생식 생물학이다. 모계제는 남성의 완전한 자기실현을 위하여 가부장제로 가는 한 단계이다. 남성은 여성을 통한 자연숭배에서부터 자연정복으로 나아간다. 비록 여성의 운명이 가부장제 아래에서 상당히 악화된 것은 사실이지만, 그녀는 좋은 운명을 가져본 적이 없다. 과거의 모든 향수에도 불구하고 모계제가 여성의 근본적인 억압에 대한 대답이 아님을 증명하는 것은 어렵지 않다. 비록 나중의 가부장제보다 여성에게 조금 더 유리했을지는 모르지만, 기본적으로 무계제는 가계를 계승하고, 재산을 상속하는 다른 수단이고, 사회에서 여성이 남성과 동등한 것을 허락하지 않는 수단일 뿐이다. 숭배되어야 하는 것은 자유가 아니다.[1] 숭배는 다른 누군가의 머릿속에서 여전히 일어날 수 있고 결국 그 머리는 남성에게 속하기 때문이다. 그러므로 역사를 통틀어 문화의 모든 단계와 모든 유형에서 여성은 생물학적 기능 때문에 억압되어 왔다.

과거를 돌아보는 것은 그것이 진정한 모델을 제시하지는 않지만 억압의 **상대성**을 이해하는 데 약간의 가치가 있다. 비록 억압이 근본적인 인간조건이라 할지라도, 그것은 다른 형태에서 정도를 달리하여 나타나는 것이다.

가부장제 가족은 일련의 '주요한' 사회조직들—그 모든 조직들이 고유한 자녀 출산 능력 때문에 여성을 다른 종족으로 정의했는데—중에서 가장 최근의 형태일 뿐이다. **가족**family이라는 용어는 처음에 로마인들에 의해서 아내, 자녀 그리고 노예를 지배하는 사회적 단위의 우두머리를 표시하기 위하여 사용되었다. 로마법에서 그는 그들 모두에 대한 생사권을 부여받았다. "famulus[하인]"는 가정 내의 노예를 의미했고, "familia[식솔]"는 한 남성에게 속한 총 노예의 수를 의미했다. 로마인이 그 용어를 만들었다고는 하지만, 그들이 처음으로 그 제도를 발달시킨 것은 아니었다. 예를 들면 『구약성경』 창세기에서 오랜 별거 후 그의 쌍둥이 형 에서Esau를 만나러 여행길에 오른 야곱Jacob 가족의 행렬에 대한 묘사를 보라. 이 초기의 가부장제 가구는 현재에 이르기까지 많은 다른 문화들에 있는 가부장제 가족의 많은 변형들 중 하나일 뿐이다.

---

[1] 여신의 비참함은 사티야지트 레이Satyajit Ray 감독의 영화 '데비Devi'에서 훌륭하게 묘사되었다.

그러나 아동 억압에 대한 상대적 본질을 보여주기 위해서는 역사를 통틀어 가부장제 가족의 다양한 형태를 비교하는 것보다는 그것의 최신판인 **가부장제 핵가족**의 발달을 검토할 필요가 있다. 대략 14세기부터의 짧은 역사 속에서도 많은 것들이 드러난다. 우리가 가장 아끼는 가족의 가치의 성장은 문화적 조건에 따른 것이고, 그것의 토대는 전혀 절대적인 것이 아니다. 중세부터 현재까지의 핵가족의 발달, 그리고 그것의 구성물인 '아동기'를 필립 아리에스Phillippe Aries의 『아동의 탄생』에 근거해 분석하면서 살펴보자.

현대 핵가족은 최근에 발달된 것일 뿐이다. 아리에스는 우리가 알고 있는 가족은 중세에 존재하지 않았고, 14세기부터 점차적으로 진화해왔다는 것을 보여준다. 그때까지 '가족'이라는 것은 부부 단위보다는 혈통을 강조하는 법적 상속계a legal heredity line를 일차적으로 의미했다. 가족의 일차적 기능인 재산 상속과 같은 적법성과 관련하여, 남편과 아내의 공동 재산과 상속인들에 의한 공동 소유가 있었다. 중세 말기쯤에 이르러서야 부르주아 가족에 있어서 부권이 커짐에 따라 부부의 공동 재산이 폐지되고 모든 아들들에 의한 공동 상속이 장자 상속으로 대체되었다. 아리에스는 어떻게 도상학圖像學iconography이 중세 시대의 당대적 사회 가치를 반영했는지를 보여준다. 도상학을 보면, 혼자 있는 사람이나 공공장소에서 떼 지어 연회를 여는 사람들이 표준적인 것이며, 생활이 '가정home' 내에서 이루어지지 않았기 때문에 실내장면이 거의 없다. 왜냐하면 그 당시에는 사적인 '제1차집단primary group'으로 후퇴하는 일이 없었기 때문이다. 가족 집단은 끊임없이 변하는 많은 사람들과 고대 가부장제 가구의 전통 안

에서 귀족의 재산들인 시종들의 무리, 가신들, 음악가들 및 많은
동물들뿐만 아니라 모든 계급의 사람들로 구성되어 있었다. 어
떤 개인이 이 끊임없는 사회적 상호작용을 떠나 영적인 혹은 학
문적인 삶으로 물러난다 하더라도, 그곳 역시 그가 참여할 수 있
는 공동체가 있었다.

이러한 중세적 가족―상층계급에서는 가계의 명예, 하층계급
에서는 공동체 속에 심어진 부부 단위 이상의 그 어떤 것도 아닌
―이 점차 우리가 아는 성냥갑 같은 가족으로 발전한 것이었다.
아리에스는 그 변화를 다음과 같이 서술한다.

그것은 마치 단단한 다형多形의 조직체가 깨어지고, 다수의 작은 사
회인 가족, 그리고 소수의 대규모 집단인 계급으로 대치된 것과 같
았다.

그러한 변형은 개인의 심리학적 구조 자체에 영향을 줄 뿐만
아니라 심대한 문화적 변화들을 야기했다. 예를 들어, 개인의 생
애주기에 대한 관점이 문화적으로 진화하면서 그 전에는 전혀
존재하지 않았던 '사춘기adolescence'가 생겨났다. 인생의 단계에 대
한 이러한 새로운 개념들 중 가장 중요한 것은 아동기이다.

1. 아동기의 신화

중세 시대에는 아동기와 같은 것이 없었다. 아이들에 대한 중세
의 관점은 우리의 관점과 무척 달랐다. '아동중심적'이 아니었을
뿐만 아니라, 아이들을 어른과 구분되는 존재로 인식하지 않았

다. 중세의 도상학에서 여자아이와 남자아이는 지금과는 완전히 다른 사회적 현실을 반영하면서 어른의 축소판으로 그려졌다. 그때의 아이들은 태어난 계급과 가문이 무엇이든 명확하게 정리된 사회적 지위에 오르도록 운명지어진 작은 어른**이었다.** 아이는 자기 자신을 도제의 단계들을 거칠 미래의 어른으로 보았다. 그는 '어렸을 때'의 미래의 강력한 자아였던 것이다. 그는 거의 즉각적으로 성인 역할의 다양한 단계로 이동했다.

아이는 어른과 기의 구분되지 않았기 때문에 그들을 묘사하는 특별한 용어가 없었다. 그들은 봉건적 종속의 용어를 공유했다. 후에 구분되는 상태로 아동기가 도입되었을 때에야, 이 혼동된 용어들이 분리되었다. 혼돈은 현실에 기반하고 있었다. 아이들은 경제적 의존성에서만 어른들과 사회적으로 구분되었다. 아이들은 하나의 과도적인 하인계급으로 이용되었는데, 일반 하인계급과의 차이점은 모든 어른들이 이 계급에서 시작되었기 때문에 비하되는 것으로 여겨지지 않았다는 것이다.(마찬가지의 것으로 미국 역사에 있어서 계약하인indentured servant*을 들 수 있을 것이다.) **모든** 아이들은 말 그대로 하인이었다. 그것은 성인기로 나아가기 위한 도제살이였다.(그래서 그 후 오랫동안 프랑스에서는 식사를 시중드는 것이 천한 일로 여겨지지 않았는데, 그 이유는 모든 어린 귀족들이 그것을 하나의 기술로 실습했기 때문이었다.) 아이들과 하인들이 공통으로 가진 이 경험과 그것의 결과

*indenture는 톱니꼴의 자르는 선이 있는 날인증서를 말하는 것으로, 대개 종이 한 장에 2부 이상의 문서를 작성한 다음 톱니꼴 자르는 선을 따라 자른 후 당사자들이 각각 한 부씩 보관한다. 중세 잉글랜드에서부터 있었던 제도였으나, 미국 개척 초기의 계약하인indentured servants 제도에서 성행했다. 이는 주인이 유럽에서 아메리카로 가는 경비, 음식, 숙소를 제공해주는 대신 정해진 기간 동안(주로 4-5년) 하인으로 봉사하는 제도였다.

이동기를 잃어지

로 그들 사이에 생긴 친밀감은 바로 20세기에 이르기까지 한탄의 대상이 되었다. 이 계급들이 서로 점점 고립되면서 성장함에 따라, 아직도 남아있는 그들끼리의 친밀감이 중산계급과 상층계급의 아이들이 도덕적으로 심하게 타락하는 원인이라 여겨졌었던 것이다.

아이는 가족생활에서 본질적인 것이 아니라, 단지 커다란 가부장제 가구의 한 구성원이었을 뿐이었다. 모든 가족에서 아이는 낯선 유모에 의해 키워졌고 그 후에는—이미 말했듯이, 보통 가사노동을 구성하거나 그것을 포함하는—도제살이를 하기 위해 (약 일곱 살부터 열네 살이나 열여덟 살까지) 다른 가정에 보내졌다. 따라서 그는 부모에게 심하게 의존적으로 크지 않았다. 부모는 아이의 최소한의 육체적 후생만을 책임졌다. 그리고 부모는 부모대로 아이들을 '필요'로 하지 않았다. 확실히 아이들은 애지중지 자라지 못했다. 부모들이 유아 사망률에 낙담한 데다, **다른 사람들의 아이들**을 어른으로 키웠기 때문이다. 또한 끊임없는 방문객들, 친구들, 손님들뿐만 아니라 원래 하인들로 가득 찬 가구의 규모가 너무 커서 아이들이 부모에게 의존하거나 접촉하는 것조차도 제한되었다. 부모와의 관계는 친척 같은 관계처럼 묘사되는 것이 나을지도 모를 정도였다.

한 세대에서 다음 세대로의 전수는 아이들이 어른들의 생활에 일상적으로 참여함으로써 확보되었다. 아이들은 특별한 숙소, 학교 또는 활동으로 분리되어진 적이 없었다. 아이들로 하여금 가능한 한 빨리 어른이 될 준비를 시키는 것이 목적이었으므로 그러한 분리는 어른의 견지를 갖는 것을 늦추거나 방해하리라는 생각이 꽤 합리적으로 받아들여졌다. 모든 면에서 아이들은 가능한 한 빨리 전체 구성체에 통합되었다. 아이들만을 위해서 고안된 특별한 장난감, 오락, 옷 혹은 학급은 없었다. 모든 나이의 사람들이 같은 놀이를 했다. 아이들은 어른 구성체의 축제에 참여했다. 학교(전문화된 기술만을 위한)는 나이와 상관없이 관심을 가진 사람들에게 배움을 전했다. 도제제도는 어른에게뿐만 아니라 아이들에게도 열려 있었다.

14세기 이후, 부르주아지와 경험과학의 발달과 더불어 이 상황은 서서히 진전하기 시작했다. 아동기라는 개념이 현대 가족의 부속물로 발달된 것이다. 아이들과 아동기를 묘사하는 용어들이 만들어졌고(예를 들어 불어로 '아기$^{le\ bébé}$'), 그리고 특별히 아이들을 지칭하는 다른 용어들이 만들어졌다. [children에 '성질', '상태', '성격'을 나타내는 접미사 -ness을 붙인] 'childreness'는 17세기 내내 유행어가 되었다.(그 후로 그런 용어는 예술과 생활방식으로 확장되었다. 아기들 말을 현대적인 세련된 언어로 표현한 온갖 유형이 다 있었다. 어떤 사람들은 그런 언어 없이는 말하지 못했는데, 특히 여자친구에게 다 자란 아이처럼 취급할 때 사용하곤 했다.) 어린이 장난감은 1600년까지 나타나지 않는데, 그때에도 세 살이나 네 살 이상은 사용하지 않았다. 첫 번째 장난감은 어른들을 대상으로 한 것이 아이들 크기로 모조된 것일 뿐이었다. 아이들이 타기에 너무 큰 진짜 말을 대신한 것이 목마였다. 그러나 17세기 말에 이르자 아이들을 위한 특별한 장난감이 흔해졌으며, 아이들을 위한 특별한 오락도 도입되었다.(사실상 이러한 것들은 오직 분류만을 의미했다. 전에 아이나 어른이나 함께 즐겼던 어떤 오락은 아이들과 하층계급에게로 넘겨졌고 반면 다른 오락은 7때부터 성인용으로 배타적으로 선택되어 상층계급 성인의 '집안에서 하는 오락'이 되었다.)

따라서 17세기까지 아동기는 새롭고 유행하는 개념으로 '받아들여졌다'. 아리에스는 어떻게 도상학이 그러한 변화를 반영하는지 역시 보여준다. 예를 들면 성모마리아의 팔 안에 있는 아기처럼 어머니-자녀의 관계를 찬양하는 묘사의 점진적 증가, 혹은 이후 15~16세기에 개별적인 아동의 초상과 아동기의 소지품 등을 포함하는 가정 내부와 가족 정경에 대한 묘사가 점차적으로 증가하는 것 등이 그것을 말해준다. 루소Jean Jacques Rousseau도 '아동기'의 이념을 발전시킨 사람들 중 한 명이다. 아이들의 순수성과 '순진무구함'에 관한 많은 것들이 만들어졌다. 사람들은 아이들이 악에 노출될까 염려하기 시작했다. 여성 존중처럼 아동 '존중'은 여전히 더 큰 사회의 일부였을 때인 16세기 이전에는 알려지지 않았다가, 명백하게 억압받는 집단을 형성하는 지금에는 필수적인 것이 되었다. 아이들의 소외와 분리가 시작되었다. 아동 중심적인 새로운 부르주아 가족은 끊임없는 감시를 수반했고, 초기의 모든 독립성은 없어졌다.

이러한 변화의 중요성은 아동 복식의 역사에서 구체적으로 보여진다. 복식은 사회적 신분과 번영을 표시하는 방식이었다. 특히 여성에 있어서는 지금도 그렇다. 특히 유럽에서 지금까지도 복식의 부적절함에 실색하는 것은 '지위를 헝클어뜨리는' 복식의 부적절함에 주로 기인한다. 의복이 비쌌고 대량생산이라고는 들어보지도 못한 시대에서 의복의 이 기능은 훨씬 더 중요했다. 의복이 성과 계급의 불평등을 여실히 드러냈기 때문에, 아동 복식의 역사는 어떤 일이 아이들에게 생겼는지를 알려주는 귀중한 실마리를 제공한다.

아동기라는 개념이 형성된 중요한 시기인 16세기 말에 최초의 특별한 아동 복식이 나타났다. 처음에 아동 의복은 귀족들로부터 물려받은 옷을 입었던 하층계급을 따라 어른들의 고풍스러운 옷을 본떠 만들어졌다. 이러한 고풍스러움은 현대의 공적인 생활로부터 아이들과 프롤레타리아트를 점차 배제시키는 것을 상징화했다. 프랑스 혁명 전에 하층계급을 더욱 구별시키기 위해서 해군에서 시작된 특별한 바지가 도입되었을 때, 우리는 같은 복장이 상층계급 남자아이들에게도 퍼져있음을 발견할 수 있다. 이것은 상층계급 아이들이 그 안에서 하층계급을 형성한다는 것을 명백히 보여주기 때문에 중요하다. 분리를 증가시키고 계급 구분을 분명하게 만드는 의복 기능의 차이는 17~18세기의 달리는 설명될 수 없는 한 풍습으로도 증명된다. 남자아이와 여자아이는 모두 양쪽 어깨 아래에 부착되어 등을 따라 늘어지는 두 개의 넓은 리본을 매야 했다. 이 리본은 분명히 아동기를 옷으로 표시하는 이외의 다른 기능을 가지지 않았다.

남자아이의 복장은 특히 성과 아동기의 경제적 계급과의 관계를 드러낸다. 남자아이의 복장은 대략 세 단계를 거치는데, 우선 유아는 배내옷에서 여자용의 원피스로 바뀐다. 다섯 살 때쯤에는 윗옷의 깃처럼 성인 남성 복장의 요소를 가진 긴 옷으로 바뀐다. 마지막으로, 소년이 되면 군인 휘장을 완비한 옷으로 나아간다. 루이 16세 시대에 다 큰 남자아이가 입은 옷은 고풍스럽고(르네상스식 깃) 하층계급적(해군 바지)이기도 하며, 군복 스타일(상의와 단추)이기도 했다. 현대적인 의미에서 '긴 바지'를 입게 해달라고 조르는 아이에서 알 수 있듯이 의복은 남성의 통과의례이 한 형태가 되었다.

아동 복식의 역사에 반영된 성인기로의 통과의례의 단계들은 앞 장에서 말한 오이디푸스콤플렉스와 깔끔하게 일치한다. 남자아이는 여성이라는 하층계급에서 인생을 시작한다. 여자처럼 입었기 때문에 여자아이들과 구별되지 않는다. 이때에는 둘 다 여성인 어머니와 동일시하며 둘 다 인형들을 가지고 논다. 다섯 살 때쯤에는 남성의 깃 같은 것으로 서서히 조장하거나 아버지를 모방하게 함으로써 아이를 어머니로부터 떼어놓으려는 시도들이 벌어진다. 이것이 오이디푸스콤플렉스로 이행하는 시기이다. 마침내 아이는 여성으로부터의 탈피와 남성과의 동일시로 전환함으로써 특별한 '어른의' 복장, 앞으로 가지게 될 완전한 성인 남성의 힘에 대한 약속인 군사적 휘장으로 보상받는다.

소녀들의 복장은 어떤가? 여기에 놀라운 사실이 있는데, 그것은 **아동기는 여성에게 적용되지 않는다**는 것이다. 여자아이는 배내옷에서 곧장 성인 여성의 복장으로 간다. 그녀는 우리가 앞으로 보게 되는 바와 같이 아동기를 구조화하는 제도인 학교에 가지 않는다. 아홉 살이나 열 살 때쯤 그녀는 말 그대로 '작은 숙녀'처럼 행동한다. 그녀의 행동은 성인 여성의 행동과 다르지 않다. 빠르면 열 살이나 열두 살 정도인 사춘기에 이르자마자 그녀는 훨씬 나이 많은 남성에게 시집 보내진다.

아동기의 계급적 기초는 이렇게 드러난다. 즉, 소녀들이나 노동계급의 소년들이 옷으로 따로 구분할 필요가 없었던 이유는, 그들의 성인 역할이란 상층계급 남성들을 위해 봉사하는 것이기 때문이었다. 자유에의 통과의례가 필수적인 것은 아니다. 소녀들은 성장해야 할 아무 이유가 없었으므로 복장의 변화를 겪을 이유도 없었다. 성인 여성들은 남성과의 관계에서 여전히 하층계급에 속했다. 오늘날까지도 노동계급의 아이들은 복장 제한으로부터 자유롭다. 왜냐하면 그들의 성인 모델들 역시 지배계급과의 관계에서 '아이들'이기 때문이다. 중·상층계급의 소년들은 일시적으로 여성과 노동계급의 지위를 공유하지만, 그들은 점차 이러한 예속된 계급으로부터 빠져나와 상승하게 된다. 반면 여성과 하층계급 소년들은 거기에 그대로 남게 된다. 페미니스트들이 억압적인 여성 복장의 종식을 논했을 때 어린 소년들의 복장의 여성화가 폐지된 것은 우연이 아니다. 양자의 의복 스타일은 계급적 종속과 여성 역할의 열등성과 완전하게 연결되어 있었다. 『소공자Little Lord Fauntleroy』는 페티코트petticoat와 같은 운명에 빠졌다.(나의 아버지도 긴 바지를 입은 첫날을 기억하지만, 오늘날까지도 유럽의 어떤 나라에서는 이러한 복장의식의 풍습이 여전히 지켜지고 있다.)

우리는 또한 새로 생긴 아동기라는 개념의 계급적 기초를 그것과 함께 생긴 아동교육 제도에서도 볼 수 있다. 아동기가 추상적 개념일 뿐이라면, 근대의 학교는 그것을 현실화한 제도이다.(우리 사회에서 생애주기에 관한 새로운 개념은 제도들을 둘러싸고 조직된다. 예를 들어 19세기에 만들어진 청소년기adolescence는 병역에서 징병을 용이하게 하려고 만들어진 것이다.) 근대의 학교교육은 사실상 아동기라는 새로운 개념을 명료하게 했다. 학교교육은 재정의되었다. 더 이상 성직자나 학자에게 국한되지 않았고, 아동기로부터 **남성**기로의 과정에서 사회적 입문social initiation의 정상적 도구가 되도록 넓게 확장되었다.(진짜 성인기를 맞아볼 일이 없는 소녀들과 노동계급 소년들은 수세기 동안 학교에 기기 않았다.)[2]

대중적인 견해와는 반대로 근대 학교의 발달은 중세의 전통적인 고전학문과도 르네상스 시대의 인문과학의 발달과도 관계가 없다.(사실상 르네상스 시대의 인문주의자들은 그들의 집단에 조숙한 아이들과 학식 있는 여성들을 많이 포함시킨 것으로 유명하다. 나이와 성별에 상관없이 그들은 개인의 발달을 강조했다.) 아리에스에 따르면, 문학사가들은 우리 학교의 구조에 있어서 인문주의적 전통의 중요성을 과장한다. 진정한 설계자나 개혁가들은 17세기의 도덕가이며 교육자들인 예수회the Jesuits, 오라토리오회the Oratorians, 얀센파the Jansenists의 수도사들이었다. 이들은 아동기라는 개념과 그것이 제도화한 학교교육이라는 근대적 개념이 생긴 때의 사람들이었다. 그들은 아동기의 약점과 '순진무구함'에 대한 첫째가는 신봉자들이었다. 그들은 여성스러움을 떠받든 것처럼 아동기를 떠받들었다. 그들은 성인들의 세계로부터 아이들을 분리할 것을 설교했다. '훈육'은 배움이나 정보의 전수보다 훨씬 더 중요한 근대 학교교육의 핵심이었다. 그들에게 훈육이란 도덕적, 영적 진보의 도구였다. 즉 그것은 커다란 집단을 공동작업하게 하는 데 있어서의 능률보다는 내적인 도덕과 금욕적 가치에 맞추어졌다.

2 이러한 관습들의 흔적은 우리 시대에까지 남아 있다. 노동계급의 소년들은 그들에게는 쓸모없는 '책에서 배우기'에 종사하기보다는 소매상인 기술공 또는 그와 유사한 현대판 직업을 가지게 된다. 이것은 중산계급의 어린이들이 근대적 학교에 다니기 시작했을 때 하층계급의 어린이들이 여전히 도제제도를 따른 시대의 유산이다.(또한 르네상스 시대의 많은 위대한 예술가들이 '대가'의 작업장에서 훈련받은 하층계급의 소년들이었다는 것은 우연이 아니다.) 우리는 또한 이러한 역사의 잔여를 계급사회의 극단들이 모여 있는 오늘날의 군대에서도 발견할 수 있다. 한편에는 젊은 노동계급의 '낙오자'들이 있고, 다른 한편에는 상층계급의 장교들, 귀족계급 출신의 '웨스트포인트 졸업생'들이 있다—왜냐하면 프롤레타리아트뿐만 아니라 귀족계급도 부르주아지의 가족 구조와 공립학교 제도에 적응하는 데 늦었기 때문이다.

그리하여 학교의 기능은 학문 분야로서의 '아동심리학'으로
완성된 '아동양육'이 되었다. 아리에스는 우리의 교사용 훈련
지침서의 선구인『포르루아얄 수도원의 기숙생을 위한 규제들
Regulations for Boarders at Port-Royal』을 인용한다.

아이들은 가까이서 감시되어야만 하며, 그들이 아프거나 건강할 때
나 어디서건 혼자 남겨져서는 안 된다. ······ 이 지속적인 감시는 부
드럽게 행해져야만 하며 아이들로 하여금 선생이 그들을 사랑한다
고 생각하게 만들고 선생이 그들과 함께 있는 것은 오직 그들 옆에
있는 것이 즐거워서라고 생각하게 만들도록 **계산된** 신뢰감으로 행
해져야만 한다. 이것은 그들이 감시를 두려워하기보다는 좋아하는
것으로 만들 것이다.(강조는 필자)

1612년에 쓰여진 이 구절은 근대 아동심리학의 특성인 점잔
빼는 어조와 어른들과 아이들 사이의—그 당시에는 연습된, 그러
나 지금은 매우 무의식적인—특유의 거리감을 이미 보여준다.

새로운 학교교육은 아이들을 성인 세계로부터 점점 더 오랜
기간 동안 효과적으로 분리시켰다. 그러나 어른으로부터 아이들
의 격리, 그리고 성인기로 이행하는 데 요구되는 가혹한 입문 과
정은 아이들의 능력에 대한 멸시와 체계적인 과소평가가 커져가
고 있음을 나타내고 있다.

중세 시대와 그 후로도 얼마 동안 매우 흔했던 조숙함은 우리
시대에는 점점 줄어서 거의 없어져 버렸다.[3] 예를 들어 오늘날에

---

[3] 내가 자라난, 외부인들이 시대착오적이라고 여기는 정통 유대교 환경에서는,
낳은 어린 소년들이 아식보 나싯 실니 괴시 핀에 민지힌 공부를 시긱 하고, 그
결과 탈무드를 잘 아는 신동이 흔하다.

는 아동 작곡가로서의 모차르트의 재능이 거의 있을 수 없는 것이 되어 버린다. 그의 시대에는 그가 그렇게 비범한 것이 아니었다. 그때에는 많은 아이들이 곡을 진지하게 연주했고 작곡했으며 다른 많은 '어른'의 활동에도 종사했다. 오늘날의 우리의 피아노 교습은 비교할 만한 것이 못 된다. 사실상 그것들은 우리에게 단지 어른의 변덕에 아이들이 예속되어 있음을 말해주는 아동 억압—자수와 같은 전통적인 '여성의 교양'이 피상적 활동이었던 것과 같은 방식으로—을 지적할 뿐이다. 그리고 이러한 '재능'들이 소년에게서보다 소녀에게서 자주 개발된다는 것은 중요한 일이다. 소년들이 피아노를 배울 때는 그 이유가 주로 그들이 예외적으로 천부의 재능을 가졌거나 부모가 음악가일 경우이다.

아리에스는 장 에로아르Jean Héroard의 『루이 13세의 유년시절과 청춘시절에 관한 일기Journal sur l'enfance et la jeunesse de Louis XIII』를 인용한다. 그것은 도팽Dauphin*의 아동기에 관해 그의 담당의사가 상세하게 설명한 것인데 그에 따르면 도팽은 **17개월째**에 바이올린을 연주했고 언제나 노래를 불렀다. 그러나 후에 도팽 스스로 귀족사회의 평균 구성원들보다 더 지능이 뛰어나지 않았다는 것을 증명했듯이 천재가 아니었다. 그리고 그는 바이올린을 연주한 것만이 아니었다. 1601년에—단지 평균적인 지능으로—태어난 도팽의 유년생활에 대한 기록은 우리가 아이들의 능력을 과소평가한다는 것을 말해준다. 바이올린을 연주한 그 나이에, 그는 테니스뿐만 아니라 그 당시 어른들을 위한 골프에 상응하는 펠멜mall**을 쳤다. 그는 말을 했고, 군사전략 게임을 하며 놀았다. 세

---

*1350-1830년 동안 프랑스의 왕위 계승자에게 붙이던 청호. 여기서는 루이 13세를 말한다.
**옛 공놀이의 일종.

살과 네 살에는 각각 읽기와 쓰기를 배웠다. 아직 인형들과 놀았지만(!), 네 살과 다섯 살 때 그는 궁도를 했고, 여섯 살 때 어른들과 카드놀이와 체스놀이를 했으며 그 외에도 많은 다른 어른들의 오락을 했다. 걸을 수 있게 되자마자 그는 언제나 모든 어른들의 활동(어른들이 하는 그대로의), 즉 전문적으로 춤추고 연기하고 모든 여흥에 참여하는 일에 어른들과 동등한 자격으로 어울렸다. 일곱 살에 도팽은 성인 남성의 옷을 입기 시작했고 인형들은 치워졌으며 남자 가정교사 아래서의 교육이 시작되었다. 그는 사냥, 승마, 사격 그리고 도박을 시작했다. 그러나 아리에스는 말한다.

우리는 (일곱 살이란 나이의 중요성에 대해) 과장하는 것을 조심해야 한다. 그가 인형을 가지고 노는 것을 그만두었거나 그만두어야만 했음에도 불구하고 도팽은 전과 같은 삶을 계속했다. …… 일곱 살 이전에는 더 많은 인형들과 독일 장난감들이 있었고 일곱 살 이후에는 사냥, 승마, 펜싱 그리고 연극 구경을 아마 더 많이 했을 것이다. 이러한 변화는 그 아이가 어른들과 함께한 일련의 여흥 속에서 거의 인식할 수 없는 것이었다.

이 서술에서 나에게 가장 명확하게 보이는 것은, 핵가족과 근대 학교교육이 도래하기 전에 아동기는 성인 생활과 거의 구분되지 않았다는 것이다. 아동은 성인 사회로 들어갈 수 있게 되자마자, 주위에 있는 어른들로부터 직접 배웠다. 대략 일곱 살 무렵에는 성 역할의 차이가 있었다. 그 차이는 가부장제가 가동 중일 때에는 가끔 있어야 했으나, 하층계급 아이들의 지위에서 아직 복잡하지 않았다. 구분은 아직 남성과 여성 간에만 있었고 아이와 어른 간에는 없었다. 다른 세기에서는 여성과 아동의 억압이 점점 서로 얽히게 됨에 따라 이것이 변화하기 시작했다.

　요약하자면, 아동중심적인 핵가족의 시작과 함께 아이들을 가능한 한 오래 부모의 관할 아래 두는 '아동기'를 구조화하는 데 있어서 제도가 필수적인 것이 되었다. 고전학문과 실용적인 도제훈련을 이론교육으로 대치하면서 학교의 수가 늘어났다. 이론교육의 기능은 배움을 그 자체를 위하여 전수하기보다는 아이들을 '훈련'시키는 것이었다. 그러므로 **근대 학교교육이 성장을 증대시키기보다는 지체시킨다**는 것은 놀라운 일이 아니다. 아이들을 성인 세계로부터 격리시키고—결국 어른들이란 속세의 경험을 가진 좀 더 큰 아이들에 불과하다—또한 인위적으로 1대 20 이상의 어른 대 아이 비율에 예속시키면서, 어떻게 마지막 결과가 아이들을 평범한 지능으로 평준화시키는 것 이외의 것이기를 바라겠는가? 그것으로도 충분하지 않자 18세기 이후에는 나이의 엄격한 분리의 구분이 생겨났다("학년"). 아이들은 더 나이가 많고 더 현명한 아이들로부터 더 이상 배울 수 없게 되었다. 아이들이 깨어있는 시간의 대부분은 연령별로 잘 끌어모은 [4] 동료집단, 그리고 그다음에는 떠 먹여주는 '교과과정'에 제한되었다. 그러한 엄격한 등급화는 성인기로 입문하는 데 필요한 수준을 높였고, 아이가 자신만의 속도로 직접 나아가는 것을 어렵게 만들었다. 학습동기는 창의성을 확실하게 죽이는 외부 지향적outer-directed이고 승인 의식적approval-conscious인 것이 되었다. 한때는

[4] 이러한 일은 오늘날의 공립학교에서 극단으로 치닫고 있는데, 그들의 생일이 임의로 정해진 날짜보다 며칠 늦다는 이유로 완벽하게 준비된 아이들이 학교로부터 거절당해 1년을 기다리게 된다.

단순히 어린 성인들로 보였던 아이들은—우리가 반쯤 자란 강아지를 미래의 다 큰 개와의 관계에서 보듯이—이제 경쟁을 조장하는 그 자신의 내적 지위를 가진 뚜렷한 계급이 되었다. '이 구역에서 가장 큰 녀석', '학교에서 가장 똑똑한 녀석' 등등, 아이들은 위계질서적 용어로 생각하도록 강요되었다. 모든 것은 지고한 말인 '내가 자라면……'으로 평가되었다. 학교의 성장은 나이와 계급에 따라 점점 더 분리되어가는 바깥세상을 반영했다.

*

결론은 근대가족의 발달이란 크고 통합된 사회가 작고 자기중심적인 단위로 붕괴됨을 의미한다는 것이다. 이러한 부부 단위 안에서 아이의 존재는 이제 중요해졌다. 왜냐하면 아이는 그 단위의 산물이고 그것이 유지되는 근거이기 때문이다. 아이들이 새로운 가족 단위를 만들 준비가 될 때까지 심리적, 경제적, 그리고 감정적으로 가능한 한 오래 가족 단위에 묶어두기 위해서는 가정에 되도록 오래 머물게 하는 것이 바람직해졌다. 이 목적을 위해서 아동기의 시대가 창조되었다.(후에 청소년기라든가 20세기 미국의 용어들인 "10대라는 신분teenagerdom" "대학 청춘Collegiate Youth", "젊은 성인기Young Adulthood" 같은 것들로 확장되었다.)

아동기의 개념은 아이들이 나이에서뿐만 아니라 종류에서도 어른들과 다른 종임을 가리켰다. 이것을 증명하기 위하여 이데올로기가 발전했다. 아이들의 순진무구함 및 신과 가까움("작은 천사들")에 관해 쓰여진 상상적인 논문들은 아이들이 무성적無性的이며 아이들의 성적 유희는 비정상이라는 믿음을 결과적으로

가져왔다. 아이들이 처음부터 삶의 실태에 노출된 이전 시대와
는 모든 면에서 매우 대조적이었다.[5] 왜냐하면 아이의 섹슈얼리
티를 인정하는 것은 성년기로의 이행을 가속화시킬 것이므로, 이
것은 어떤 희생을 치르고서라도 지연시켜야만 했기 때문이다. 특
별한 복장의 발달은 곧 아이를 어른으로부터 혹은 다 큰 아이로
부터조차 구별시키는 육체적 차이를 과장했다. 아이들은 더 이
상 어른들이 하는 게임을 하지 않았고 어른들의 축제에도 참여
하지 않았다.(오늘날 아이들은 보통 근사한 만찬 모임에 참석하
지 않는다.) 그들에게는 그들만의 특별한 오락과 인공물들(장난
감들)이 주어졌다. 한때는 공동의 예술이던 이야기하기storytelling
가 아이들의 것으로 격하되면서, 우리 시대의 특별한 아동문학
을 이끌게 되었다. 어른들은 아이들에게 특수한 언어로 말했고,
아이들 앞에서 심각한 대화는 절대 하지 않았다.('아이들 앞이
아닌 데서.') 예속의 '방식들'은 가정에서 제도화되었다.('아이들
은 보고 들어서는 안 된다.') 그러나 그 일을 철저하게 할 특수한
제도인 근대 학교가 생기지 않았더라면, 다른 어떤 것도 아동들
을 억압된 계급으로 만드는 데 효과적이지 않았을 것이다.

　학교의 이데올로기는 아동기의 이데올로기였다. 이데올로기
는 아이들에게 '훈육'이 필요하다는 가정, 특별한 방식으로 다루
어져야 하는(아동심리학, 아동교육 등) 특수한 존재라는 가정,
그것을 쉽게 하기 위해서 그들은 가능한 한 그들끼리, 같은 나이
끼리 제한되도록 특수한 공간에 모아야 한다는 가정에서 작동했
다. 학교란 아이들을 사회의 나머지로부터 효과적으로 격리시킴

[5] 이러한 노출에 관한 상세한 묘사, 『에로아르 저널』에 기록된 도팽의 성적 경
험에 근거한 묘사를 보려면 앞에서 언급한 아리에스의 책 5장 'From Immodesty
to Innocence'를 참고하라.

으로써 아동기를 구조화하는, 그리하여 성인기로 성장하는 것과 사회에서 유용한 전문화된 기술을 발전시키는 것을 방해하는 제도였다. 그 결과 그들은 점점 더 오랜 기간 동안 경제적으로 의존하게 되었으며, 따라서 가족 간의 유대가 파괴되지 않고 존속되었다.

나는 가족의 위계질서와 경제적 계급 사이에 강하게 관련이 있다는 것을 지적해 왔다. 엥겔스는 가족 안에서 남편은 부르주아지이고, 아내와 아이들은 프롤레타리아트라는 것을 관찰했다. 아이들과 모든 노동계급 또는 다른 피억압 집단 간의 유사성이 주목되었고, 그들이 동일한 심리를 가진다는 것을 보여주는 연구들이 행해졌다. 우리들은 어떻게 프롤레타리아의 의복의 발달이 아동 의복의 발달에 대응되며, 상층계급 성인들이 폐기한 게임들이 아이들과 '무지렁이들'의 것이 되었는지를 보아왔다. 아이들과 프롤레타리아트 양쪽 다 성인 남성들의 높은 사고 기능과 추상적 관념에 반대되는 것으로서 '손을 쓰는 일'을 좋아한다고 말해졌다. 둘 다 행복하고, 걱정 없고, 천성이 착하고, '더 현실감각이 있다'고 여겨졌다. 둘 다 책임져야 하는 성인기의 걱정에서 면제되어 운이 좋으며, 어떤 식으로든 둘 다 그것을 원한다고 생각되었다. 양쪽의 경우, 지배계급과의 관계는 얄팍한 매력(귀여운 혀 짧은 소리, 눈 굴리기, 발 끌기)으로 가장된 공포, 의심 그리고 부정직함이 가미되어 있었다.

아동기의 신화는 여성성의 신화와 더 잘 대응된다. 여성과 아이들은 모두 무성적이며, 따라서 남성보다 '더 순수하다'고 여겨졌다. 그들의 열등한 지위는 정교화된 '숭배' 하에 나쁘게 은폐되어 있었다. 사람들은 여성과 아이들 앞에서는 심각한 문제들을 논의하지 않았고 한 마디의 욕설도 하지 않았으며, 또한 그들을 **공개적으로**가 아니라 등 뒤에서 비하했다.(욕설에 관한 이중 기준을 말한다면, 남성들은 세계가 그에게 속해 있으므로 욕이 허용되었지만 여성이나 미성년자, 즉 세계가 그에게 속하지 않은 '불완전한 남성'의 입에서 나온 욕설은 주제넘고 따라서 부적절하거나 더 나쁜 것으로 여겨졌다.) 여성과 아이들은 화려하고 비활동적인 옷으로 구분되었고 특별한 과제(각각 가사노동과 숙제)가 주어졌다. 둘 다 정신적으로 부족하다고 여겨졌다.("여성에게 무엇을 기대할 수 있겠는가?", "그는 이해하기에는 너무 어리다.") 그들이 앉아있는 숭배의 제단은 그들로 하여금 숨쉬기 어렵게 만들었다. 아이들에게 있어서 성인 세계와의 모든 상호관계는 탭댄스를 추는 것 같이 되었다. 그들은 원하는 것을 얻기 위하여 자신들의 아동성을 간접적으로 이용하는 법을 배웠다.("그 아이가 또 성질을 부리는구나!") 여성이 여성성을 이용하는 법을 배운 것과 마찬가지이다.("저 봐, 또 울잖아!") 성인 세계에로의 모든 소풍은 무서운 생존 탐험이 되었다. 어른들과 있을 때 수줍어하는 행동과 또래집단에서 으스대는, 서로 반대되는 자연스러운 행동 간의 차이가 이것을 증명한다. 여성들이 그들끼리 있을 때는 주위에 남성들이 있을 때와 다르게 행동하는 것과 마찬가지이다. 각 경우에 있어서 특수한 복장, 교육, 예절, 활동의 도움을 받은 육체적 차이점이 문화적으로 확대되어 왔다. 이 문화적 강화는 그것이 쉽게 고정화될 수 있는 '자연적'이고 심지어 본능적인, 쉽게 고정관념화할 수 있는 과장의 과정으로 나타나기 시작할 때까지 확대되었다. 이 두 집단의 개인들은 결국 그 자체의 특이한 법칙과 행동의 구조를 가진 인간동물의 다른 종류로 나타난다.("나는 절대 여자들을 이해할 수 없어!" …… "당신은 애들 심리에 관해선 아무것도 몰라요!")

현대의 속어들은 이 동물적 상태를 반영한다. 아이들은 '생쥐', '토끼', '고양이 새끼들'이고, 여성들은 '병아리', '새'(영국에서), '암탉', '울어대는 암탉(바보, 멍청이)', '어리석은 거위(얼간이)', '늙은 암탉', '암캐'라 불린다. 비슷한 용어들이 남성에 대해서는 성격적 결함이나 보다 넓게 **억압된** 남성들에 대해서만 사용된다. '종마', '늑대', '고양이', '수사슴', '수캐'는 훨씬 드물게 사용되며 특별히 성적인 것을 암시할 때 종종 사용된다.

여성들과 아이들에 대한 계급 억압은 '귀여운' 어법으로 표현되기 때문에, 공개적인 억압보다 투쟁하기가 더 어렵다. 어떤 아주머니가 노골적으로 칭찬하거나, 혹은 낯선 사람이 등을 토닥거리며 까르륵거리는 아기 소리를 낼 때 아이가 무어라고 말대꾸를 할 수 있겠는가? 지나가는 낯선 사람이 사생활을 마음대로 침해할 때 어떤 여성이 찌푸릴 수 있겠는가? 만일 "아가씨, 오늘 아주 좋아보이는데!"라는 그의 말에 그녀가 "당신을 몰랐을 때보다는 좋지 않아요"라고 반응한다면, 그는 "저년이 미쳤나?"라고 투덜대거나 더 나쁜 일이 생길 것이다. 표면적으로는 친절한 말의 진정한 본질은 종종 아이나 여성이 웃어야 마땅한데 웃지 않을 때 드러난다. "더럽고 늙고 천한 년. 네가 주둥이에 미소를 **띠고 있어도** 나는 너랑 자지 않을 걸!" …… "버릇없는 놈. 내가 네 아버지라면 무엇이 널 때리는지도 모를 만큼 널 흠씬 때릴 거야!" …… 그들의 폭력성은 놀랍다. 그러나 이러한 남성들은 여성이나 아이가 '상냥하지' 않다는 이유로 비난받아야 한다고 느낀다. 여성, 아동, 흑인 또는 노동자가 투덜댄다는 것을 아는 것은 그들을 불편하게 만들기 때문에, 피억압 집단도 그들의 억압을 **좋아하는** 것처럼 보여야만 한다. 비록 속에서는 화가 솟구치더라도 미소를 띠며 억지웃음을 지어야 하는 것이다. 웃는다는 것은 아동과 여성에게는 발을 질질 끌며 걷는 것the shuffle과 마찬가지이며 또한 희생자가 그의 억압을 묵인한다는 것을 암시한다.

내 경우, 모든 10대 소녀에게 있어서의 상습적인 신경경련과 같은 가짜 웃음에서 벗어나도록 나를 훈련시켜야 했다. 훈련은 실제로 진짜 웃을 일에만 드물게 웃고, 따라서 웃을 일이 적어진다는 것을 의미했다. 여성해방운동을 위해 내가 '꿈꾸는' 행동은 **미소 거부**smile boycott이다. 그것을 선언하면 모든 여성들은 곧 '남을 즐겁게 하기 위한' 미소를 버릴 것이고 그 후론 오직 무언가 **그들을** 즐겁게 할 때만 웃을 것이다. 마찬가지로 아동해방은 아동 자신이 반기는 것이 아닌 모든 귀여워함에 대한 종식을 요구할 것이다.(물론 이것은 귀여움 일반이 더 이상 불쾌한 것이 아닌 사회를 예견할 것이다. 현재 아이가 받는 유일한 애정표현은 흔히 이런 것뿐이어서, 그는 없는 것보다는 여전히 낫다고 생각할지도 모른다.) 많은 남성들은 그들이 쉽게 느끼는 친밀감이 특권이 아니라는 것을 이해하지 못한다. 아동이나 여성의 내면에 존재하고 있는 진정한 인격이 그들에게 귀여움을 받는다거나 주목받는 것을 선택하지 않을지도 모른다는 것을 그들은 생각해본 적이나 있을까? 어떤 낯선 사람이 길거리에서 비슷한—등을 토닥거리거나, 까르륵거리며 아기 소리를 내거나, 아기에게 하듯이 어르는—방식으로 그의 직업이나 '남성성'에 대한 존중 없이 접근했을 때 그가 느낄 당황함을 상상해보라.

요약하자면, 노동계급과 소수집단의 일원이 '아이들처럼 행동하는' 것은 여성들이 늘 그래온 것처럼 모든 계급의 아이들이 하층계급**이기** 때문이다. 근대 핵가족의 등장은 그것의 부속물인 '아동기'와 함께 짧은 기간의 의존에 불과했던 것을 확장하고 강화시킴으로써, 또한 일반적인 방식들―특별한 이데올로기, 고유한 생활방식, 언어, 복장, 예법 등―을 발달시킴으로써, 이미 경제적으로 의존하고 있는 집단에 씌워진 올가미를 졸라맸다. 아동의 의존성이 증가하고 과장되는 것과 더불어, 여성의 모성애로의 속박 역시 그 한계로까지 확장되었다. 여성과 아이들은 이제 형편없는 한 배에 탔다. 그들의 억압은 서로를 강화시키기 시작했다. 자녀 출산의 영광, '자연적' 여성의 창조성의 숭고함의 신화에다 이제는 아동기 자체의 영광과 자녀 **양육**의 '창조성'에 관한 새로운 신화까지 첨가되었다.("여보, 아이를 기르는 것보다 더 **창조적**인 게 어디 있겠소?") 이제 사람들은 역사가 증명해온 것을 잊어버렸다. 아이를 '기르는 것'은 자신의 발전을 지연시키는 것과 마찬가지이다. 아이를 기르는 최선의 방법은 **그만두는** 것이다.

II. 우리 시대: 신화가 확장되다

우리는 점점 개인화되어가는 가족생활이 거기에 의존해야 하는 여성과 아이들에게 어떻게 더 많은 억압을 가져왔는지를 보아왔다. 여성성과 아동기의 서로 밀접한 신화는 그들을 억압하는 도구였다. 빅토리아 시대에는 그 신화가 엄청난 규모에 도달해서 마침내 여성들이 반항을 했다. 그들의 반항은 주변적으로 아동기에 영향을 미쳤다. 그러나 그러한 신화들을 제거할 수 있게 되기 전에 반항은 진압되었다. 신화들은 지하에 숨어 대량소비주의라는 더 교묘하고 복잡한 모습으로 다시 나타났다. 사실상 아무것도 변화하지 않았기 때문이었다. 2장에서 나는 어떻게 여성해방이 교묘하게 방해받았는지를 서술했는데, 그와 같은 계열의 억압이 '아동기'에도 발생했다.

아이들의 사이비-해방pseudo-emancipation은 여성들의 사이비-해방에 그대로 대응한다. 비록 우리가 모든 피상적인 억압의 징후들—구별되는 성가신 복장, 학교 선생의 회초리—을 폐지했다고는 해도 아동기의 신화가 20세기식으로 대단히 번성하고 있다는 데에는 의심의 여지가 없다. 모든 산업들이 특별한 장난감, 게임, 이유식, 아침 식사용 식품, 아동서적과 만화책, 아이들이 좋아하는 사탕 등의 제조에 열을 올리고 있다. 시장분석가들은 다양한 연령의 아이들을 유혹할 수 있는 생산품을 개발하기 위하여 아동심리를 연구한다. 그 자체의 특별한 문학, 프로그램, 광고, 심지어는 어떤 문화적 생산물이 아이의 소비에 적합한지를 결정하는 위원회까지 갖춘 아이들만을 위한 출판, 영화, 그리고 TV 산업이 있다. 일반인들에게 아동 양육의 고급 기술을 가르치는 책들과 잡지들이 끊임없이 급증하고 있다(스포크 박사Dr Spock의 『패어런츠 매거진Parents Magazine』). 아동심리, 아동교육법, 소아과, 그리고 이 특이한 동물을 연구하기 위해 최근에 발달한 모든 특화된 연구 분야에 종사하는 전문가들이 있다. 의무교육이 번성하여 이제는 피할 수 없는 사회화(세뇌)의 망을 형성하기에 충분할 정도로 널리 보급되었다. 굉장한 부자조차도 더 이상 사회화를 완전히 피할 수는 없다. 『허클베리 핀Huckleberry Finn』의 날들은 가버렸다. 오늘날에는 꾀병장이나 낙오자들도 그들을 연구하는 전문가 무리들, 급증하는 정부 프로그램들, 바짝 뒤따라다니는 사회복지사들을 피해다니며 상근직을 가지고 있다.

아동기 이데올로기의 현대적 형태를 더 자세히 살펴보도록 하자. 시각적으로 그것은 코닥필름 광고에서 보여지는 것처럼 우람한 금발에 웃는 아이이다. 기존의 소비계급으로서의 여성을 착취하는 경우처럼 아이들의 육체적 취약성에서 이익을 얻으려고 애쓰는 산업들이 많이 있다(예를 들어, 어린이용 세인트조지프 아스피린St·Joseph's Aspirin). 그러나 아이들의 건강 이상으로 현대의 아동기를 이해하게 하는 핵심 단어는 **행복**이다. 사람들은 누구나 한 번의 아동기만 있다는 것, 요점은 바로 그것이다. 아이들은 살아있는 행복의 실체여야 한다.(부루퉁하거나 화가 나 있거나 정신적 장애가 있는 아이들은 즉시 반감의 대상이 되었다. 그들은 신화를 거짓으로 만들기 때문이다.) 자녀에게 기념할만한 아동기를 주는 것이 모든 부모의 의무이다(그네, 튜브 수영장, 장난감과 게임들, 캠프 여행, 생일파티 등). 이것이 아이가 자라서 그의 아버지와 같은 로봇이 되었을 때 기억할 황금시대the Golden Age 이다. 따라서 모든 아버지는 가장 영광스러운 시기였어야 할 아동기에 그가 가지지 못했던 것이라면 무엇이든 아들에게 주려고 노력한다. 젊음에 대한 국민적 숭배 속에서 황금시대로서의 아동기 숭배는 너무나 강해서 인생의 모든 다른 시기들의 가치는 그것이 얼마나 아동기와 유사한가에서 비롯되며, '다 큰 어른들'의 질투섞인 변명("물론 나는 네 나이의 두배지만, 얘야……")은 웃음거리가 된다. 아동들이 아동노동의 끔찍한 고역과 지난 세대들의 많은 다른 전통적인 착취로부터 해방되었기 때문에 적어도 우리 시대에는 진보가 이루어졌다고 일반적으로 믿는다. 실제로 아동들이 관심을 너무 많이 받고 있다는 서맹어린 불평조차 있다. 그들은 응석받

이로 키워졌다.("내가 네 나이 때에는 말야……"라는 말은 "여자들은 참 편하게 살지……"라는 말에 대응된다.)

행복의 신화를 위한 주요 보호막은 아이들을 사회의 나머지로부터 계속해서 엄격하게 분리시키는 것이다. 그들의 고유한 특징에 대한 과장은 의도된 바대로 그들을 거의 다른 인종으로 만들었다. 우리의 공원parks들은 연령차별 사회에 대한 완벽한 은유metaphor를 제공한다. 공원은 불가촉천민이나 어머니, 어린아이들을 위한 특별한 운동장(마치 법령에 따른 것처럼 다른 사람들은 여기서 거의 발견되지 않는다), 청소년들을 위한 운동경기장이나 수영장, 젊은 커플들과 학생들을 위한 그늘진 둔덕, 노인들을 위한 벤치 구역으로 나누어져 있다. 이러한 연령 분리는 모든 현대인의 일생 전반에서 계속된다. 사람들은 일단 아동기를 벗어나면 아이들과 거의 접촉하지 않는다. 그리고 그들 자신의 아동기 안에서조차 우리가 보아온 대로 엄격한 연령 분리가 있어, 나이가 더 많은 아이가 자기보다 어린 아이와 있는 것이 발각되면 당황할 것이다.("이 따라쟁이야! 네 나이 또래의 아이와 놀아야지!") 우리 세기에서는 다소 긴 시간을 보내는 학교생활 내내 아이는 자기보다 한두 살 차이 나는 아이들하고만 있게 된다. 학교 자체도 점점 엄격하게 등급을 반영한다. 즉 진학과 '졸업'의 복잡한 제도들에 의해 표시된 중학교, 고등학교가 있고 요즘에는 유아원이나 유치원의 졸업조차 흔하다.

그러므로 아이가 생식을 하기에 충분할 만큼 나이가 들었을 때, 그는 자신의 좁은 성인 연령 집단 바깥에 있는 사람들과는 물론 아이들과도 접촉하지 않게 된다. 아동기를 둘러싼 숭배 때문에 종종 아동기를 완전히 차단하면서, 그는 자신의 아동기조차 기억할 수 없게 된다. 아이였을 때조차도, 그는 모든 다른 아이들이 자기보다 행복하다고 믿으면서 스스로를 신화에 맞게 만들려고 했었는지도 모른다. 후에, 10대로서 그는 '젊음은 오직 한 번뿐이다'라는 마음으로 '즐거움'에 자신을 던지면서—실제로 청소년기는 그것을 거쳐 살아남아야 하는 공포이다—필사적으로 환희에 탐닉했었는지도 모른다.(그러나 진정한 젊음은 나이를 의식하지 않으며—'젊음은 젊은이들에 의해 낭비된다'—정말 자연스럽게 바로 이 자의식의 부재에 의해 표시된다. 더 이상 젊음을 소유하지 못하는 때를 생각하는 그러한 방식으로 행복을 묻어 두는 것은 나이 든 사람들만이 만들어낼 수 있는 관념이다.) 아동기의 현실과 접촉하지 않기 때문에 모든 젊은 성인들은 아이에 대해서 감상적으로 무르익는다. 그들 자신이 아이였을 때는 경멸했었을 그 감상성 말이다. 이렇게 해서 악순환이 계속된다. 젊은 성인들은 아이들로부터 인위적으로 격리됨으로써 생긴 공허감을 채우려는 필사적인 시도로 그들 자신의 아이들을 가질 꿈을 꾼다. 그러나 그들이 임신, 기저귀, 유모, 학교 문제, 편애, 싸움으로 곤경에 빠질 때가 돼서야 비로소 그들은 다시 한 번 짧은 시기 동안 아이들이 나머지 우리들과 같은 인간임을 보게 된다.

그러므로 이제는 어른들의 머리 속에 있는 것에 관해서가 아니라 아동기가 **진실로** 어떤지에 관해서 얘기해보자. 아동기 행복의 신화가 그렇게 널리 퍼지는 것은 그것이 아이들의 욕구를 만족시키기 때문이 아니라 어른들의 욕구를 만족시키기 때문이라는 것은 분명하다. 소외된 사람들의 문화에 있어서, 모든 사람들이 근심 걱정과 고된 일로부터 자유로운, 적어도 인생의 좋은 한때를 갖는다는 믿음은 쉽게 사라지지 않는다. 그리고 그것을 노년기에 기대할 수 없다는 것은 명백하다. 그러므로 이미 그것을 가졌어야만 한다. 이것은 아동기나 아이들에 관한 논의를 둘러싸고 있는 감상의 혼란^{fog of sentimentality}을 설명한다. 모든 사람들은 자기 자신을 위한 개인적인 꿈을 꾸며 살아내는 것이다.

*

그러므로 하나의 계급으로서의 아동들에 대한 억압을 강화하기 위하여 분리는 여전히 최대한도로 작동하고 있다. 20세기에는 무엇이 이러한 억압을 구성하고 있는가?

1) 육체적 그리고 경제적 의존

상대적으로 어른들에 비해 자연적인 육체적 열등감은—아이들은 훨씬 더 약하고 작다—우리의 현재 문화에서 보상되는 것이 아니라 오히려 강화되고 있다. 아이들은 여전히 법적 '미성년자'들이고 시민권도 없으며 부모의 임의적인 소유물이다.(그들이 '좋은' 부모를 가졌을 때조차도 그런데, 이 세상에는 '좋은' 사람들만큼 '나쁜' 사람들도 많다. 그리고 '나쁜' 사람들이 아이를 낳을 가능성이 상당히 더 높다.) 매년 아동 구타와 아동 사망 숫자를 볼 때, 단순히 불행하기만 한 아이들은 운이 좋다는 것을 증명한다. 더 심하게 나쁜 일이 생길 수도 있다. 최근에야 의사들이 부모에게 휘둘리는 아이들을 희생자로 볼 수 있다고 보고하고 있다. 그러나 부모없는 아이들은 더 나쁜 일을 겪는다.(남편의 보호 없는 독신여성들이 결혼한 여성들보다 여전히 더 어려운 상태에 있는 것과 마찬가지다.) 그들에게는 원하지 않는 아이들이 버려지는 고아원밖에 갈 곳이 없다.

그러나 아동 억압은 무엇보다도 경제적 의존에 근거를 두고 있다. 어머니로부터 5센트짜리 동전 하나를 감언이설로 꾀어내는 아이를 관찰한 적이 있는 사람이라면 누구든지 경제적 의존이 아이들의 수치심의 기초임을 안다.(흔히 아이들은 돈을 주는 친척들을 가장 좋아한다. 그러나 반드시 돈은 아이에게 **직접** 줄 것!) 비록 굶어 죽을 지경이 아닐지라도(만일 아이들이 고용되어 있다면 굶어 죽지는 않을 것이다. 구두를 닦고, 구걸하고, 여러 가지 부정한 돈벌이를 개발하는 흑인 아이들, 신문팔이를 하는 노동계급의 백인 소년들은 동네에서 선망의 대상이 된다), 그는 자신의 생존을 위해 **보호**에 의존하는데 그것은 나쁜 상태에 빠지게 한다. 그러한 극단적인 의존은 빵의 가치가 없다.

우리가 근대 신화의 중심점 중 하나를 발견하는 것은 이 영역에서이다. 우리는 아동기가 위대한 진보를 대표한다는—탄갱에서 안간힘을 쓰는 가난하고 몹시 여윈 아이들에 대한 디킨스 소설에 나오는Dickensian 이미지를 즉시 상기하면서—말을 듣는다. 그러나 우리들은 이 장 처음에 제시된 아동기의 짧은 역사에서, 중산계급과 상층계급의 아이들은 산업시대 초기에 노동을 하지 않고 호머Homer나 라틴어 문법을 공부하는 지루한 학교에 편안하게 앉아 있었다는 것을 보아왔다. 하층계급의 아이들이 그들의 아버지들보다 더 특권적으로 여겨지지 않았다는 것은 사실이고, 그들 계급의 모든 구성원이 복종해야만 하는 비인간적인 고통도 함께 겪은 것도 사실이다. 한가로운 엠마 보봐리Emma Bovary와 소공자가 있던 동시에 초기의 방직공장에서 생명과 폐를 죽이는 여성들과 구걸하러 헤매다니는 아이들도 있었던 것이다.

경제적 계급이 다른 아이들 사이의 생활상의 차이점은, 여성 선거권의 시대와 우리 시대까지 그대로 존속되었다. 중산계급의 생식적 동산動産이었던 아이들은 우리가 겪었던 것보다 더 혹독한 정신적 압박을 견뎌야 했다. 여성들도 그랬다. 그러나 그들은 그것을 상쇄하는 경제적 **보호**를 받았다. 하층계급의 아이들은 특별히 아이들로서가 아니라 일반적으로 계급에 기초해 착취되었는데, 아동기의 신화는 너무 환상적이어서 그들에게는 아무 쓸모 없는 것이었다. 여기서 우리는 다시 한 번 중산계급 가족구조의 욕구를 위해 만들어진 아동기라는 신화가 얼마나 임의적인지 구체적으로 보게 된다.

그렇다, 당신은 말한다. 노동계급의 아이들도 이 신화에 의해 보호받으며 살았더라면 좋았을 것이라고. 적어도 목숨을 건지기는 했을 거라고. 그러면 교실이나 사무실에서의 정신적인 삶을 끝까지 견딜 수 있다는 것인가? 이러한 질문은 마치 미국 흑인들의 생활이 어떤 나라에서는 부자로 여겨질 정도이기 때문에 흑인들이 미국 내에서 겪고 있는 고통은 괜찮은 것이라고 말하는 것과 같이 궤변적이다. 고통은 고통이다. 아니, 우리는 여기서 더 넓은 의미로 생각해 보아야 한다. 즉, 애당초 왜 그들의 부모들은 착취당하고 있었는가, **사람들이** 탄광으로 내려가서 무엇을 하고 있는가와 같은 것을 생각해봐야 한다. 우리가 항의해야 하는 것은 아이들이 어른들**처럼** 착취당하고 있다는 것이라기보다는 **어른들도** 그렇게 착취당할 수 있다는 것에 대해서다.

우리는 아이들을 성인생활의 공포로부터 몇 년간 구하는 것에 관해서가 아니라, 그러한 공포들을 제거하는 것에 관해서 말하기 시작해야 할 필요가 있다. 착취에서 해방된 사회에서는 아이들은 어른(착취가 포함되지 않은) 같을 수 있고 어른들은 아이(착취가 포함되지 않은) 같을 수 있다. 여성과 아동들이 겪는 특권적인 노예제도(보호)는 자유가 아니다. 왜냐하면 자기조절self-regulation이 자유의 기초이고 의존은 불평등의 기원이기 때문이다.

2) 성적 억압

프로이트는 아이의 초기의 만족감을 묘사한다. 그것은 어머니의 젖가슴에서의 유아의 만족이고, 사람들은 남은 평생동안 그것을 다시 얻으려고 노력한다. 어른의 보호 때문에 어떻게 아이가 '현실원칙reality principle'으로부터 좀 더 해방되고 또한 노는 것(어떤 다른 목적을 성취하기 위해서가 아니라 즐거움 자체를 위한 활동)이 허용되는지를, 그리고 성적으로 어떻게 어린이가 다형적poly-morphous이었다가 나중에서야 성인의 성기적인 성적 쾌락에만 적합하도록 방향지어지고 억압되었는지를 묘사한다.

프로이트는 또한 성인 신경증의 기원이 유년기의 과정에 들어 있음을 보여주었다. 전형적인 어린이는 순수한 쾌락을 위한 **능력**을 가졌을지는 모르지만, 그것이 그가 쾌락을 완전히 만끽할 수 있다는 것을 의미하지는 않는다. 본성에 의해 쾌락으로 기우는 경향이 있지만, 그가 사회화되는(억압되는) 정도에 따라 그 경향을 잃는다고 말하는 것이 더 정확할 것이다. **게다가 곧바로 시작된다.**

'현실원칙'은 어른들을 위해 유보되지 않는다. 그것은 거의 즉각적으로 작은 규모로 아이의 삶에 도입된다. 그러한 현실원칙이 존재하는 한, 아이를 불쾌함에서 구한다는 생각은 엉터리인 것이다. 기껏해야 그는 지연된 억압과정을 겪을 수 있을 뿐이다.

아동기를 잃은 자

그러나 좀 더 흔하게 억압은 모든 차원에서 그가 그것을 다룰 수 있게 되자마자 발생한다. 그것은 '현실'을 벗어난 축복받은 시기가 있다는 것을 의미하는 것이 아니다. 왜냐하면 실제로 억압은 그가 태어나자마자 시작되기 때문이다. 잘 알려진 시간에 따른 이유식 먹이기formula-by-clock feedings는 극단적인 예일 뿐이다. 생후 18개월 이전에 기본적인 성적 구분이 시작되고, 우리가 보아온 대로 그 과정 자체가 어머니를 향한 성적 욕동의 억제를 요구한다고 로버트 스톨러Robert Stoller*는 말한다. 그러므로 다양한 형태의 섹슈얼리티는 처음부터 자유로운 놀이에서 부정된다.(자위행위를 정상적인 것으로 인식하자는 운동이 벌어지고 있는 지금도 많은 유아들이 요람에서의 성기유희를 금지당하고 있다.) 아이는 젖을 떼고 화장실에 가는 훈련을 받는데, 그것은 빠르면 빠를수록 좋다. 둘 다 아이에게 있어서는 상처를 남긴다. 억압이 늘어난다. 이상적으로는 완전한 충족('무조건적')이 되어야 할 어머니의 사랑이 아이를 사회적으로 더 승인받는 행동으로 이끌기 위해 아버지의 사랑 방식대로 행해진다. 그리고 마침내 아버지와의 적극적인 동일시가 요구된다.(아버지가 없는 가정에서는 다소 나중에, 즉 아이가 학교를 가는 시기에 이 동일시가 일어날 수 있다.) 그때부터 사춘기까지 아이는 어떠한 성적인 욕구도 인정하

*정신과 의사. 1963년 스톡홀름에서 개최된 국제정신분석학대회에서 최초로 젠더를 생물학적 성sex과 구별하여 새로운 과학적 연구대상으로 지목했다. 스톨러의 구분에 의하면, 성은 호르몬, 유전인자, 신경계, 성기 등 신체적 요소들과 관련된 것으로서 생물학적 연구대상이고, 젠더gender는 문화와 관련된 것으로서 사회학과 심리학의 영역에 속한다. 그리고 한 개인은 주어진 생물학적 조건에 문화적 각인이 부과되어야 남성 혹은 여성으로서 성별화된 핵심 정체성, 즉 '젠더 정체성gender identity'을 획득한다. 다시 말해 생물학적으로 남자와 여자로 태어났더라도 남자의 역할과 여자의 역할을 규정하는 것은 후천적 문화적 조건과 상황으로 강제되고 학습되어졌다는 말이다.

지 않는 비성적sexless인—또는 비밀스러운—생활을 해나가야만
한다. 그렇게 강요된 무성성asexuality은—종종 어린이들을 가까이
하기 어렵게 만드는 극단적인 난폭함과 공격성(또는 활기없는 온
순함)에 적어도 부분적으로 책임이 있는—좌절을 낳는다.

3) 가족의 억압

우리는 가족생활의 미묘한 심리학적 억압들에 관해서 상세하게
말할 필요도 없다. 당신 자신의 가족을 생각해보라. 만일 그것으
로 충분치 않다면, 만일 당신이 실제로 '행복한 가족'을 가졌다고
확신하는 백만 명 중 한 명꼴인 사람이라면 R. D. 랭*의 저작, 특
히 『가족의 정치학Politics of the Family』 중 '행복한 가족들의 게임' 부
분을 읽어보라. 랭은 가족의 내적인 역학을 폭로하면서 그것이
일반적인 가족 구성원들에게 숨겨져 있음을 설명한다.

한 가지가 외부인에게 종종 분명해진다. 무슨 일이 벌어지고 있는지
를 발견하려는 데 대한 가족들의 일치된 **저항**이 있고, 모든 사람들
에게 비밀로 해두려는 복잡한 책략들이 있으며, 따라서 이러한 비
밀 속에서 그들이 비밀리에 있다고 하는 것이 그것이다. 가족의 이
미지를 유지하기 위하여 진실은 희생되어야 한다. …… 이 환상은 그
것을 공유하는 모든 사람들에게서만 존재할 수 있으므로, 그것을
포기하는 사람은 누구든지 그 밖의 모든 사람들의 '가족'을 산산조
각낸다.

그리고 여기 남에게 의지하지 않고 스스로 말하는 아이들도

*Ronald David Laing: 1927-1989. 스코틀랜드 출신의 정신의학자.

몇 있다. 다시 라이크를 인용해보자.

나는 거의 네 살이 될 때까지 자신의 이름을 "닥쳐Shut up"라고 생각
했던 한 소년의 이야기를 들었다.

어떤 소년이 부모가 격렬하게 싸우는 것을 목격하고 어머니가 아버
지에게 이혼하겠다며 협박하는 것을 들었다. 다음날 그가 학교에서
돌아왔을 때, 그는 어머니에게 "아직 이혼 안 했나요?"라고 물었다.
그는 어머니가 이혼하지 않았기 때문에 매우 실망했던 것을 나중에
기억했다.

아홉 살난 소년을 야영장으로 방문한 아버지가 소년에게 집에 가고
싶으냐고 물었다. 소년은 "아니요"라고 대답했다. 그러자 아버지는
다른 소년들은 집에 가고 싶어 하느냐고 물었다. 아이는 "몇 명만요.
집에서 개를 키우고 있는 아이들이요"라고 대답했다.

이러한 일화들에서 재미있는 것은—실제로 그것이 재미있는
것이라면—가학적인 지옥 같은 가족을 이해하거나 받아들일 수
없는 어린이들의 솔직함이다.

4) 교육적 억압
억압이 굳어지는 것은 학교에서이다. 남아 있는 자유에의 환상
은 이제 재빨리 일소된다. 모든 성적인 활동이나 육체적 노출은
금지된다. 놀이는 처음으로 엄격하게 감시된다. 아이들이 놀이를
자연적으로 즐기게 하는 것은 이제 그들을 더 잘 사회화(억압)하

기 위한 포섭이다.("래리는 손그림을 얼마나 잘 그렸는지 몰라. 착
하기도 해라. 엄마가 자랑스러워 할 거야!") 어떤 진보적인 학교
에서는 좋은 선생들이 아이들이 진짜로 흥미 있어 할 주제와 활
동을 찾아내려고 끝까지 노력한다.(그런 식으로 학급의 질서를
유지하는 것이 더 쉽다.) 그러나 우리가 보아온 대로 분리된 학
급의 억압적 구조 자체가 배우는 과정에서의 어떤 자연스러운
흥미도 결국은 학교가 본질적으로 훈련시키고자 하는 관심사에
복무하는 것을 보장한다. 교사라는 직업에 관하여 이상을 가지
고 교육제도 속에 들어간 젊은 선생들은 갑자기 그것에 저항한
다. 그리고 많은 선생들이 절망하여 포기한다. 만일 감옥 같은 학
교가 그들에게 어떠했는가를 잊었다면, 이제 그 시절이 모두 다
시 생각나게 될 것이다. 그리고 비록 그것들이 자유로운 감옥이
건 덜 자유로운 감옥이건 간에 정의상 감옥임을 그들은 곧 볼 수
밖에 없다. 아이들은 감옥 같은 학교에 가도록 강요당한다. 시험
은 결코 그가 자발적으로 치르고 싶은 것이 아니다.("학교는 끝,
학교는 끝, 선생들은 바보들, 연필들도 끝, 책들도 끝, 선생들의 꼴
보기 싫은 면상도 끝!") 계몽된 교육자들이 아이가 학교를 받아
들이도록 유인하고 끌어들이기 위하여 내적으로 흥미를 가지고
배울 수 있는 전체 제도를 고안한다 할지라도 그러한 것들은 절
대 완전히 성공할 수 없다. 왜냐하면 아이들 자신의 방식과 방향
의 호기심에 기여하기 위해서만 존재하는 학교는 개념상 모순이
될 것이기 때문이다. 우리가 보아온 대로 오늘날의 학교는 구조
적인 정의상 억압을 실행하기 위해 존재하는 것이다.

아이는 깨어있는 대부분의 시간을 이 억압적인 구조 속에서
보내거나 그것을 위한 숙제를 하는 데 보낸다. 그나마 남겨진 적

은 시간은 흔히 가족의 잡일이나 의무를 행하는 데 뺏긴다. 그는 끝없는 가족 논쟁이나, 혹은 '진보적'인 가족에서는 '가족회의'에 앉아있기를 강요당한다. 그는 친척들을 보고 웃어야 하고, 종종 예배에 참석해야만 한다. 적어도 우리의 현대 중산계급에서는 남겨진 적은 시간 속에서 그는 자주성과 창의성의 발달이 봉쇄되면서 '감시당한다.' 그가 가지고 **놀 재료**는 대신 선택되어지고(장난감들과 게임들), 그가 **놀 장소**도 대신 정해진다(체육관, 공원, 운동장, 야영장). **놀이 친구의 선택**도 그와 같은 경제적 계급의 아이들이나, 교외에서는 학교 친구들, 부모 친구의 자녀들로 흔히 제한된다. 그는 그가 그곳에서 무엇을 해야 하는지를 아는 것보다 더 많은 단체에 소속된다(보이스카우트, 컵스카우트, 걸스카우트, 브라우니단, 캠프, 방과 후 클럽과 스포츠). 그의 **문화**는 대신 선택되어진다. TV 역시 흔히 유치한 아동프로그램만 보도록 허용되고('우리 아빠 최고Father Knows Best'와 같은 드라마), 모든 성인용 (좋은)영화는 금지당한다. 책들과 문학들은 뻔한 아동도서 목록(『딕과 제인』, 『쌍둥이 밥시』, 『패트리지 패밀리』, 『베이브루스 연대기』, 『로빈슨 크루소』, 『래시』)에서 지겹도록 자주 선택되어진다.

이러한 감시받는 악몽으로부터 조금이라도 도피할 수 있는 기회를 가진 아이들이란 빈민가나 노동계급의 아이들인데 그들의 숫자는 점점 더 적어진다. 그곳에는 '길바닥에서 먹고살기'라는 중세적 열린 공동체의 개념이 여전히 남아 있다. 우리가 보아온 것처럼 역사적으로 아동기의 과정은 하층계급에 나중에 도달했으며 결코 빠져나갈 수 없다. 하층계급의 아이들은 여러 연령층의 사람들로 구성된 커다란 확대가족 출신인 경향이 있다. 그러나 그렇지 않을 경우조차, 친척들이 끊임없이 변화하는 환경에서 배다른 형제자매들, 사촌들, 질녀들, 조카들, 숙모들과 함께 있다. 개개의 아이들은 감시당하기는커녕 거의 관심도 받지 못한다. 아이들은 집에서 멀리 떨어져 배회하거나 어느 때든 거리에서 노는 것이 흔히 허용된다. 뜻밖에 가족의 규모가 제한되어 있다 하더라도, 거리에는 자신들의 사회적 집단(갱들gangs)[6]을 형성해온 수백 명의 아이들이 있다. 그들은 장난감을 자주 받지 못하는데, 그것은 그들 스스로 만들어낸다는 것을 의미한다.(나는 빈민가의 아이들이 마분지로 착상이 좋은 미끄럼틀을 만들어서 계단이 떨어져 나간 낡은 집에 놓는 것을 보았다. 또 다른 아이들이 낡은 자동차 바퀴와 끈과 상자들로 손수레와 도르래를 만드는 것도 보았다. 중산계급 아이들은 그런 것을 하지 않는다. 할 필요가 없기 때문이다. 그러나 결과적으로 그는 곧 창의력을 잃어버린다.) 그들은 자신들의 구역에서 멀리 떨어진 곳까지 탐험하고 동시대의 중산계급 아이들보다 훨씬 더 자주 어른들과 동등한 차원에서 사귄다. 학급에서 그들은 당연히 그래야 하는 것처럼 거칠고 제멋대로다. 왜냐하면 교실은 일부 자유로운 사람조차 의심스럽게 만드는 상황이기 때문이다. 하층계급에는 학교에 관한 사라지지 않는 불신이 있다. 결국 학교란 그 기원에 있어서 중산계급적 현상이기 때문이다.

성적으로도 빈민가의 아이들이 더 자유롭다. 한 친구는 내게 다른 아이와 성관계를 가지지 않는 것을 자연스럽게 생각했던 것이 몇 살 때인지 기억할 수 없다고 말했다. 모든 아이들이 성관계

[6] 갱이란 사빌직인 현내 아이들의 집반을 밀 하는 것이나. 그디프모 갱이민 용어는 타당한 정치적 이유로 인해 불길한 어감을 가진다.

를 가지고 있다. 빈민가 학교에서 가르치는 사람들은 아이들의 성욕을 제한하는 것이 불가능하다고 언급해 왔다. 그것은 근사한 일이고 아이들은 그것을 좋아한다. 그것은 위대한 미국 민주주의, 유일신론Monotheism을 발전시킨 히브리인the Hebrew의 공헌, 또는 브라질의 주력 수출품인 커피와 고무에 관한 과목을 훨씬 능가한다. 그래서 그들은 그것을 계단 위에서 하고, 다음날은 학교를 빼먹는다. 근대 미국에서 자유로운 아동기가 어느 정도 존재한다면, 그것은 신화가 가장 덜 발달된 하층계급에서다.

그러면 왜 그들이 중산계급 아이들보다 더 나쁘게 되고 마는가? 그것은 명백하다. 그러나 빈민가에서 살고 가르치던 나의 경험으로부터 대답한다면 빈민가 어린이들은 성인기에 이를 때까지 지능에서 결코 떨어지지 않는다. 물론 이러한 사실에 논란의 여지가 있다 하더라도 하층계급 아이들은 주위에서 가장 영리하고 가장 대담하고 가장 창의적이다. **그들은 혼자 남겨져 있기 때문에** 그런 상태로 있는 것이다.(만일 그들이 시험성적이 좋지 않다면, 우리가 재검토해야 할 것은 아이들이 아니라 시험일 것이다.) 나중에 중산계급의 것과 매우 다른 '현실원칙'에 직면하면서 그들은 기운을 잃고 타격을 받는다. 그들은 경제적 종속을 결코 '벗어나지' 못할 것이다. 그러므로 확장되어야 할 개인적 자유를 도처에서 제한하는 것은 그들의 거친 아동기가 아니라 무기력하고 상상력이 부족한 어른들을 만들어내는 일상적인 억압이다.

그러나 빈민가 아이들은 상대적으로만 자유롭다. 그들은 여전히 의존적이고 경제적 계급으로서 억압된다. 모든 아이들이 성장하기를 원하는 데에는 타당한 이유가 있다. 그러면 적어도 그들은 가정을 떠날 수 있고 (마침내는) 자신들이 원하는 것을 할 기

회를 가질 수 있다.(원하는 것을 할 수 있는 사람들은 부모들이라
고 아이들은 상상하고, 부모들은 아이들이 원하는 것을 할 수 있
다고 상상한다는 사실에는 역설적인 면이 있다. "내가 크면……"
은 "아, 다시 한 번 아이가 된다면……"에 대응한다.) 아이들은 사
랑과 섹스에 관해 꿈꾼다. 왜냐하면 그들은 일생 중 가장 메마른
시기에 살고 있기 때문이다. 부모의 비참함과 직면할 때마다 아
이들은 종종 **자신들이** 크면 **그런 일**은 자신들에게 일어나지 않
을 것이라고 굳게 다짐한다. 그들은 완벽한 결혼에 관해서 혹은
(잘못은 부모에게가 아니라 제도에 있다는 것을 깨달은 더 똑똑
한 아이들의 경우) 비혼에 관해서, 원하는 대로 쓸 돈에 관해서,
충분한 사랑과 갈채에 관해서 영광스런 꿈을 키운다. 그들은 실
제보다 더 나이들어 보이기를 원하고, 실제보다 어려 보인다는
말을 들으면 모욕당한다. 모든 아이들에게 특유의 육체적 고뇌인
어떤 사건affairs에 관한 무지를 숨기려고 열렬하게 노력한다. 라이
크의 『남성과 여성에 있어서의 섹스Sex in Man and Woman』에는 아이
들이 끊임없이 겪기 쉬운 작은 잔인성에 관한 예가 있다.

나는 네 살난 어린 소년과 놀았는데, 그 아이에게서 그의 부모님의
정원에 있는 어떤 나무에는 껌이 열린다고 말하는 것을 들었다. 나
는 껌을 사다가 낮은 나뭇가지에 실로 매달라 놓았다. 소년은 나무
에 기어 올라가 그것을 땄다. 그는 그것들이 나무에서 자랐다는 것
을 의심하지 않았고 그것이 종이에 싸여져 있는 것도 신경 쓰지 않
았다. 그는 껌 하나하나가 다른 때에 꽃피고, 다양한 향을 가진다는
나의 설명을 기꺼이 받아들였다. 다음 해에 내가 껌나무를 상기시
키자, 그는 지난날의 맹목성을 무척 부끄러워하면서 "그것에 대해

말하지 마"라고 했다.

어떤 아이들은 잘 속는 성질이 계속해서 조롱감이 되는 것에 맞서려는 시도로—그들의 고통스러운 무지가 '귀엽다고' 여겨지는 것을 그들이 알 때—여성들이 하는 것과 똑같은 방식으로 그것을 이용해 먹으려 한다. 포옹과 키스를 유도하는 것을 바라며, 의도적으로 맥락에 맞지 않게 사물을 본다. 그러나 그러한 것들은 재차 했을 때에는 작동하지 않으며, 그것은 그들을 곤혹스럽게 만든다. 그들이 이해하지 못하는 것은 무지의 특정한 표현이 아니라 무지 자체가 '우습다고' 여겨진다는 점이다. 왜냐하면 대부분의 아이들은 성인들이 임의적으로 만든 사물의 질서를 이해하지 못하고, 확실한 설명이 **있을** 때조차 불충분한 설명밖에 듣지 못하기 때문이다. 그러나 거의 모든 경우, 주어진 정보의 양으로 아이는 자신의 결론이 완벽하게 논리적이라며 시작한다. 비유를 하자면, 만일 한 어른이 낯선 행성에 착륙하여 지붕 위에서 불을 때는 거주민들을 발견한다면, 그는 자기 나름대로 추측하여 설명할 것이다. 그러나 그곳의 현실과는 동떨어진, 과거에 근거를 둔 그의 결론은 다른 사람들을 웃게 만들지도 모른다. 아는 사람도 없고 언어도 모르면서 외국으로 처음 여행하는 모든 사람들이 아동기를 경험한다.

*

그렇다고 아이들이 어른들보다 더 자유로운 것은 아니다. 그들은 좁은 삶에 대한 규제에 직접 비례하는 소망-환상wish fantasy의 부담을 지고 있다. 자신의 육체적 불충분함과 우스꽝스러움에 관

한 불쾌한 감각, 경제적 의존이라든가 그 밖의 것("엄마, 이거 해
도 돼?")에 관한 끊임없는 수치심, 실제적 문제들에 대한 자연스
러운 무지와 관련된 모욕감 등이 그것이다. 아이들은 깨어있는
매 순간 억압당한다. 아동기는 지옥이다.

그 결과는 불안한 사람, 따라서 공격적-방어적이고, 흔히 우리
가 아이라고 부르는 몹시 불쾌한 작은 인간이 되는 것이다. 경제
적, 성적 그리고 일반적인 심리적 억압에 의해 그들은 부끄러워
하고, 정직하지 못하고, 악의적인 정체를 스스로 드러낸다. 이리
한 불쾌한 특성들은 결국 아이들을 나머지 사회로부터 소외시키
는 것을 강화한다. 그래서 그들의 양육, 특히 인격형성의 가장 어
려운 단계에서의 양육은 기꺼이 여성에게 양도되는데, 여성들은
같은 이유에서 그러한 인격적 특성을 보이는 경향이 있다. 자신
의 아이를 가지는 것과 관련된 자아보상ego rewards을 제외하고는,
아이들에게 흥미를 보이는 남성은 거의 없다. 그리고 아이들에게
합당한 정치적 중요성을 인정하는 남성은 더 적다.

그러므로 (과거에 아동이었고 여전히 억압받는 아동-여성인)
혁명은 페미니스트 혁명가에게 달려 있다. 우리는 페미니스트 혁
명을 위한 어떤 기획에도 아동 억압을 포함시켜야만 한다. 그렇
지 않으면 그렇게 빈번히 남성들을 비난해온 똑같은 실패—우리
의 분석에 있어서 충분히 심층적이지 않은 것, 억압의 중요한 층
위substratum가 단지 **우리**와 직접적으로 연관되지 않는다고 해서
놓치는 실패—를 겪을 것이다. 이것은 많은 여성들이 아동들과
함께 묶는 것에 진저리치는 것을 잘 알기 때문에 하는 말이다. 또
한 아동들이 다른 누구보다도 더 우리 여성들의 책임이 아니라
는 것이 우리의 혁명적 요구에서 핵심적인 가정일 것임을 잘 알

면서 하는 말이다. 이것은 다만 우리가 오랜 기간 동안 서로 관련
된 고통으로, 이제 와서 잃어버릴 이유가 없는 그들에 관한 동정
과 이해를 발달시켜 왔음을 의미한다. 우리는 그들이 어디에 처
해 있는지, 그들이 무엇을 경험하는지를 아는데, 그 이유는 우리
역시 여전히 같은 종류의 억압을 겪고 있기 때문이다.

아이를 위해 희생해야만 했던 것 때문에 아이를 죽이고 싶어
하는 엄마(흔한 욕망)는 아이가 그녀처럼 무력하고 그녀처럼 같
은 억압자에 의해서 억압당하고 있다는 것을 이해할 때에만 그
아이를 사랑하는 것을 배운다. 그러면 그녀의 증오는 바깥으로
향해지고 '모성애'가 탄생한다. 그러나 우리는 그 이상으로 나아
갈 것이다. 우리의 마지막 단계는 완전한 인간조건human condition 으
로 가는 길을 열면서, 현재 억압된 자들의 동맹을 맺게 하는 여성
성과 아동기 자체의 조건들을 완전히 제거하는 것이어야만 한다.

V 인종차별주의: 남성가족의 성차별주의

노예는 해방될지도 모르고 여성은 그녀의 자리에 있을지도
몰라. 그러나 여성은 해방될 수 없고 노예는 그 자리에 그대
로 있을 거야.

_안젤리나 그림케Angelina Grimké*,

시어도어 웰드Theodore Weld**에게 보낸 편지에서

모든 이러한 문제들, 특히 백인 여성과 흑인 남성 간의 문제
는 세상에 공개되어서 다루어지고 그리고 해결되어야만 한다
고 믿는다. …… 나는 만일 우리가 그 모두를 전면에 드러내놓
고 나면 우리 모두, 국가 전체가 더 나아질 것이라고 생각한다.

_엘드리지 클리버Eldridge Cleaver***,

『생성에 관하여On Becoming』

*사우스캐롤라이나 주에서 노예를 소유하고 있는 부유한 집안에서 태어났다.
안젤리나 그림케의 언니인 사라 그림케 역시 흑인과 여성의 권리를 옹호하는
운동을 했다. 그들은 뉴욕의 노예제도반대학회의 대변인으로 일하면서 남성을
포함한 청중에게 공개적인 강연을 한 미국 최초의 여성들이 되었다. 그림케 자
매는 편지, 수필, 연구서를 통해 인종차별과 성차별을 연결시켰다.
**안젤리나 그림케의 남편. 노예해방과 여권신장을 위해 헌신하였다.
***60년대 미국 흑인운동 단체인 블랙팬서Black Panther의 지도자이다. 미국의
인종차별에 내린 분노를 담은 저서진 『처키 오 영혼』으로 1960'년대 후빈 급긴적
흑인운동의 상징이 되었다.

특히 성과 인종차별주의와의 관계를 다룬 미국에서의 첫 번째 책은 캘빈 헌턴*의 『미국에서의 성과 인종차별주의Sex and Racism in America』이다. 이 책이 흑인 사회와 백인 사회 모두에게 즉각적으로 인기를 얻었다는 것은 모든 사람들이 내내 알고 있었던 것, 즉 성과 인종차별주의가 서로 복잡하게 얽혀있다는 것을 확인시켜 준다. 그러나 그 관계의 깊이를 충분히 파악하지 못한 헌턴은 명백한 사실들을 서술했을 뿐이다. 백인 남성은 흑인 여성에게 관심이 있고, 흑인 남성은 백인 여성에 관심이 있다는 것, 흑인 남성은 흑인 여성을 존중할 수 없고, 백인 남성은 백인 여성에 의해서 성적으로 흥분될 수 없다는 것, 백인 여성은 흑인 남성에 대해 비밀스러운 연민과 호기심을 가지고 있다는 것, 흑인 여성은 백인 여성을 미워하고 질투한다는 것 등이 그것이다. 그렇더라도 이 책은 그 후의 많은 그러한 책과 기사들이 그랬듯이 즉각적인 파문을 일으켰다. 그 이유는 무엇인가?

초기 시민권운동은 너무 오랫동안 진실을 은폐해 왔다. 기존 사회에 적응되고 속박되어 '검둥이 문제Negro Problem'에 관해 아주 조심스럽게 낮은 목소리로 말해 왔다. 즉, 흑인들은 '유색인종'이고 그들은 백(비유색)인들이 원하는 것과 똑같은 것만을 원한다는 것이었다.("우리도 사람이야.") 그 결과 백인들은 명백한 육체적·문화적·심리학적 차이점들을 가리기 위하여 친절하게도 그들의 시각를 걸러냈다. '검둥이nigger'와 같은 단어들이 사라졌다. "네 여동생이 검둥이와 결혼하길 바라?" 같은 말은 용서할 수 없는 나쁜 취향, 잘못 자란 신호가 되었다. "편견을 가지고 있군!"은 그 해의 비난거리였다. 마틴 루터 킹Martin Luther King은 이 죄책감을

---

*Calvin Hernton: 1932-2001. 미국의 사회학자이자 시인, 작가.

능수능란하게 활용하여 진보적 기독교인의 수사법으로 그 자체를 공격했다.

이윽고 블랙파워가 시작됐다. 긴급 구조를 요청하는 함성이 전국에서, 특히 흑인과 가장 가까운 노동계급에서 터져 나왔다. 우리 여성들처럼, 그들이 진실로 원한 것은 권력이었다. 『차가운 영혼』에서 엘드리지 클리버의 정직성은 그것을 매듭지었다. 인종적 문제의 강력한 성적 본질이 쏟아져 나왔다. 내적으로뿐만 아니라, 블랙파워운동은 인종과 계급의 부정의에 항의하는 것만큼이나 바쁘게 특별한 종류의 **남성성**machismo을 선언하는 것과 점점 더 관련이 깊어져 갔다.

그러나 적들을 뒤흔들어 놓은 것은 블랙파워의 **남성성**과 같은 요소가 아니었다. 이 부분은 기존세력, 진보적 기존세력(사실상 '흑인 모권제'에 관한 모니한Moynihan* 보고서는 그가 서술한 흑인 사회 안에서의 거대한 거세콤플렉스를 **만들어냈다**고 말해질 수 있다) 혹은 신좌파조차 거의 문제 삼지 않았다. 결국 흑인 남성이 원하는 것—궁극적으로 모든 남성들이 원하는 것—은 여성 위에 군림하는 것이라는 것은 대단히 이해할 만한 것이었다. 사실상 이 부분은 별로 걱정되는 것이 아니었다. 흑인 남성은 백인 대신에 흑인 미녀에게 흥미를 가지게 될지도 모르고(흑인 여성의 '이중부담'과 그녀를 제대로 인식하는 동료가 부재한다며 한탄하는 최근의 기사들은 의심스러운 것들이다), 가정과 가족의 '순수성purity'은 결국에는 어쩌면 보수주의와 예측 가능성으로 끌고 갈지도 모르기 때문이었다. 진짜로 백인을 긴장시켰던

*Daniel Patrick Moynihan: 1927-2003. 미국의 정치인이자 교육자. 1965년에 쓴 『흑인 가족: 국가 행동에 대한 기제The Negro Family: The Case for National Action』에서 그는 최초로 흑인가족의 몰락을 예측했다.

것은 흑인의 남성성 자체가 아니라 남성성이 행동에서 의미하는 것, 즉 권력이었다. 흑인 남성은 이제 남성 권력 투쟁의 전면에 나섰다. 그들은 백인들이 가진 것들을 원했다. 더 이상 탭댄스만 추기를 원하지 않았던 것이다. 백인 남성들은 안도의 숨을 쉬었고 무장을 시작했다. 그들은 **그것**에 어떻게 대처해야 하는지 알고 있었다. 다시 한 번, 그것은 남성 대 남성, 한 (무장) 세력 대 다른 세력의 문제였다. 그들은 기뻐하며 전선을 가다듬었다.

시민권운동을 백인의 나라 미국에 허용될 수 있는 것으로 만들기 위해 검열된 진실은 무엇인가? 성과 인종차별주의의 관계가 무엇이길래 그것에 관한 책이면 무엇이든 그렇게 잘 팔리는가? 검둥이 문제에 오면 왜 보통 남성들의 두려움이 본질상 성적이 되는가? 왜 검둥이 모습 자체가 백인 남성을 그렇게 성적으로 강하게 자극하는가? 왜 흑인 남성들은 백인 여성들에 대해 강렬한 욕망을 느끼는가? 왜 인종적 편견은 그리도 자주 성적 용어로 표현되는가? 왜 흔히 거세를 수반하는 린치lynching는 가장 극단적인 인종차별행위의 표현으로 발생하는가?

성과 인종차별주의 간의 관계는 사람들이 염려하는 것보다 분명히 더 깊은 것이다. 그러나 비록 이 관계가 피상적으로 탐구된 것 이상의 일은 없었지만, 새로운 운동의 10년 동안 이미 우리는 성과 인종과 관련된 새로운 일련의 상투성, '유행'을 위한 새로운 교리를 가지고 있다. 예를 들어, 노동부의 최근 통계[1]에도 불구하고 누가 억압을 더 받느냐는 순위를 따진 억압 인명사전에는

---

[1] 1969년에 1년 내내 전임으로 일한 백인 남성은 평균 수입으로 6,497달러를, 흑인 남성은 4,285달러를, 백인 여성은 3,859달러를 그리고 흑인 여성은 2,674달러를 벌었다. 그러나 여성해방운동의 영향을 받은 소수의 급진적인 단체에서만, 흑인 여성이 경제적으로 밑바닥에 있다는 것을 인식한다.

백인 남성-백인 여성-흑인 여성-흑인 남성의 순위가 여전히 통용되고 있다. 그리고 메일러Mailer*, 포도레츠Podhoretz** 외에도 다른 사람들에 의해 발전되고 클리버에 의해 계속된, 본질적으로 흑인 남성의 더 왕성한 정력에 관한 신화인 '두뇌 대 근력 대결the Brain vs· Brawn Antagonism'이 있다. 또 '아프리카의 검은 자궁the Black Womb of Africa', 아프리카 의복을 입은 '큰 검은 엄마Big Black Mammy'도 있다. 그러나 이렇게 성-인종차별주의sex·racism를 피상적으로 폭로하는 것은 문제를 다른 식으로 은폐하는 것이다. 그것은 남성들의 반反기존체제Anti·Establishment의 이익을 위한 것에 불과했다.

이 장에서 나는 **인종차별주의는 성적 현상**이라는 것을 보이고자 한다. 개인의 정신에 있어서 성차별주의처럼, 우리는 인종차별주의를 가족의 권력 위계질서와의 관계에서만 완전하게 이해할 수 있다. 성서적 의미에서, 인종들은 남성 가족의 다양한 부모들과 형제자매들 이상이 아니다. 그리고 성적 계급의 발달에서처럼 인종의 생리학적 구별은 불평등한 권력의 분배에 기인할 때만 문화적으로 중요해진다. 그러므로 **인종차별주의는 성차별주의가 확장된 것이다.**

---

*Norman Mailer: 1923-2007. 미국의 소설가, 언론인, 극작가, 영화 각본가이자 감독. '창작 논픽션'의 창시자로 알려졌다. 『벌거벗은 자와 죽은 자』(1948)를 발표, 25세의 젊은 나이로 일약 세계적 명성을 획득했다. 1950년대 후반부터는 소위 '비트 제너레이션파(派)'에 접근하여 현대사회를 지배하는 획일주의를 부정하는 한편 성(性)의 신비를 추구하였다. 단편 「하얀 흑인」 등은 '비트파(派)'의 대표작으로 꼽힌다.
**Norman Podhoretz: 1930 . 미국의 보수 월간지 『코멘터리』의 만년 주필이며 신보수파의 창시자다.

Ⅰ. 인종가족 :

오이디푸스-엘렉트라, 영원한 삼각관계, 보이지 않는 유곽

핵가족 내에서 위계질서 관계의 대우주macrocosm인 미국에서의 인종관계를 보자.[2] 백인 남성은 아버지이고, 백인 여성은 그녀의 지위가 백인 남성에게 달려있는 아내이자 어머니이고, 흑인들은 아이들과 마찬가지로 백인 남성의 소유물이다. 아이들이 어른들에 비해 쉽게 구별되는 노예계급을 형성하는 것과 같은 방식으로, 그들의 육체적 차이는 종속적 계급이라는 낙인을 찍는다. 이 권력의 위계질서는 핵가족 안에서의 성차별주의의 심리를 창조하듯 인종차별주의의 심리를 창조한다.

앞서 우리는 남성의 오이디푸스콤플렉스를 아버지의 권력에의 복종을 강요받은 데서 결과하는 신경증으로 서술하였다. 이 해석을 흑인 남성의 심리에 적용해보자. 흑인 남성은 처음에는 백인 남성에게 가시적으로 억압당하는 백인 여성과 동정어린 동일시를 한다. 왜냐하면 양자 모두 아버지에 의해서 같은 방식으로 '거세'되었고(즉 무력하게 되었고), 그들 각자가 인내해야만 하는 심리적 억압의 종류가 매우 유사하다. 이러한 억압에 대한 성-억압적 본질로 인해 그 결과로 형성되는 인격이 유사한 것이다. 어머니와 아이가 아버지에 맞서 결합하는 것과 같은 방식으로 그들은 억압으로 특별한 유대감을 가진다.

이것은 백인 여성이 개인적으로 흑인 남성과 자주 동일시하는 것과 더 정치적인 형태에 있어서는 노예폐지운동(해리엇 비처 스토를 참조하라)에서부터 현재의 흑인운동까지를 설명해준다. 백

[2] 나는 여기서 내가 가장 잘 아는 국내의 인종관계만을 다루겠다. 그리고 나는 같은 비유가 국제적 그리고 제3세계의 정치에도 동등하게 적용될 수 있으리라는 것을 의심하지 않는다.

인 남성의 지배에 대항하는 이 투쟁의 대리적 성질은, 어머니가 아버지에 대항하는 아들을 자신을 대신하는 것으로 동일시하는 것과 유사하다. 여성은 자기결정적인 투쟁에 대한 진정한 희망이 없다. 왜냐하면 그녀는 처음부터 모든 것을 잃었기 때문이다. 그녀는 **완전히** 백인 남성의 부속물로 정의되고, 자매들로부터 소외되어 그의 일상적인 감시 하에서 산다. 그녀는 공격력이 덜하다. 그러나 어머니(백인 여성)는 그녀 자신은 아니더라도, 적어도 그녀의 아들(흑인 남성)이 잠재적으로 '남성'이라는 것, 즉 힘이 있다는 것을 안다.

그러나 어떤 여성들은 흑인 남성이나 다른 인종적으로 억압된 (또한 생물학적으로 구분되는) 집단의 투쟁을 통해 대리적인 자유를 성취하려는 시도를 여전히 하고 있을지도 모르지만, 많은 다른 여성들은 이러한 투쟁 모두를 단념해 왔다. 대신 그들은 권력이 옮겨질지 모른다는 헛된 희망으로, 그들 자신의 이익을 남성의 이익과 동일시하면서 억압을 받아들이기로 선택했다. **그들**의 해결책이란 남성들의 강력한 자아에 완전히 병합되기 위하여 —흔히 사랑으로—그들 자신의 비참한 자아들을 제거하는 것이었다.

이러한 희망 없는 동일시가 백인 여성의 인종차별주의이다. 이것은 더 즉각적으로 이해할 수 있는 이러한 여성들의 남편들의 성차별주의보다 흑인 남성에게 훨씬 더 큰 쓰라림을 낳는다. 왜냐하면 어머니에 의한 배반의 징조이기 때문이다. 그럼에도 이것은 가짜 형태의 성차별주의인데, 왜냐하면 허위 계급의식a false class consciousness, 결국 오직 권력에 대한 환상인 것으로의 위협으로부터 나온 것이기 때문이다. 만일 그것이 백인 남성의 성차별주의

만큼 강하거나 혹은 그보다 더 강하다고 하더라도, 그 종류에 있어서는 여전히 다른 것이다. 이러한 특이한 히스테리는 흑인 부르주아지의 보수주의나—또는 자기보다 자녀들을 더 잘 대우한다고 남편에게 소리 지르는 아내처럼—그녀 자신의 불안정한 계급(없는) 상황의 직접적 산물로 특징지어진다. 따라서 흑인 남성은 여성들이 그들 남편에게서 느끼기는 하지만 직접적으로 인정할 수 없는 원한의 희생양이 될 수 있다.

그래서 백인 여성은 흑인 남성과의 대리적인 동일시와 신경증적인(그러나 진짜가 아닌) 성차별주의 사이에서 갈피를 못잡는 경향이 있다. 급진적인 여성들은 대부분의 여성들처럼 남성 일반을 향한 의심스럽지만 믿어보는 것^{benefit of the doubtism}으로부터 고통받는데, 특히 흑인 남성을 신뢰하고 동정하는 경향이 있다. 그리고는 흑인 남성이 그들로부터 개인적 이익을 취할 때나, 흑인운동이 여성의 대의를 지지하기 충분할 정도로 빨리 움직이지 않을 때 쓰라린 환멸을 느끼곤 한다.

왜냐하면 흑인 남성 편에서도 모든 것이 사랑과 동정만은 아니기 때문이다. 우리의 유추로 돌아가 보자. 아이가 어머니와 동정의 유대감으로 시작하지만 곧 그 안에 있는 여성을 근절하기 위해 아버지와의 동일시로 이행하도록 요구되듯이, 흑인 남성도 역시 '남성이 되기' 위하여 백인 여성과의 유대를 끊고 그녀를 비하하는 방식으로만 관계해야만 한다. 게다가 그녀의 소유자인 백인 남성에 관한 맹렬한 증오와 질투 때문에, 그는 '백인놈^{whitey}이 되기' 위하여 정복되어야 하는 것으로서 그녀에게 강한 욕망을 느낄지도 모른다. 그러므로 백인 여성 안에서 더 명백한 양극화된 감정과는 달리, 백인 여성에 대한 흑인 남성의 느낌은 사랑과 증오가 극도로 **혼합된** 양가적^{ambivalence} 감정으로 특징지어진다. 그러나 그가 이 양가적 감정을 표현하는 것을 선택한다 할지라도, 그 강도를 제어할 수는 없다.

르로이 존스*의 초기 희곡 『네덜란드 사람^{Dutchman}』은 흑인 남성이 백인 여성과의 관계에서 가지는 어떤 심리적 긴장과 양가적 감정을 구체적으로 보여준다. 두 사람은 지하철에서 우연히 만난다. 젊은 흑인 부르주아인 클레이와 금발의 요부 룰라가 그들을 전형적으로 보여준다. 백인 남성의 장난감으로서의 룰라에 관한 클레이의 경멸은 악의적인 성적인 매력과 섞여 있다. 그에 대한 그녀의 깊고 즉각적인 이해, 그리고 마침내 그야말로 뒤통수치기로 끝나는 그녀의 배반.(그녀는 '강간'이라고 울부짖은 후에 완전히 자유롭게 된다―오로지 자신만을 생각하는 젊은 흑인 남성들을 더 많이 파괴하기 위해서는 이용해야만 하는 것이다.) 이것이 백인 여성에 대한 흑인 남성들의 내적 관점이다. 룰라는 내가 묘사했던 인종적 오이디푸스콤플렉스의 산물인 만큼, 결코 현실의 여성으로서 맞닥뜨리지는 않는다.

흑인 남성과 백인 남성과의 관계 또한 이와 비슷하게 남자아이와 아버지와의 관계를 되풀이한다. 우리는 어떤 시점에서 남자아이가 자신의 자아를 주장하기 위하여 어떻게 (무력한) 여성과의 동일시에서 (강력한) 남성과의 동일시로 이행해야만 하는지 보아왔다. 그는 강력한 아버지를 증오한다. 그러나 그에게는 선택의 여지가 주어진다. 만일 그가 이러한 이행을 하면 (물론 아버지의

---

*Everett Le Roi Johns: 1934-. 미국의 극작가·시인·소설가. 아프로-아메리카 문화의 지도자로 널리 알려져 있다. 반백인(反白人)의 시점에서 흑인의 동일성을 수구하는 이론을 세상에 실신하였다. 소설 『빈네의 지옥 묘곡』, 희곡 「네덜란드 사람」 등의 작품들을 만들었다.

방식으로) 그는 상을 받는다. 만일 그가 그것을 거부하면, 그의 '남성성'(인간성)은 의심받게 된다. 미국에서의 흑인 남성은 다음 중 하나만 선택할 수 있을 뿐이다.

1) 그는 백인 남성의 방식대로 백인 남성에게 굴복할 수 있고 백인 남성에 의해서 보상받을 수 있다(엉클 토미즘Uncle Tomism*)

2) 그는 그러한 동일시를 모두 거부할 수 있고, 그러므로 종종 동성애에 빠질 수 있다. 또는 만일 그가 백인 사회의 시각에서 볼 때 '남성'이 아니라면, 적어도 여성은 아님을(포주콤플렉스the Pimp Complex) 증명하고자 필사적으로 노력할 것이다. '계집년'들을 공공연히 경멸하면서 그는 온 세상에 자신이 우월한 성적 계급에 속한다는 것을 보여줄 것이다.

3) 그는 아버지의 권력을 타도하려 시도할 수 있다. 그러한 시도는 필수적인 것은 아니지만 아버지의 권력의 지위를 포섭함으로써 아버지가 **되려는** 소망을 포함할지도 모른다.

흑인 남성이 첫 번째의 것, 즉 아버지의 방식대로 아버지와 동일시될 것을 선택하지 않는 한, 그는 거세당하기 쉽다(남성성, **불법적인** '남성적' 힘의 파괴). 특히 아버지의 권력의 전형이자 보물

*1896년 미 연방 법원이 '플레시 대 퍼거슨Plessy v. Ferguson' 소송을 통해 공공시설에서의 흑백분리를 당연한 것으로 판결함으로써 미국의 인종차별은 새 국면을 맞는다. 판결 전 남부지역에서는 흑인의 레스토랑, 병원 등의 출입을 금하고 모든 공공장소를 분리해 비난을 사고 있었다. 이 모순된 현실을 타파하고자 두 인물이 나섰다. 1895년 부커 워싱턴Booker T. Washington은 "흑인과 백인은 손가락처럼 서로 분리될 수는 없지만 서로의 발전을 위해서 하나로 합쳐질 수 있다"고 연설했다. 이는 백인에게는 감동이었으나 흑인에게는 인내가 필요했다. 인종차별을 실질적으로 받아들이라는 그의 주장에 하버드대 역사학 박사 두 보이스Du Bois가 반기를 들었다. 그는 워싱턴을 "백인 얼굴을 한 흑인", 즉 "엉클 톰"이라며 경멸했다.

인 여자를 건드리면 더욱 그렇다. 이 인종적 거세는 은유적으로만이 아니라, 그야말로 린치의 형태로 나타난다.

이제 엘렉트라콤플렉스에 대한 정치적 해석을 흑인 여성의 심리에 적용시켜보자. 만일 흑인 남성이 미국 가족의 아들이라면 흑인 여성은 그 딸이다. 최초의 백인 여성(어머니)에의 동정, 백인 남성(아버지)에 맞서는 그녀(어머니)와의 억압의 유대감은 백인 남성(아버지)과의 나중의 관계 때문에 복잡해진다. 백인 남성이 '여행과 모험의 세계'를 **소유한다**는 것을 발견한 흑인 여성은, 아이의 종속적 위치에서 그녀 안에 있는 여성을 거부하기 위하여 아버지와 동일시하려고 시도한다.(이것은 그녀의 백인 자매의 온순성과 비교되는 흑인 여성의 커다란 공격성의 원인일지도 모른다). 그녀 안에 있는 여성적(무력한) 요소를 거부하려는 노력에서, 그녀는 어머니(백인 여성)로의 경멸을 발전시킨다. 어린 소녀처럼 흑인 여성도 그녀의 무력함에 두 가지 중 하나로 반응할 수 있을 것이다. 먼저, 그녀는 백인 남성을 모방함으로써 직접적인 권력을 얻으려는 시도를 할 수 있다. 따라서 ('특히 흑인 여성을 위해') 출세하려는 강한 특성을 가진 '크게 성공한 여성'이 된다. 또는 아버지를 유혹함으로써("어때요, 흑인 섹스 덩어리!black sexpot"*) 간접적으로 권력을 얻으려고 시도할 수도 있다. 따라서 아버지의 총애를 얻으려고 백인 여성과—이제 그녀가 모방해야만 하는 백인 여성을 미워하고 질투하게 만드는—성적 경쟁에 들어갈 수도 있다.

한편 형제(흑인 남성)와 자매(흑인 여성)의 관계는 경쟁과 상

---

*sexpot은 1950년대 후반에 생겨난 조어로 '섹스 덩어리'라는 뜻이다. pot(항아리, 독, 냄비)는 소중한 물건을 모아두는 그릇으로서, honeypot(꿀단지)은 여성의 성기를 의미하기도 한다.

호 경멸의 관계 중 하나이다. 각각은 상대방을 부모(백인 남성과 여성)와 사이좋게 지내기 위해 필사적으로 애쓰는 무력한 하인으로 본다. 각자는 상대방의 성적 게임을 알고 있다. 그들이 서로를 향해 성애적 에너지erotic energies를 지향하는 것은 어렵다. 상대방을 너무 속속들이 꿰뚫어보고 있기 때문이다.

우리는 인종차별주의의 심리를 조명하기 위하여 다른 방식으로 가족을 이용할 수 있다. 인종차별주의를 남녀 간의 삼각관계 형태로 보자. 이 상황에서 백인 남성은 남편이고 백인 여성은 아내이며 흑인 여성은 정부이다. 우리는 '좋은' 여성과 '나쁜' 여성 간의 이러한 이분법 자체가 어떻게 오이디푸스콤플렉스의 산물이 되는지를 보아왔다. 남성은 동일한 대상에 성욕과 애정을 모두 느낄 수 없다. 그래서 그는 자신의 느낌을 분리해야만 한다. 그의 아내이자 아이들의 어머니에게는 존경과 애정을 느낀다. 그의 성욕받이인 '정부'에게는 격정을 느낀다. 예를 들어 피부색[3]과 같은 생물학적 구분 또는 경제적 계급 구분을 통해 이 분리를 더욱 과장하는 것은 성적 분열증 자체 때문에 행동하는 것을 매우 편리하게 만든다. 근친상간의 금기를 깨는 죄책감을 피하기 위하여 성적 대상을 실제로 비하시키려고 애쓰지 않아도 되는 것이다. 사회적 정의에 의해서 그녀의 속성은 이미 비하되어 있다.(개별적인 남성 정신의 타락에 대한 측정은, 금지되었다는 이유로 흑인의 육체를 이국적이고 성적인 것에 대해 강한 욕망을 느끼는 정도에 따라 판단될 수 있을지도 모른다.) 이 분열에 대한 성적 착

---

[3] 생물학적 차이의 일반적이고 상호교환적인 정치적 기능을 보여주는 재미있는 예는 인종적 계급 구분이 성적 계급 구분으로 심리적으로 대치되는 것이다. 예를 들어 흑인 레즈비언은 흑인-백인 간의 레즈비언 관계에서 종종 남성 역할을 자동적으로 떠맡기도 한다.

취의 대가를 지불하도록 만들어진 흑인 여성은 적어도 가족 구조 안에서 노예화되는 것으로부터는 자유롭다. 비록 어머니로서의 역할로는 숭배받지만, 백인 여성은 그녀 전용의 폭군에게 영원히 매여 있는 것이다.

이러한 인종적 삼각관계의 여성들은 서로에 대해 어떻게 느끼는가? 분리 지배Divide and Conquer. 양쪽 여성들은 서로에 대해 적대감을 키워왔다. 백인 여성들은 도덕심이 없는 '매춘부'들을 경멸하고, 흑인 여성들은 제멋대로인 '분바른 것'들을 선망한다. 흑인 여성은 백인 여성의 정당성, 특권, 편안함을 질투하지만, 깊은 경멸심을 느끼기도 한다. 즉, 백인 여성들은 그러한 것들을 너무 쉽게 가진 '불감증 걸린 년'들이며, 자기들의 해야 할—그들의 남편에게 성적-격정적 욕구를 제공하고 그들의 자녀를 돌보는 일에서부터 그야말로 잡일('도움')까지—모든 일을 흑인 여성들에게 떠넘기기 때문이다. 유사하게 백인 여성이 흑인 여성에게 느끼는 경멸도 흑인 여성의 더 큰 성적 방종, 그녀의 정력, 그녀의 결혼 속박으로부터의 자유에 대한 선망과 섞여 있다. 왜냐하면 결국 흑인 여성은 한 남자의 손아귀 안에 있지 않고 마음대로 주인을 오가고 집을 나가며 일을 하고(모멸적인 일이긴 하지만), 그리고 '태만하기' 때문이다. 백인 여성이 모르는 것은, **한** 남성의 손아귀에 있지 않은 흑인 여성은 이제 모든 남성에게 짓밟힐 수 있다는 것이다. 그 둘 모두는 공적 소유냐 사적 소유냐 사이의 선택의 여지밖에는 없는데, 각자가 상대편이 무엇인가를 훔쳐 달아난다고 여전히 믿기 때문에 양쪽은 자신들의 좌절을 진정한 적인 '남성'에게가 아니라 서로에게 잘못 쏟도록 속임을 당할 수 있다.

만일 백인 남성의 섹스드라마에서 백인 여성이 아내역(그의 사적 소유)을 맡고, 흑인 여성이 매춘부역(그의 공적 소유)을 맡는다면, 흑인 남성은 무슨 역할을 맡는가? 흑인 남성은 포주역이다. 흑인 남성은 백인 남성의 성적 게임에서 졸卒이다. 왜냐하면 우리가 보아온 대로 흑인 남성은 완전한 남성도 아직 동성애자(남성 정체성을 위한 투쟁을 전적으로 포기해버린)도 아닌, **비하된** 남성이기 때문이다.(포주가 '남성 비하'를 의미한다는 것은, 남성들의 관례에 있어서 누구를 포주라 부르는 것이 결투를 유발하는 것과 매한가지라는 사실로 증명된다. 나는 여성뿐 아니라 남성도 비하시키는 동물적 용어들—종마, 고양이, 새끼, 수캐, 개뿔 등등—은 오직 빈민가에서만 규칙적으로 발생한다는 것을 지적해왔다.) 흑인 남성의 남성성은 적어도 자신보다 더 무력한 여성에 대한 권력과 통제의 측면에서만 나타나는 억압적 힘 The Man에 의해서 의문이 제기된다. 백인 남성과의 남성성masculinity의 전쟁에서 주요 무기가 여성이기 때문에 여성들과의 관계는 퇴폐적이 된다. 여성을 지배하는 남성이나 아내를 지배하는 남편의 관계와 같은 것이 아니라 매춘부를 지배하는 포주의 관계와 같은 것이다. 그가 흑인 여성을 보호하는 것은 허위의 짓이다. 가끔은 그녀를 시장의 악으로부터 보호하기도 하겠지만, 그가 그렇게 하는 것은 자신의 이익을 위해서다. 그러나 흑인 남성이 그녀의 주요 착취자로 보일 때조차도 그는 실제로는 착취의 간접적 대리인일 뿐이다. 왜냐하면 그가 '마구간'의 암말들을 서로 시합시키고, 그들의 돈(백인 남성에게 직접 착취당해 어렵게 번 보수)으로 술을 마시고 도박해서 탕진해버리고, 때리고, 욕을 한다 해도, 그것이 결코 흑인 남성에게 진정한 남성의 자격을 주지는 않을 것이기 때문이다. 그들 모두가 알고 있듯이 **진정한** 남성은 억압적 힘을 가진 남성[백인 남성]이다. 그만이 흑인 남성이나 흑인 여성에게 정당성을 부여할 수 있다. 그리고 아내-매춘부의 삼각 관계에서처럼, 다시 그는 포주와 매춘부를 애타게 하고, **서로를 통해** 그와 싸우도록 한다. 다음에 짧게 인용하는 글은 한 흑인 여성이 흑인 남성에게 쓴 것으로 서로 중복되는 삼각관계의 긴장을 잘 나타내고 있다.

물론 당신은 "집에 왔을 때 네가 꾀죄죄해 보이면 어떻게 너를 사랑하고 너와 함께 있고 싶을 수 있겠어? 백인 여자들은 너희 흑인년들이 하는 식으로 남편에게 절대 문을 열지 않아"라고 말하겠지. 이 무지한 남자야, 나는 그렇게 생각하지 않아. 그 여자들은 모든 일을 해줄 나와 같은 하녀를 가졌기 때문에 우리와 같은 처지에 놓여 있지 않아. 그들은 아이들에게 소리지르는 일도 없고, 뜨거운 화덕 앞에 서 있는 일도 없어. 그녀를 위해 모든 것이 완비되어 있고, 그녀의 남자가 그녀를 사랑하든 안하든 그는 부양한단 말이야. …… 부양한다고. …… 들리니, 이 검둥아? **부양한단 말이야!**

_게일 A. 스토크스Gail A. Stokes '흑인 여성이 흑인 남성에게'

『해방자Liberator』 1968년 12월호

그러나 백인 남성과의 집착에 의해서 타락되는 것은 흑인 남성이 흑인 여성에 대한 관계만은 아니다. 왜냐하면 흑인 여성은 흑인 남성에게 술을 사주기 위해 마지막 남은 돈을 쓸지도 모르지만, **그녀와** 진정으로 관련된 사람은 역시 백인 남성이기 때문이다. 클리버의 「흑인 내시의 알레고리Allegory of the Black Eunuchs」에 보면 다음과 같은 불경스런 말이 있다.

그때 이후 나는 흑인 여성에게는 백인 남성과 결혼하는 것이 그녀의 왕관에 마지막 별을 다는 것과 같다고 언제나 믿었다. 그녀의 눈과 그녀 자매들의 눈으로 볼 때는 백인 남성과 결혼하는 것이 성취의 정점이다. 얼마나 많은 흑인 유명인사 가족들이 백인 남성과 결혼하는지를 보라. 유명인사가 아닌 모든 검둥이 여성들은 그들도 유명인사이기를, 그래서 그들 역시 백인 남성과 결혼하기를 바란다. 흰둥이는 그들의 꿈의 남자다. 그들이 당신에게 키스할 때, 그들이 키스하는 것은 진짜 당신이 아니다. 그들은 눈을 감고 그들의 꿈인 백인 남자를 그린다. 소문을 들어봐라. …… 흑인 여성의 정신적 신랑은 깨끗한 피부의 예수 그리스도이다. 흑인 여성이 성교할 때 오르가슴을 느끼는 첫 경련의 순간에 예수의 이름을 외치는 것을 당신은 죽기 전에 알게 될 것이다. "오, 지저스, 가고 있어, 가고 있어요!" 그녀는 그에게 소리친다. 그것은 당신에게 상처를 줄 것이다. 그것은 당신 가슴에 칼이 꽂히는 것과 같을 것이다. 그것은 마치 당신의 여자가 오르가슴을 느끼는 동안 아랫마을에 사는 엉큼한 고양이 같은 놈의 이름을 부르는 것과 마찬가지일 것이다.

그러므로 흑인 남성이 흑인 여성을 경멸하는 만큼 흑인 여성은 흑인 남성을 경멸한다. **진정한** 남자는 결혼을 통하여 그의 우월한 계급 덕분에 그녀를 상승시킬 수 있다. 흑인 여성은 흑인 남성을 존경할 수 없는데, 그가 아무런 권력이 없다는 것을 알기 때문이다. 백인 남성은 적어도 자기의 여자를 '부양하며' 때리지도 않는다. 백인 남성은 항상 정중하고 친절하며 예의 바르다. 그녀는 백인 남성이 그러는 것이 그에게 이익이라서라고 보지 않는다. 그런 식으로 포주도, 매춘부도, 그들의 '예의 바른' 백인 손님이 그들을 파괴한 것에 책임이 있다고 의심하지 않을 것이다.

그러므로 모든 미국의 가족은 흑인 빈민가 매춘 지역의 실존을 예측한다. 성적 매춘 일반이 존경받는 중산계급 가족을 유지하는 것과 마찬가지로, 미국 흑인 사회의 강간은 더 큰 백인 사회의 가족 구조의 실존을 가능하게 한다. 흑인 사회는 백인 가족의 성적 욕구를 공급하면서 그것의 기능을 유지시키는 외집단 outgroup*이다. **그것**이 빈민가에는 가족 연대가 없는 이유이다.

사생활에 축소되어 매우 자주 재현되는 이러한 성-인종제도의 방식은 문제의 깊이를 드러낸다. 개별적인 백인 가정은 개별적인 흑인 여성을 성적으로뿐만 아니라 평생 가사노동으로 착취함으로써 유지된다. 또 빈민가의 젊은이는 당연하게 포주 일을 하거나 남창까지도 한다. 그의 '남성'으로서의 가치는 매춘부들을 통솔할 수 있는 방식, 그리고 한꺼번에 얼마나 많은 매춘부를 통솔할 수 있는가에 의해 측정된다. 그는 겉만 번지르르한 헛소리의 대가가 된다. 만일 그가 백인 '계집'을 관리할 수 있다면, 그것은 한 건 더 한 것이다. 왜냐하면 백인 남성(아버지)에게 직접적인 타격을 주는 것이기 때문이다. 이것은 백인 매춘부가 흑인 포주와 자주 짝을 이루는 것을 설명한다. 즉, 백인 여성(어머니)은 흑인 여성과 함께 매춘부로 비하되고, 그것은 백인 남성을 직접 가격하는 것이다. 그녀는 아버지의 가장 귀중한 소유물인데 이제 손상된 상품으로 그에게 되팔려진다. 백인 매춘부 자신으로 말하자면—그처럼 드문 경우는 선택의 문제이다—그녀는 극단의 마조히즘masochism**을 표현한다. 그녀는 전적으로 백인 남성의 먹

---

*규범·가치·습관·태도 등이 자기와 공통성이 없는 타인들로 이루어진 집단. 집단의 폐쇄성이라는 사실과 관련하여 집단 간의 관계를 설명하는 집단 개념으로서, 내집단(內集團, ingroup)의 상대어이다.

이가 되는데, 극도의 모욕인 흑인 포주를 잠자코 따름으로써 백
인 남성의 화를 돋운다.

II. "흑인의 남성성"

이 인종차별주의인 성심리적 비하psychosexual degradaton에 대한 전투
적 흑인 사회의 태도는 무엇인가? 나는 흑인 남성이 그를 지배하
는 백인 남성의 권력에 반응하는 데 세 가지 선택의 여지를 가진
다고 말했다.

1) 그는 백인 남성이 마련한 방식에 굴복할 수 있다.(잘하면 코
미디언, 운동선수, 음악가와 같은 흑인 유명인사, 혹은 흑인 부르
주아지의 일원이 될 수 있다.)

2) 그는 별로 '남자답지' 않은 것으로 정의되는 모든 결과에도
불구하고, 동일시 자체를 거부할 수 있다.(나는 세파에 찌든 빈민
가 젊은이들을 서술했다.)

3) 그는 아버지에게 반항하고 그를 전복시키려고 노력할 수 있
는데, 그것은 혼자 힘으로 권좌를 훔치는 것까지도 포함**할 수 있
다**.(혁명을 위한 정치적 조직, 특히 최근의 전투성.)

흑인운동은 세 번째 대안, 단연코 가장 건강한 것을 선택했다.
그러나 그것을 성취하려면 어떤 계획을 세워야 하는가? 한 가지
방법은 같은 것[4]을 시도하는 백인 세력과 연합하는 것이다. 다

**이성(異性)으로부터 정신적·육체적 학대를 받는 데서 성적 쾌감을 느끼는
변태 성욕. 오스트리아의 소설가 자허마조흐가 자신에게 내재한 이런 경향을
소설 속의 한 인물로 그려냄으로써 명칭이 붙여졌다.

시 한 번 가족이 되는 것이다. 백인 좌파 남성은 약골인 적자嫡子 legitimate son이다. 흑인 남성은 거친 사생아 형제, 권력을 가질 기회를 원하는 서자庶子이다. 배다른 형제들은 타협한다. 즉, 상속권을 박탈당한 형제는 '분개하며' 노골적인 불만의 표시로 제멋대로인 신경증적 적자를 돕는데, 술책과 언변에 대한 대가와 무엇보다도 왕좌를 획득할 때 장자상속권의 일부를 양도받는다는 조건이다. 두 형제가 진정으로 이야기하고 있는 것은 정의와 평등이 아니라 (남성의) 권력이다.

그리고 여동생은 누구인가? 좌파에 있는 백인 여성은, 만일 그들이 잡일을 한다면, 가끔은 따라다니는 것이 허용된다. 그러나 그들은 자주 진압당하고 배제당한다.(아주 사소한 '남성우월주의적인' 언급에도 짜증을 부리면서 끊임없이 포함될 것을 요구하는 성가신 존재들.) 언니는 큰 오빠Big Brother와 매우 강력하게 동일시하여 때로 그와 같다고 실제로 믿기 시작할 정도로 자신을 속인다. 그녀는 저 밖에 있는 보통 여성들(어머니)인 희미한 다수와 동일시하는 것이 점점 더 어려워짐을 발견한다. 그녀는 큰 오빠의 승인을 얻기 위해 자신 안에 있는 어머니를 죽여야 한다. 그는 이러한 일을 격려한다. 그는 그녀가 권력에 관한 환상을 갖는 것이 장기적으로 그녀를 더 유순하게 만든다는 것을 알고 있다. 특히 아버지의 자리를 획득하는 데 그녀는 유용할 수 있다.

게다가 형제는 다음과 같은 피의 맹약을 맺었다. 나에게 너의 계집을 주면(사생아 아들은 그의 각하His Lordship가 못 본 체하는 동안 여동생에 대한 환상을 실행한다), 너에게 내 것을 주겠다(

---

4 여기서, 그리고 이 장 전체를 통해서 나는 '블랙팬서'의 입장을 블랙파워의 내표도 가성하고 있다. 블랙팬서가 많은 사안들에 관해서 다른 블랙파워 집단과 격렬하게 논쟁한다는 것을 잘 알고 있지만 말이다.

백인 소년은 사생아 형제가 킬킬거리는 동안 처음으로 진짜 성교를 한다)는.

그러면 흑인 누이는? 이번에는 '합법적인' 것을 택하는 전투적인 흑인 남성은 그들의 섹슈얼리티를 현행 모델에 일치하도록 재조정한다. 백인 가족을 위한 매춘부 소굴로부터 흑인 사회를 흑인 가족으로 변형하기 위하여 흑인 사회 안에서 가족을 제도화하는 시도들이 만들어진다. 흑인 여성은 이전의 매춘부 역할에서 존경받는-흑인-여왕-나의-자녀들의-어머니로 역할이 전환된다. 따라서 사생아 아들은 도래하는 권력을 예상하면서 그 자신의 집단 내에서 아버지의 역할을 맡는다. 다음은 인구에 많이 회자된 포스터로 이스트 빌리지East Village에 있는 가게의 유리창에 붙어 있다.

검은 황금
아프리카에 있는 흑인 여성의 크고 어마어마한 개요

나는 흑인 여성, 문명의 어머니, 우주의 여왕이다.
나를 통해 흑인 남성은 그의 나라를 만든다.

만일 그가 그의 여성을 보호하지 못하면 그는 좋은 나라를 만들지 못할 것이다.
나의 임무는 나라의 미래인 젊은이들을 가르치고 교육시키는 것이다.
나는 아이들이 아주 어릴 때 그들에게 언어와 역사와 문화를 가르친다.
나는 나의 아이들이 충분한 음식, 옷, 그리고 거처를 가질 수 있게 하기 위하여 열심히 일하는 아버지를 사랑하고 존경하라고 아이들에게 가르친다.

나는 나의 남편을 위하여 가정을 돌보고 편안하게 만든다.

나는 달이 해의 빛을 지구에 반사하듯이 자녀들에게 그의 사랑을
반사한다.

나는 안정되고 평화로운 가정을 운영하는 데 관한 일상적인 문제들
과 필요한 것들을 해결하기 위하여 나의 남편과 앉아서 이야기한다.

나의 나라에 내가 줄 수 있는 최선의 것은 내일의 지도자로 자랄 강
하고 건강하고 똑똑한 자녀들이다.

나는 언제나 나라의 진정한 가치는 여성을 존경하고 보호하는 것을
통해 반영된다는 것을 알고 있으므로, 언제나 문화적인 태도로 행동
하고 나의 자녀들에게도 나와 같이 하도록 가르친다.

나는 **흑인 여성**이다.

그러나 그러한 전환은 그것이 성공할 때라도 환상에 기초하고
있다. 왜냐하면 백인 남성이 권좌에 있는 한, 그는 흑인 사회를 그
가 선택한대로 정의할 특권을 가지기 때문이고—흑인들은 생존
자체를 위하여 백인에게 의존하고 있다—그래서 이 열등한 정의
definition의 성심리적 결과들은 계속 작용해야만 하기 때문이다. 따
라서 존엄한 흑인 가족Dignified Black Family의 개념은 부르주아지의
모방이나 진정한 신념을 가진 혁명가들 이상을 파고 들어가지 못
한다. 실제로 현재의 성-인종제도로부터 결과한 사고방식과 싸워
물리치기 위해서는 혁명을 열광적으로 믿어야만 한다. 다른 세계
에 대한 변함없는 이상적 기대를 통해서만 그러한 이질적 구조를
받아들일 수 있는 것이다. 최하층의 빈민가 젊은이들이 그러한 가
족 구조를 실행하는 데 열성적이지 않은 것은 이해할 만하다. 그

들은 일상적으로 백인 가족의 진짜 성적 욕구에 휘둘린다. 그들은 불쾌한 현실을 살지 않기 위한 형편이 안 되거나, 누가 권력을 가졌는지를 한순간이라도 잊을 수 없다. 이런 점에서 흑인 혁명가들은 도래하는 반란을 예상하면서 노예 숙소 안에 결혼을 제도화하려 한 냇 터너의 소규모 부대*만큼이나 위험하다. 그와 반대되는 모든 권고에도 불구하고, 혁명가들조차 자신에게서 성-인종 심리를 쫓아내는 데 어려움을 겪고 있으며, 여전히 '백인 여자-악마들'에게 저항할 수 없이 끌리는 자신을 발견한다. 왜냐하면 그것은 매일같이 권력의 현실에 의해 뒷받침되면서 그들의 정신에 매우 깊이 자리 잡고 있기 때문이다. 다음은 자기 자신과 싸우는 클리버의 모습이다.

어느 날 나는 잡지에서 에밋 틸Emmett Till**이 시시덕거리며 장난친(그래서 죽음의 원인이 된) 백인 여성의 사진을 보았다. 사진을 보는

*냇 터너는 추종자였던 노예 일곱 명을 이끌고 백인 농장주 가족을 죽였다. 그리고 예루살렘으로 향하며 민가와 농장을 하나하나 공격해 백인들을 처치해 갔다. 칼과 도끼를 휘두르며 눈에 보이는 백인들은 모조리 살해했다. 이틀 동안 57명의 백인이 목숨을 잃었다. 그 사이 동조자도 70여 명으로 늘었다. 그러나 예루살렘을 목전에 두고 터너 일행은 백인 민병대에 추격당했다. 무기도 빈약하고 군사훈련도 받지 못한 노예들은 민병대의 공격을 당해낼 수 없었다. 대부분 흩어져 달아났지만 곧 붙잡혀 처형당했다. 터너도 두 달 동안 몸을 숨겼으나 체포되어 11월 11일 교수형에 처해졌다. 냇 터너의 반란으로 기록된 이 사건은 이틀 만에 진압되었지만 백인 사회에 두려움과 충격을 안겨주었다. 백인들은 반란과는 무관한 흑인 노예 100여 명을 살해하는 등 잔인하게 복수했다. 버지니아주를 비롯한 남부 주의회는 노예를 더욱 탄압하는 법을 제정했다. 새 법에 따라 노예는 교육을 받을 수 없었고, 세 명 이상이 모이는 모임도 금지당했다. 흑인의 설교 권한도 박탈당했으며, 노예제도를 둘러싼 북부와 남부의 간극이 더욱 벌어져 결국 남북전쟁으로 이어졌다.
**1955년 8월 열네 살의 흑인 소년 에밋 틸이 미시시피 주에서 백인들의 폭력으로 사망한다. 시카고에서 나고 자란 틸은 당시 미시시피 주에 거주하는 삼촌을 방문한 상태였다. 남부의 흑백분리정책을 잘 몰랐던 그는 물건을 사려고 소매점에 들어갔다가 백인 여성에게 말을 걸었다. 이는 당시 남부에선 금기에 해당하는 행동이었다. 분노한 백인들은 틸을 밤에 불러내 끔찍하게 살해하고, 시

동안, 나는 어떤 여자가 마음에 들 때 경험하는 것인 가슴 한가운데의 작은 긴장을 느꼈다. 나는 그 사진을 다시 또다시 보았고, 모든 것에도 불구하고, 그 여자에 대한 나의 의지와 증오, 그녀가 보여주는 모든 것에 반하여 나는 그녀에게 끌렸다. 나는 나 자신에, 미국에, 백인 여성에, 내 가슴에 열망과 욕망의 긴장을 가져온 역사에 버럭 화가 났다. 이틀 후 나는 '신경쇠약'에 걸렸다.

작가로서 클리버의 최대의 미덕은 정직성이다.『차가운 영혼』에서 우리는 흑인 남성의 심리, 특히 '괴물'(백인 여성)을 향한 사랑과 증오에 사로잡히는 것을 보았다. 사실상 클리버의 심리발단은 우리가 서술해온 대부분의 양가적 감정을 포함한다. (흑인)여성을 향한 이전의 태도는 그가 (백인)여성과 사랑에 빠지기 전의 것이었다는 생각을 우리는 하게 된다.

나는 당신 몰래 당신을 존경하기까지 하오. 나는 남자끼리만 여자 이야기를 할 때는 여성을 년이라고 지칭하는 나쁜 버릇을 가지고 있소. 이년은 이렇고 저년은 저렇다는 둥. 얼마 전에 나는 여러 명의 살인자들에게 당신에 관해 이야기하면서 "그 년……"이라고 했소. 나는 그런 나 자신이 매우 부끄러웠소. 나는 나 자신을 심판했고 그 후 며칠 동안 정신적으로 고통을 겪었소. 그것은 별 의미 없이 보일지 모르지만, 그것으로 인해 시작되는 생각의 연쇄 때문에 나는 커다란 중요성을 부여한다오. 나는 당신을 좋아하고 당신에게 관심이 있는

신을 강에 던져버렸다. 이 사건은 미국 언론의 관심을 받았다. 그런데 전원 백인으로 구성된 배심원단이 틸을 살해한 혐의로 기소된 백인 두 명에게 무죄 평결을 내렸다. 무죄로 풀려난 백인들은 나중에 한 잡지 인터뷰를 통해 자신들이 틸을 죽였다고 무용담처럼 자랑하기까지 했다.

데, 이 모든 것은 앨드리지에게는 매우 새로운 것이고 이전의 나와 명백히 달라지는 것이라오.

_'사랑의 전주곡–세 편지들Prelude to Love-Three Letters'

원래 샌프란시스코의 법률가 비벌리 액슬러드Beverly Axelrod에게 쓴이 편지들에서, 클리버는 대체로 모든 멋진 말, 흑인 남성의 전매특허인 노련한 유혹을 없애려고 한다. 그가 항상 성공적인 것은 아니다. 그는 자신과 싸워야 한다고 느낀다. 그는 자신이 무엇을 하고 있는지 인정함으로써 제때에 (너무 영리하게) 자기 자신을 파악한다.

이제 레코드를 뒤집어 다른 쪽을 틀겠소. 나는 당신을 그릇되게 인도하려 했다오. 나는 전혀 겸손하지 않소.

그러나 비벌리가 그의 사랑에 대해 냉소적으로 표현하자, 그는 그녀가 그에게 '마음을 열고' 신뢰해야만 한다고 정성 들여 확신시킨다. 비벌리가 옳았다. 그녀의 여성적 냉소주의는 늘 그렇듯이 정당한 것 이상이었다. 오히려 그녀는 **충분히** 냉소적이지 않았다. (모범을 보이기 위해 좌초한 클리버는 비벌리를 떠나 딱-충분히-검은 캐슬린Kathleen과 결혼했다. 최근의 사진들은 어린 아들과 함께 찍은 것이다). 비벌리에게 보낸 편지들, 어떤 여성을 향해서도 그럴 수 없을 만큼 인격화되고 정직한 편지들에 이어 한 미문美文의 편지가 뒤따랐다(추천사? 교리?). "모든 흑인 남성으로부터 모든 흑인 여성에게"이다. 그 고환과 자궁의 이미지들은 주옥같은 것들을 포함하고 있다.

나의 부정된 남성성, 나의 고환을 뗀 400년(!)의 벌거벗은 심연을 건너서 우리는 오늘날 서로 만난다. 나의 여왕이여!

그는 그녀에게 다음의 것을 상기시킨다.

오늘날 나의 사타구니로부터 피가 억수 같이 쏟아진다.

그리고 마침내 의기양양하여 말한다.

나는 동굴로 들어가 으르렁거리는 사자의 이빨에서 나의 고환을 빼앗는다……

'아프리카의 검은 자궁'에 관해서 여러 페이지에 걸쳐 주문呪文을 늘어놓는 것은, 적어도 여자에게 알랑거리려고 착수하는 최선의 방법은 아니다. 흑인 여성성('아프리카의 여왕-어머니-딸, 내 영혼의 자매, 내 정열적인 흑인 신부, 나의 영원한 사랑')에 대한 언급에도 불구하고, 이 연애편지로 추정되는 것에서 클리버는 그 자신과 그의 '남성성'에 열중한다. 권리를 가진 한 인간으로서의 흑인 여성에 대한 개념이 없다. 그녀는 그 자신의 (남성적) 이미지를 위한 지지대일 뿐이다. 혁명적인 것으로 가장한 마찬가지의 낡은 술책인 것이다. 남성은 그녀에 대한 통제를 통하여 약한 여성woman-weak으로부터 자신을 구분함으로써 강한 남성man-strong이라고 부정적으로 자기정의를 한다. 그것은 자신 안에 있는 여성을 거부하면서 부근에 있는 모든 여성에 대한 지배를 통해 남자다움(권력)의 허위의식을 섭취하는 포주와 같다. 클리버의 인종적 그녀의 성적 본질은 본다

윈Baldwin*에 대한 공격에서 잘 드러나는데 그것은 흑인 여왕에 대한 흑인 포주의 악의적인 공격 이상이 아니다. 여왕은 백인 남성에 의해 전수된 비하된 성적 정의를 받아들이기보다는 남성(권력)과의 동일시를 모두 포기하는 것을 선택했다. 이것은 질 게 뻔한 싸움을 하고 있는 포주를 위협하는 것이다. 그리고 만일 이 공격이 충분치 않으면, 클리버는 그의 성적 불안정성을 슈퍼 종마種馬superstud 와 같은 자아상self-image─흑인인 노먼 메일러─을 통해 누설한다. 가슴이 쿵쾅거리는 발작증세로 판단하건대 약간 승격한 것이다.

흑인 여성의 전통적인 수동적 여성으로의 전환은, 흑인 남성의 자기 자신에 대한 정의가 남성적인(공격적인) 것으로 나타날 수 있는 것에 맞서는 유용한 부정적 배경을 만들어낸다. 도약판 혹은 한차례 실습용 인체 모형으로서 흑인 여성은 가치가 있으며 '황송하게' 구애받아야만 한다. 그녀의 협력은 중요하다. 왜냐하면 누군가가 '여성'이 되어야만 흑인 남성이 '남성'이 될 수 있기 때문이다. 흑인 여성들은 그러한 방식에 빠져든 것처럼 보인다. 내가 앞에서 인용한 게일 A. 스토크스의 흑인 남성 비난에 대한 대답으로 다른 흑인 여성이 쓴 반박문이 있다. 이것은 여성의 반여성주의antiwomanism로 주목된다.

물론 (흑인 남성)은 어리석은 실수들을 범하기도 하지만, 우리는 안 그런가? 이것은 새로운 것, 예를 들어 지도력을 시도하는 사람에게는 정상적인 것이다. ······ 그런데 게일 스토크스, 어떻게 당신은 뻔뻔하

*James Baldwin: 1924-1987. 흑인들의 종교 체험을 다룬 『산에 올라 고하여라』로 유명해진 미국 소설가. 그는 그때까지의 흑인 작가와는 달리 백인에 대한 항의로 일관하지 않고 흑인이기 이전에 한 사람의 미국인이라는 관점에서 문제를 추구하였다.

게 흑인 남성의 고환을 찌를 수 있는가? 감히 그의 연승連勝을 저지하려고 할 수 있는가? 그런 일이 당신에게 일어났다면 실제로 부적절한 것은 당신이라는 생각을 해본 적이 있는가? 당신 자신을 되돌아보라, 자매여. 여성은 그의 남성을 반영한다고 하지 않는가.

그녀는 흑인 남성을 향하여는 다음과 같이 말한다.

흑인 남성들이여. 나 역시 당신의 새로 발견된 자부심과 아프리카 복장 속에서 들려오던 당신의 울음소리를 들었습니다. 그 울음소리에 답하겠습니다. 내 사랑, 나보다 앞에 당신의 정당한 자리를 차지하세요. …… 그래요, 나의 흑인 남성이여, 당신은 진정한 남성, 보기 드문 남성이랍니다. 당신이 투쟁하는 내내 내가 당신의 겨우 몇 발자국 뒤에서 싸운다는 것을 알려주고 싶습니다. 그것이 당신 인생에서 나의 자리이기 때문입니다. …… 내가 여기 있는 모든 이유는 당신이 있기 때문입니다.

그리고서 그녀는 그에게 고환에 대한 불멸의 충성심을 확신시킴으로써 그의 상처 난 자아를 진정시킨다.

고환이 찢기고도 남자가 되려고 노력하다니! 오, 사춘기의 고뇌에 찬 순간들 …… 커가는 고통들 …… **얼마나 많은 남성들이 거세되어 왔으며, 그 거세된 상태에 저항하고 새로운 고환을 자라게 했는지 말해주세요.** …… 당신은 안기고 사랑받고 당신이 정말로 얼마나 훌륭한지 들을 필요가 있어요.

_이디스 R. 햄브리Edith Hambrick,

180

'혹인 여성이 흑인 여성에게Black Woman to Black Woman',

『해방자Liberator』 1966년 12월호

(강조는 그녀가 한 것이다. 그리고 제목을 강조한 것을 주목하라. 자매에
게 시키는 대로 하라고 경고하는 것인가?)

　　그러나 그녀가 시키는 대로 했을 때 그 보상은 인격화된 종류
의 사랑이 아니라 (비벌리 액슬러드에게 보내진 편지에서처럼)
그녀를 통해 모든 흑인 여성들에게 말해진 비인격적인 것일 것이
다. 바비 실*의 그 유명한 '아내에게 보내는 편지Letter to My Wife'를
보자.(여자친구에게 줄 크리스마스 선물 위에 신인 시인이 쓴 헌
사처럼, 아니나다를까 대학의 시잡지 봄호에 실려있다.)

사랑하는 아티……
며칠 전 아침 당신 얼굴에서 당신이 혁명가라고 말하는 무엇인가
를 보았기 때문에 내가 당신을 사랑하지 않는다면, 그것은 뭔가 잘
못된 것이오. …… 말릭Malik(그들의 세 살난 아들)은 무얼 하고 있
소? 그에게 당신을 예로 들면서 어떻게 민중에게 봉사할지를 가르
치시오, 아티. …… 아티, 나는 당신이 이 편지를 혼자 간직할 정도
로 이기적인 사람이 아니기를 바라오. 아, 나는 당신이 이 편지를
다른 당원에게 읽어주고 있다는 것을 알고 있소…….

　　남성 일반에 대해서 무척 기민한 흑인 여성들이 왜 이렇게 생
색내고 비인격적이며 감흥 없는 종류의 사랑에 만족하는가? 삼

*Bobby Seale: 1936-. 아프리카계 미국인 인권 운동가이자, 휴이 뉴턴과 함께 '블
랙팬서'의 창립자이다. 현재는 바비큐 요리법을 소개하는 사람으로 더 많이 알
려져 있다.

각관계 때문이다. 우리가 보아온 대로 흑인 여성은 매춘부 역할을 해왔고 백인 남성(그녀의 '사기꾼')과 흑인 남성(그녀의 '포주')에 의해 수 세기 동안 이용당하고 학대받아왔다. 그 기간 내내 그녀는 백인 여성의 정당성과 안정성을 선망해 왔다. 이제 아무리 조잡한 모습으로라도 정당성이 제공되자, 축적된 공포는 알지 못한 채 그녀는 자신을 위해 마련한 것이라는 유혹을 받는다. 아내는 그녀에게 말할 수 있는 유일한 사람이지만 그들은 서로 말을 주고받는 친한 사이가 아니다. 왜냐하면 우리가 보아온 대로 각자는 상대방에게 불만을 맞추는 것을 배워왔기 때문이다. 그들의 오랜 적대감은 그들이 남성에 대해 배워온 소중한(고통스런) 교훈들을 주고받기 어렵게 만든다. 만일 그들이 서로 주고받을 수 있다면, 그들은 곧 아내도 매춘부도 자유가 허용되지 않는다는 것을 발견할지도 모른다. 두 역할 모두 자기결정적인 것이 아니기 때문이다. 앨드리지 클리버는 여성에게 매우 드물게 정직한 어떤 한순간에 장래의 남성 권력을 고대했으므로 그들은 다음과 같은 그의 경고를 경계할지도 모른다.

이제 레코드를 뒤집어 다른 쪽을 틀겠소.
나는 당신을 그릇되게 인도해왔소. 나는 전혀 겸허하지 않소. 나는 겸손하지 않고 나는 당신을 조금도 두려워하지 않는다오. 내가 수줍어하는 척 하면, 내가 망설이는 듯 보이면, 그것은 단지 속임수일 뿐이오. 겸허한 척하며 나는 동료 남성을 속이고 그들의 신뢰를 꾀어냈지. 그리고 나에게 유리하다 싶으면, 나는 호되게 비난했소. 나 자신에 대한 감각이 없다고 말했을 때 나는 거짓말을 한 거라오. 나는 나의 방식을 매우 잘 의식하고 있소. 나의 허영심은 꿈의 영역만큼 광대하고, 나의 가슴은 폭군의 가슴이고, 나의 팔은 사형집행인의 팔이라오. 나의 구상에서 두려운 것은 실패일 뿐이오.

VI 사랑

사랑을 다루지 않은 급진적 페미니즘에 관한 책은 정치적으로
실패작일 것이다. 왜냐하면 오늘날 사랑이라는 것은 어쩌면 출산
보다도 훨씬 더 여성 억압의 주축이기 때문이다. 나는 이것이 놀
라운 사실을 함축하고 있음을 깨닫는다. 우리는 사랑을 없애기
를 원하는 것인가?

　사랑에 대한 어떤 위협에도 느끼게 되는 공포는 사랑의 정치
적 중요성에 대한 좋은 실마리가 된다. 사랑이 여성 또는 성심리
에 관한 어떤 분석에서도 중심적이라는 또 다른 징후는 그것이
문화 자체에서 누락되어 있고 '사생활'로 격하되었다는 사실이
다.(침실에서의 논리에 관해 들어본 사람 있는가?) 그렇다, 그것
은 소설, 심지어 형이상학에까지 그려져 있다. 그러나 그 속에서
사랑은 묘사되어 있거나 더 낮게 재창조되어 있기는 하지만, 분
석되어 있지는 않다. 사랑은 충분히 경험되어 왔고 그 경험이 전
달되었을지는 모르지만, 결코 이해된 적은 없다.

　분석의 부재에는 그럴 만한 이유가 있다. **즉, 여성과 사랑은 기
본토대이기 때문에 그들을 검토한다는 것은 문화의 구조 자체
를 위협하는 것이 된다.**

　'남성들이 걸작품들을 창조하는 동안 여성들은 무엇을 하고
있었는가?'라는 지겨운 질문은, 여성은 문화에서 금지당했고 어
머니의 역할에서 착취당했고, 또는 역으로, 여성은 자녀들을 창

조했기 때문에 작품을 그릴 필요가 없었다는 명백한 대답 이상
의 가치가 있다. 사랑은 그것보다 훨씬 심층적인 방식으로 문화
와 관련되어 있다. 여성이 그들의 에너지를 남성에게 쏟기 때문
에 남성은 생각하고, 글을 쓰고, 창조한다. 즉, 여성은 사랑에 몰
두하기 때문에 문화를 창조하지 않는 것이다.

　여성은 사랑을 위해 살고 남성은 일을 위해 산다는 것은 판에
박힌 말이다. 프로이트는 이러한 이분법의 근거를 개인의 정신에
서 찾으려고 시도한 최초의 인물이었다. 첫 번째 사랑의 대상인
어머니에 의해서 성적으로 거부된 남아는 그의 '리비도libido'—성
적 (삶의) 에너지의 보고寶庫—를 더 일반화된 형태의 사랑을 얻
으려는 바람에서 장기간의 계획으로 '승화시킨다'. 그러므로 그는
사랑에 대한 욕구need for love를 인정에 대한 욕구need for recognition 로
바꾼다. 여성에게는 이러한 과정이 그만큼 많이 발생하지 않는
다. 대부분의 여성은 직접적인 따뜻함과 승인approval을 끊임없이
찾는다.

　'모든 남자의 배후에는 여자가 있다' 그리고 '여자는 왕좌 배
후의 권력이다'라는 진부한 말에는 진실성도 많이 있다. (남성)
문화는 여성의 사랑 위에 그리고 그것의 대가로 세워졌다. 여성
들은 그러한 남성의 걸작품들의 내용을 제공했다. 수천 년 동안
그들은 그 일을 해왔지만 그 수혜가 남성에게 돌아가고 남성들
의 업적이 되어버리는 일방적인 감정적 관계에서 고통을 받아왔
다. 그래서 만일 여성이 남성 경제의 주변부에 의지해 사는 기생
적인 계급이라면, 그 반대 역시 진실이다. **(남성) 문화는 호혜성**
reciprocity **없이 여성의 감정적 힘을 먹고 자라는 기생적인 것이다.**

　더욱이 우리는 이 문화가 보편적인 것이 아니라 경험한 전체의

절반만 제시하는 편협한 것임을 잊어버리는 경향이 있다. 앞으로 보게 되겠지만, 문화의 구조 자체가 모든 점에서 남성 사회의 이익 안에서, 남성 사회의 이익을 위해, 남성 사회의 이익에 의해 운영될 뿐만 아니라, 성적 양극성sexual polarity으로 가득 차 있다. 그러나 전체의 절반인 남성이 문화의 모든 것이라고 불리지만, 남성은 여성의 '감정적' 절반이 있음을 잊지 않았다. 그들은 은밀하게 그것으로 산다. 그들 안에 있는 여성을 거부하는 싸움의 결과로서(우리가 설명해온 오이디푸스콤플렉스), 그들은 사랑을 문화적 문제로 진지하게 받아들일 수 없다. 그러나 그들은 사랑 없이는 아무것도 할 수 없다. 사랑이 '여행과 모험'의 커다란 남성 세계에서 사내다움을 증명하려 작정하고 덤비는 모든 남성의 약점이듯이, 사랑은 (남성)문화에서 가장 취약한 부분이기도 하다. 여성은 남성이 사랑을 얼마나 필요로 하는지, 그리고 얼마나 이 필요를 부정하는지 언제나 알고 있었다. 어쩌면 이것이 여성이 보편적으로 남성에게 느끼는 특이한 경멸("남자들은 완전 멍청해")을 설명할지도 모른다. 왜냐하면 여성은 그들의 남성이 외부 세계에서 가식적으로 행동하는 것을 볼 수 있기 때문이다.

|

어떻게 이 '사랑'이라는 현상이 작동하는가?

　대중적인 견해와는 반대로 사랑은 이타적이 아니다. 최초의 끌림은 상대방의 자제self-possession와 통합적 개체the integrated unity에 관한 호기심 어린 존경(오늘날에는 보다 자주 선망과 분개를 자아내지만), 그리고 어떻게 해서든 이 자아의 한 부분이 되고(오늘날에는 침해하거나 장악한다는 의미지만) 그 정신적 균형의 중요한 부분이 되려는 소망에 근거하고 있다. 상대방의 자기 충족은 욕망(도전한다는 의미)을 창조한다. 즉, 상대방에 대한 존경(선망)은 상대방의 특질을 받아 들이려는(소유하려는) 소망이 된다. 자아의 충돌은 상대방의 커져가는 지배력을 물리치려는 개별적 시도로 이어진다. 사랑은 상대방과 최종적으로 마음을 터놓는 것(혹은 상대방의 지배에 굴복하는 것)이다. 사랑하는 사람은 사랑받는 사람에게 자신이 어떻게 대우받고 싶은지를 보여 준다.("그가 내게 빠지도록 무지하게 애쓰다가 내가 그에게 빠져 버렸어.")

그러므로 사랑은 이기심의 절정이다. 자아는 또 다른 존재를 흡수하여 풍요로워지려고 한다. 사랑은 다른 이에게 심리적으로 활짝 여는 것이다. 그래서 감정적으로 완전히 상처받기 쉬운 상황에 처하게 한다. 그러므로 사랑은 상대방을 체내화incorporation* 하는 것일 뿐 아니라 자아의 **교환**이기도 하다. 상호 교환이 부족한 사랑은 어느 한쪽에게 상처를 줄 것이다.

이 과정에 본질적으로 파괴적인 것은 없다. 약간의 건강한 이기심은 신선한 변화가 될 것이다. 두 사람 간의 동등한 사랑은 상대방을 통하여 자신을 확장시킴으로써 각자 풍요로워질 것이다. 즉, 자기 자신의 경험과 시각만으로 자신의 감옥에 갇힌 하나의 존재인 대신에, 그는 다른 하나의 존재—세계로 난 가외의 창 an extra window에 참여할 수 있는 것이다. 이것은 성공적인 연인들이 경험하는 더없는 행복至福, 즉 모든 개인이 견뎌야 하는 소외의 짐으로부터 잠정적으로 해방되는 이유가 된다.

*대상을 자신의 내부로 받아들이는 것.

그러나 사랑의 지복은 드물다. 왜냐하면 당시의 모든 성공적인 사랑의 경험과 짧은 기간 동안의 풍요로움에는 열 가지의 파괴적인 사랑의 경험이 있으며 사랑이 끝난 뒤에 오는 훨씬 긴 기간의 '절망'이 종종 개인의 파괴, 혹은 적어도 다시 사랑하는 것을 어렵게 하거나 불가능하게 만드는 감정적 냉소주의를 가져올 수 있기 때문이다. 이것이 사랑의 과정 자체에 실제로 내재하는 것이 아니라면, 왜 그렇게 되는 것인가?

사랑 안에 있는 파괴적인 모습과 왜 그런 식으로 되는지에 관하여 다시 한 번 시어도어 라이크의 저작을 들어 이야기해 보자. 라이크의 구체적인 관찰은 더 나은 다른 사람들보다 '사랑에 빠지는' **과정**을 더 잘 이해하게 해준다. 그러나 그가 우리의 현 사회에 존재하는 사랑과 사랑 자체를 혼동하는 한 그는 사랑을 이해할 수 없다. 그는 사랑이 반응 형성ᵃ reaction formation이며 선망, 적대감, 소유욕의 주기ᵃ cycle of envy· hostility· and possessiveness라고 지적한다. 자기 자신에 대한 불만족, 자아the ego와 자아이상自我理想the ego ideal* 사이의 불일치로 생긴 더 나은 것에 관한 갈망이 사랑에 선행한다고 그는 본다. 즉, 사랑의 지복은 자기 자신의 자아이상 대신 상대방의 것을 대체함으로써 긴장을 해소하기 때문에 생긴다는 것이다. 그리고 마침내 사랑은 시드는데, 그 이유는 "당신이 할 수 없었던 것처럼 상대방도 당신의 높은 자아이상에 부응할 수 없고, 그 판단이 더 가혹하고 더 높게 되는 것은 자기 자신에 대한 정당한 권리이기 때문이다." 라이크의 견해로는 사랑이

*프로이트가 나중에 사용한 초자아superego라는 용어와 같은 의미로 초기에 사용했던 용어. 자아이상은 양심(자기-관찰과 자기-비평을 포함하여)으로 알려진 도덕적 규범, 꿈에서 작용하는 검열 기능, 현실 검증(나중에 자아 기능의 일부로 간주되는), 자기 자신에 대한 무법적이고 이상적인 기대 등의 기능들을 지닌 정신적 대리자를 일컫는다.

란 긴장시켰던 것과 똑같이 피로하게 한다. 자기 자신에 대한 불만족(유럽으로 떠나려고 하는 그 주에 사랑에 빠진 사람의 이야기를 들어본 일이 있는가?)은 상대방의 자기충족성에 대한 경악과 질투, 적대감, 소유적인 사랑으로 이끌고, 그리고 정확히 똑같은 과정을 통해 다시 원래대로 돌아간다. 이것이 **오늘날**의 사랑의 과정이다. 그러나 왜 이래야만 하는가?

예를 들어 『서구 세계의 사랑Love in the Western World』에서의 드니 드 루즈몽*처럼 많은 사람들은 "두 개의 똑 닮은 자기애로 가장하는 허위적 호혜성(이교도적 에로스the Pagan Eros)"을 가진 낭만적인 "사랑에 빠지기"와 상대방을 있는 그대로 사랑하는 비이기적 사랑(기독교적 아가페the Christian Agape) 간에 구별 지으려 해왔다. 드 루즈몽은 트리스탄Tristan과 이졸데Iseult**의 병적인 정열(낭만적 사랑)을 서구 문명 특유의 신비적이고 종교적인 경향에 대한 세속화의 탓으로 돌린다.

나는 사랑이 불평등한 권력의 균형에 의해 복잡해지고 타락하고 방해받게 되었지만 본질적으로 훨씬 단순한 현상이라고 생각한다. 우리는 사랑이 서로 상처받는 것을 요구하거나 파괴적으로 변한다는 것을 보았다. 사랑의 파괴적 결과는 불평등한 관계에서만 생긴다. 그러나 성적 불평등은 끊임없이 계속되어 왔기 때문에—그 **정도**가 달랐다 하더라도—타락한 '낭만적' 사랑이 남녀 간의 사랑의 특징이 되었다.(중세 이후 서구 국가에서 왜 그것이 꾸준히 증가해 왔는지를 설명하는 것만이 남아있는데, 다음 장에서 그것을 시도할 것이다.)

---

*Denis de Rougemont: 1906-1985. 스위스 출신의 작가, 철학자.
**남편의 조카 트리스탄과 금단의 사랑에 빠졌던 콘월의 왕비 이졸데의 치명적인 사랑을 말한다.

생물학적 가족의 불평등한 권력 분배에 기초를 둔 성적 계급 제도는 어떻게 남녀 간의 사랑에 영향을 미치는가? 프로이트주의를 논의하면서, 우리는 가족 안에서 개인의 정신적 구조에 들어가 보았고 어머니에 대한 다른 관계 때문에 어떻게 인격의 구조가 남성과 여성에게 있어서 달라야만 하는지를 보았다. 현재 배타적인 어머니-자녀 관계의 상호의존성은 남아와 여아 모두 육체적 생존을 위해 의존해야 하는 모성애의 상실에 대한 불안으로 몰아넣는다. 후에 (에리히 프롬에도 불구하고) 아이가 어머니의 사랑이 조건적인 것임을, 승인된 행동(그것은 어머니 자신의 가치와 개인적 자아만족과 일치하는 행동이다. 왜냐하면 어머니가 그것을 어떻게 정의하든 그녀는 아이를 '창의적으로' 형성할 자유가 있기 때문이다)에 대한 보답으로 상을 주는 것임을 배울 때 아이의 불안은 절망적인 것이 된다. 이것은 어머니가 남아를 성적으로 거부하는 것과 때를 같이 하여 소년에게 감정적인 것과 육체적인 것 사이의 정신분열을 야기시킨다. 그리고 소녀에게는 다른 이유에서 생긴 어머니의 거부가 그녀의 정체성 일반에 관한 불안감을 낳아 평생 승인^{approval}을 필요로 하게 한다.(후에는 그녀의 연인이 필연적인 대리적 동일성의 수여자로서 그녀의 아버지를 대신한다. 즉 그녀는 모든 것을 그의 눈을 통해서 본다.) 여기에서 나중에 남녀로 하여금 자아 안정의 상태를 위해 이 사랑 저 사랑 찾아다니게 하는 사랑에의 갈구가 비롯된다.

그러나 초기의 거부 때문에, 그 거부가 발생한 정도에 따라, 남성은 헌신하고 '마음을 터놓으며' 그리고 나서 산산이 부서지는 것에 공포를 느낄 것이다. 그것이 어떻게 그의 섹슈얼리티에 영향을 미치는지를 우리는 보아왔다. 여성이 그의 어머니를 닮은 정도에 따라 근친상간의 금기는 그의 전체적인 성적-감정적 헌신을 억제하도록 작용한다. 그가 처음으로 어머니에게 느꼈던, 그리고 거부되었던 종류의 전체적 반응을 안전하게 느끼기 위하여 그는 여성이 어머니와 구별되도록 격하시켜야만 한다. 더 큰 규모로 재생산된 이 행동은 많은 문화적 현상들, 근대 낭만주의의 선구인 기사도 시절의 이상적인 사랑 숭배를 포함하는 문화적 현상들을 설명해준다.

낭만적 이상화는 사랑에 '빠진다'는 독특한 특성으로 인해 적어도 남성 쪽에 부분적으로 책임이 있다. 그 변화는 사랑하는 대상의 특성과 거의 관계없이 연인에게 일어난다. 비록 이성을 잃었지만, 때때로 연인은—자신의 능력이 가진 또 다른 부분인 이성적인 부분으로—객관적으로 자신이 사랑하는 사람이 온통 맹목적으로 헌신할 가치가 없다는 것을 깨닫는다. 그러나 그는 속수무책으로 '사랑의 노예'로 행동한다. 종종 그는 자기 자신을 완전히 기만한다. 그러나 다른 사람들은 무슨 일이 벌어지고 있는지 알 수 있다.("어떻게 그가 그녀를 사랑하는지 이해가 안 돼!") 이러한 이상화는 라이크의 임상 연구로 사실임이 증명되었듯이, 여성의 편에서는 훨씬 적게 발생한다.

남성은 자신의 신분이 더 낮아지는 것을 정당화하기 위하여 한 여성을 나머지 여성들 위로 이상화시켜야 한다. 여성은 남성을 그렇게 이상화해야 할 이유가 없다. 왜냐하면 실상 여성의 삶이 남성을 '겁먹게' 만드는 능력에 달려 있을 때에는 그러한 이상화가 실제로 위험할 수도 있기 때문이다. 설사 남성 권력 일반에 대한 공포가 동일한 현상으로 보여지는 개별적 남성들과의 관계에까지 이어지더라도 마찬가지다. 그러나 여성은 남성이 '사랑에 빠지는 것'이 진짜가 아니라는 것을 알아도, 모든 여성은 (그들의 경우에는 진정으로) 남성이 사랑에 빠지기도 전에 어떻게든 그 증거를 요구한다. 왜냐하면 이러한 이상화의 과정은 타락하지 않은 사랑의 전개를 위한 최소한의 전제조건인 양쪽 당사자들을 인위적으로 동등하게 행동하도록 하기 때문이다. 우리는 사랑이 불평등한 권력 상황에서는 성취할 수 없는 것으로 상호 간의 상처를 요구한다는 것을 보아왔다. **그러므로 '사랑에 빠지는 것'은 ―이상화, 신비화, 찬사를 통해서―여성의 계급적 열등감을 무화시키는 남성의 시각이 교체하는 과정일 뿐이다.**

그러나 여성은 그렇게 열심히 노력해서 낳은 이상화가 거짓이고, 그가 '그녀를 간파하는' 것이 시간문제임을 알고 있다. 그녀의 삶은 남성과의 불타는 사랑에 대한 욕구와 그녀를 계급적 종속으로부터 상승시켜줄 승인 사이에서 흔들리면서, 그의 사랑을 성취했을 때 진짜가 아니라고 끊임없이 느끼는 지옥이다. 그러므로 그녀의 모든 정체성은 어떻게 될지 모르는 연애생활의 불안정한 상태에 있다. 남자가 그녀를 사랑할 가치가 있음을 발견할 때에만 그녀는 자신을 사랑할 수 있다.

그러나 만일 우리가 남녀 간의 사랑의 정치적 맥락을 제거할 수 있다 하더라도 사랑의 과정 자체에 어느 정도의 이상화가 남지 않겠는가? 나는 그럴 거라고 생각한다. 왜냐하면 그 과정은 누구든지 사랑을 선택할 때에는 같은 방식으로 나타나기 때문이다. 즉, 사랑하는 사람은 상대방에게 '마음의 문을 연다.' 서로가 상대방을 새로운 자아로 보고 관심을 가지는 자아들의 융합 the fusion of egos 으로 인하여 사랑하는 사람의―방어막 속에 감추어져 있어 제삼자에게는 보이지 않는―아름다움과 성격이 그 모

습을 드러내는 것이다. '나는 그녀가 그에게서 무엇을 보는지 몰
라'라는 말은 '그녀는 낭만주의에 눈이 먼 바보야'라는 것뿐 아
니라 '사랑은 그녀에게 엑스레이 같은 시야를 줬어. 어쩌면 우리
가 뭔가를 놓치고 있는 것 같아'라는 것을 의미한다.(이러한 문구
는 흔히 여성에 대해 사용된다는 것을 주목하라. **남성**이 사랑의
노예가 될 때 쓰여지는 동등한 문구는 '그녀는 그를 치마폭에 싸
고 있다'거나 그녀가 그를 '혹하게' 해서 '그가 완전히 넘어갔다'
는 것들이다.) 그러나—만일 감추어져 있다면—상대방의 진정한
가치에 대한 감수성이 증가하는 것은 '맹목적'인 것이거나 '이상
화'한 것이 아니라 실제로 시야가 더 깊어지는 것이다. 파괴에 책
임이 있는 것은 우리가 앞서 기술한 **허위** 이상화일 뿐이다. 그러
므로 잘못된 것은 사랑의 과정 자체가 아니라, 그것의 **정치성**, 즉
불평등한 **권력**관계다. 누가, 왜, 언제 그리고 어디서 하느냐가 지
금 사랑을 그러한 대참사로 만드는 것이다.

||

그러나 사랑에 관한 궤변들은 그것의 병적 상태에 대한 또 하나
의 증상일 뿐이다.(라이크의 여성 환자 한 명이 날카롭게 말한
대로, "남성은 사랑을 너무 진지하거나 혹은 너무 진지하지 않게
받아들인다.") 이제 우리가 경험할 타락한 형태의 사랑을 좀 더
구체적으로 살펴보자. 다시 한 번 우리는 라이크의 고해실Reikian
Confessional을 인용할 것이다. 왜냐하면 라이크의 업적이 가치가 있
다고 하면 그것은 그가 방심하는 곳, 즉 '잡담'하려 하는 그의 '사
소하고 여성적인' 충동에 있기 때문이다. 다음과 같이 그는 자신

을 정당화하고 있다.(사람들은 그의 초자아^{Superego}가 그를 괴롭히고 있다고 생각한다.)

나와 같이 한물간 사람은 언제나 어디선가 무엇인가를 하고 있어야만 한다. 자주 제기되지는 않지만 그럼에도 불구하고 대답될 수도 있는 사소한 질문들에 왜 몰두해서는 안 되는가? '사소한 질문들'은 정신분석의 크고 근본적인 문제들 옆에 정당한 자리를 차지하고 있다.

어떤 일에 관해서 쓰는 것, 예를 들면 수업 중간 쉬는 시간에 어린 소녀가 노는 게임에 관해 쓰는 것은 도덕적 용기가 필요하다. 그러한 주제가 77년을 살아온 **진지한** 정신분석의가 다룰 가치가 정말로 있는 것인가?(강조는 필자)

그리고 그는 되새긴다.

그러나 정신분석에서는 중요하지 않은 생각이란 없다. 즉 말하지 않으려고 중요하지 않은 체하는 생각만이 있을 뿐이다.

따라서 그는 사실상 그의 작업 중에서 유일하게 가치 있는 것인지도 모르는 것을 합리화한다. 다음은 그의 남녀 환자들이 자신들의 연애생활에 관해 스스로 말한 것들이다.

여성:
나중에 그는 나를 이쁜이라고 불렀어요. …… 나는 대답하지 않았죠. …… 내가 무슨 말을 할 수 있겠어요? …… 하지만 나는 내가 전

혀 이쁜이가 아니라는 것을, 그가 나를 내가 아닌 다른 사람으로 본다는 것을 알았어요.

여자가 남자를 사랑하는 방식으로 여자를 사랑하는 남자는 아무도 없어요.

나는 섹스 없이는 오래 버틸 수 있지만, 사랑 없이는 못 버텨요.

그것은 물 대신 H_2O인 것과 같아요.

나는 때로 모든 남자가 섹스에 미쳤고, 섹스에 굶주렸다고 생각해요. 그들이 여자와 있을 때 생각할 수 있는 것이라고는 그녀와 침대로 가려는 것뿐이죠.

내가 이 남자에게 내놓을 수 있는 것이 몸밖에 없을까?

나는 드레스와 브래지어를 벗고 그의 침대 위에 몸을 눕혀 기다렸어요. 순간적으로 나는 나 자신이 제단 위에 있는 동물 희생물 같다고 생각했어요.

나는 남자의 느낌을 이해하지 못해요. 내 남편은 나를 가지고 있어요. 왜 그는 다른 여자가 필요할까요? 내가 가지지 않은 무엇을 그들은 가졌을까요?

정말이라니까, 만일 혼외정사를 한 남편의 아내들이 그들을 떠난다면, 이 나라에는 이혼한 여자들만 있을 거라니까요.

내 남편이 꽤 여러 번 혼외정사를 가진 후 나는 정부와 바람 피는 환상을 가졌어요. 왜 안 되죠? 갑에게 허용되는 것은 을에게도 허용되어야죠. …… 그런데 나는 너무 어리석었어요. 나는 혼외정사를 가질 정도로 욕망이 없었어요.

나는 여러 사람에게 남자들 역시 때로는 울다가 잠이 드는지를 물어봤어요. 난 그것을 믿지 않아요.

남성(더 자세한 예를 위해서는 '성교'를 보라):
여자의 외모만이 중요하다는 것은 사실이 아닙니다. 속옷 또한 중요하죠.

여자와 섹스하는 것은 어렵지 않아요. 어려운 것은 관계를 끝내는 것이죠.

그 여자는 내게 자기의 생각을 좋아하느냐고 물었어요. 나는 그녀의 엉덩이를 더 좋아한다고 말하고 싶었어요.

"벌써 가세요?" 그녀가 눈을 뜨면서 말했죠. 그것은 내가 한 시간 후에 떠나든 이틀 후에 떠나든 상관없이 말하는 침실의 상투어였어요.

아마 여성을 속이고, 그녀를 사랑하는 척하는 것은 필요할 거예요. 그런데 왜 나 자신을 속여야 하죠?

그녀가 아플 때 나는 그녀를 신경 쓰고 싶지 않아요. 그런데 내가 아플 때 그녀는 나를 안쓰럽게 여기고 보통 때보다 더 애정 어리게 대하죠.

아내는 그녀가 어쩌고저쩌고 말하는 것을 내가 들어야만 하는 것 으로 충분해 하지 않아요. 그녀는 자신이 무슨 말을 하고 있는지도 들어주기를 기대해요.

시몬 드 보부아르는 "사랑이라는 단어는 남녀에게 결코 같은 의미를 가진 단어가 아니고, 그들을 가르는 심각한 오해의 한 원 인이다"라고 말했다. 앞에서 나는 '이중잣대double standard'에 관한 거실 논의에서 자주 등장하면서 일반적으로 의견일치를 이루는 사랑에 있어서의 남성과 여성의 전통적인 차이점을 몇 가지 예 를 들었다. 즉 여성은 일부일처제적이고, 사랑하는 데 더 능하고, 소유욕이 강하고, '매달리고', 섹스 그 자체보다 (깊이 개입된) '관 계'에 더 관심이 많고, 애정과 성욕을 혼동한다는 것이 그것이다. 남성은 성교(후다닥 끝내는 겉날리기식 섹스Wham, Bam, Thank You Ma'am) 이외에는 어떤 것에도 관심이 없거나, 여성을 터무니없이 낭만화시킨다. 그리고 일단 확신을 가지면 악명 높은 호색한이 되어 결코 만족해하지 않는다. 즉 그들은 섹스를 감정이라고 오 해한다. 이러한 모든 것은 우리가 논의해온—어머니와의 첫 번째 관계에 의해 결정된 남녀 간의 성심리적 구조의 차이—것이 옳다는 것을 증명한다.

나는 이러한 차이들에 근거하여 세 가지 결론을 이끌어낸다.

1) 남성들은 사랑할 수 없다.(남성호르몬 때문에?? 여성은 전통적으로 남성에게서 감정적 허약함을 기대하고 받아들인다. 그러나 남성은 여성의 감정적 허약함을 참을 수 없는 것으로 여길 것이다.)

2) 여성의 '매달리는' 행동은 그들의 객관적인 사회적 상황에 의한 필연적인 것이다.

3) 이러한 상황은 과거에 비해 크게 변화되지 않았다.

남성들은 사랑할 수 없다. 우리는 남성이 왜 사랑하는 데 어려움을 겪는지, 그리고 사랑하는 동안 그들이 왜 대체로 자신들의 투사된 이미지로 '사랑에 빠지는지'를 보아왔다. 종종 그들은 어느 날 여자의 문을 쾅쾅 두드리고, 다음날 철저하게 환멸을 느낀다. 그러나 여자가 남자를 떠나는 일은 드물고 왜 그런가에 대해서는 대체로 충분한 이유가 있다.

자신의 억압자를 동정하는 것은 위험한 일인데—여성은 특히 이러한 실수를 하기 쉽다—나는 이 경우에 그럴 유혹을 느낀다. 사랑할 수 없음은 지옥이다. 그것이 진행되는 방식은 이렇다. 즉, 상대방으로부터 헌신에의 압력을 느끼자마자, 그는 공포에 질리고 다음 중 한 가지 방식으로 반응할 것이다.

1) 그는 첫 번째 여자가 자신에 대한 지배권이 없었다는 것을 증명하기 위하여 달려나가 열 명의 다른 여자들과 성교를 할 수도 있다. 만일 그녀가 그것을 받아들인다면 그는 그 조건으로 그

녀와의 관계를 계속할지도 모른다. 다른 여성들은 그의 (허위의) 자유를 확인해준다. 그 여성들에 관한 주기적 언쟁은 그의 공포를 저지시켜준다. 그러나 그 여성들은 종이호랑이다. 왜냐하면 그들과는 심각한 어떤 일도 생기지 않을 것이기 때문이다. 그는 그들 사이에서 균형을 이루고 어느 누구도 그를 많이 차지하지 못하게 한다. 이것이 남성의 불안 위에 있는 유일한 안전판이라는 것을 인식하는 많은 똑똑한 여성들은 그에게 '얼마간의 자유'를 준다. 왜냐하면 다른 여성들에 관한 모든 싸움 밑에 있는 진정한 문제는 남자가 헌신할 수 없다는 데 있기 때문이다.

2) 그는 예측할 수 없는 행동을 계속해서 할지도 모른다. 자주 그녀를 바람맞힌다든지, 다음 데이트 약속에 관해 무기한으로 한다든지, 그녀에게 '일이 먼저'라고 말한다든지, 혹은 다른 다양한 변명들을 늘어놓을지도 모른다. 그것은 그가 그녀의 불안을 느끼더라도 그녀를 어떤 식으로든 안심시키거나 그녀의 불안을 정당하다고 인식하는 것조차 거부하는 것이다. 왜냐하면 그는 그가 여전히 자유롭다는, 문이 완전히 닫히지 않았다는 것을 계속해서 상기시켜주는 것으로서 그녀의 불안이 **필요**하기 때문이다.

3) (불편한) 헌신을 강요**당하면**, 그는 그녀에게 그 대가를 치르게 한다. 즉 그녀 앞에서 다른 여성에게 추파를 던짐으로써, 그녀에게 불리하게 그녀를 과거의 여자친구나 영화배우와 비교함으로써, 친구들 앞에서 그녀가 그의 '족쇄'임을 신랄하게 상기시킴으로써, 그녀를 '암말' '암캐' '화냥년'이라고 부름으로써, 혹은 자신이 독신이라면 훨씬 나을 것이라고 암시함으로써 대가를 치르게 하는 것이다. 여성의 '열등감'에 관한 양가적 감정도 나타

난다. 한 여자에게 얽매일 경우에 그는 증오하는 여성과 다소 동
일시하게 되는데, 이것은 그가 (남성)사회에서 자존을 유지하기
위해서는 이제 반복해서 부정해야만 하는 것이다. 이러한 변함없
는 폄하는 완전히 거짓은 아니다. 왜냐하면 실제로 모든 다른 여
성이 갑자기 더 예뻐 보이고 그는 자신이 뭔가를 놓쳤다고 느끼
지 않을 수 없기 때문이다. 그리고 당연히 그녀가 비난받아야 한
다고 생각한다. 왜냐하면 그가 이상을 추구하는 것을 포기하지
않았음에도 불구하고 그녀는 그가 이상을 추구하는 것을 단념
하도록 강요했기 때문이다. 그는 한 여자와 다른 여자 사이에 큰
차이가 없으며 그 차이를 **만들어내는** 것은 사랑하는 것임을 깨
닫지 못한 채 속았다고 침통하게 느낄 것이다.

　구속하는 방식은 여러 가지가 있다. 많은 남성들은 구속이 격
해지기 시작할 때마다 나가서 우발적인 연애를 즐긴다. 그러나
결국 사랑 없이 사는 것은 여자에게 그렇듯 남자에게도 견딜 수
없다는 것이 증명된다. 그러면 모든 정상적인 남성에게 남겨진
물음은 **어떻게 동등한 헌신을 요구하지 않으면서 나를 사랑하
는 사람을 얻을 것인가다.**

*

**여성의 '매달리는' 행동은 객관적인 사회적 상황에 의해 요구된
다.** 상호 헌신할지도 모른다는 전망에서, 남성의 히스테리 상황
에 대한 여성의 **반응**은 남성에게 강요**될 수 있는** 만큼의 헌신을
강요하기 위한 미묘한 조작 방법이 발달한 것이었다. 수세기를 거
치면서 전략들은 고안되고, 시험되고, 그리고 사적인 밀담私談으

로 어머니로부터 딸에게로 전수되었고 '커피 마시는 모임'에서 전파되었다.("나는 여자들이 그렇게 많은 시간을 들여서 뭘 이야기하는지 도저히 이해할 수 없어!") 또 최근에는 전화로 전달된다. 그것들은 전혀 사소한 잡담이 아니라(여자들이 남자들에게 그런 시간이라고 믿게 하고 싶은) 생존을 위한 필사적인 전략이다.

남녀공학의 여학생은 남성에 대해 4년간 대학에서 공부한 것보다 한 시간 동안 전화로 대화한 것에 더 뛰어난 명석함을 보인다. 그 점에 관해서는 대부분의 남성의 정략political manoeuvres보다 더 뛰어나다. 따라서 '가족의 의무'가 없는 소수의 여성조차 진지하게 분투해야 할 출발선에 늘 지쳐서 도착하는 것은 이상한 일이 아니다. 가장 창조적인 시기의 주요 에너지가 '괜찮은 남자를 낚기 위해' 쓰여지고 일생의 대부분은 낚은 것을 '유지하기' 위해 쓰여진다.(사랑에 빠지는 것은 남성에게 직업과 마찬가지로 여성에게는 전일근무 직업이 될 수 있다). 이 경주에서 낙오를 선택하는 여성은 사랑 없는 삶을 선택하는 것으로, 그것은 우리가 보아온 대로 대부분의 **남성**이 그렇게 할 용기를 가지지 못한 것과 같은 것이다.

그러나 불행하게도 남성 사냥the Manhunt은 돌아올 헌신에 대한 단순한 욕망 이상의 감정상의 절박함으로 특징지어진다. 그것은 애당초 사랑할 능력이 없는 남성을 생산해내는 계급적 현실에 의해 악화된다. 여성을 열등하고 기생적인 계급으로 정의하는 남성이 운영하는 사회에서는, 어떤 형태로든지 간에 남성의 승인을 받지 못한 여성은 불행하다. 여성은 자신의 존재를 정당화하기 위하여 여자 **이상**more than woman이어야 하며, 자신이 열등하다는 정의[1]에서 벗어나기 위한 출구를 끊임없이 찾아야만 한다. 남성만이 그녀에게 은총을 내릴 수 있는 위치에 있는 사람들이다. 그러나 여성은 더 큰 (남성)사회에서의 활동을 통한 자아실현이 거의 허용되지 않기 때문에—그리고 그런 기회가 주어지더라도 마땅히 받아야 할 인정recognition을 받지 못하기 때문에—많은 남성보다는 한 남성의 인정을 받기 위해 노력하는 것이 더 쉬운 것이다. 사실상 바로 이것이 대부분의 여성이 하는 선택이다. 그러므로 그 자체로는 좋은 사랑의 현상이 계급적 맥락 때문에 왜곡된다. 여성은 건전한 이유 때문만이 아니라 실제로 자신들의 존재를 입증하기 위해서 사랑을 해야만 하는 것이다.

게다가 여성의 계속되는 **경제적** 의존은 동등한 사람들 간의 건전한 사랑의 상황을 불가능하게 만든다. 여성은 오늘날도 여전히 지원제도 아래서 살고 있다. 소수의 예외를 제외하고, 그들은 자유냐 결혼이냐가 아닌 공적 소유가 되느냐 사적 소유가 되느냐의 사이에서 선택한다. 지배계급의 일원과 결합한 여성은 적어도 그의 특권의 일부가, 이를테면, 줄어들기를 바랄 수 있다. 그러나 남성이 없는 여성은 고아와 같은 상황에 부닥친다. 그들은 권력자의 보호를 받지 못하는 무력한 종속계급이다. 그들이 여전히 계급적 상황에 의해서 (부정적으로) 정의될 때 그것은 자유의 정반대이다. 왜냐하면 이제 그들은 **확대된** 취약한 상황에 처

---

[1] 따라서 여성들이 개별적으로 배제되는 한 여성을 계급적으로 모욕하는 것을 결코 반대하지 않는다는 이상한 상황이 생긴다. 여성에 대한 최악의 모욕은 그녀가 '여자 같다', 즉 여성 일반보다 더 낫지 않다는 것이다. 최고의 찬사는 그녀가 남성의 두뇌, 재능, 존엄성, 또는 힘을 가지고 있다는 것이다. 사실상 억압된 계급의 모든 구성원과 마찬가지로, 그녀는 그녀와 같은 다른 사람들을 모욕하는 데 참여하면서 개별적으로 **그녀가** 그들의 행동 위에 있다는 것을 명백하게 하고자 바란다. 그러므로 계급으로서 여성들은 서로 적대시하고['분리 지배 Divide and Rule'], '정부other woman'는 아내가 '남성을 이해하지 못하는' 년'이라고 믿으며, 아내는 정부가 남성을 이용하는 기회주의자 라고 믿는 동안 분쟁을 일으킨 장본인 자신은 자유로이 살짝 도망치고 만다.

해 있기 때문이다.

주인을 선택함으로써 종속에 참여하는 것은 종종 자유 선택 free choice에 대한 환상을 주곤 한다. 그러나 현실에서 여성은 배후의 동기 없이 사랑을 선택할 만큼 절대 자유롭지 않다. 현재 그녀에게는 사랑과 지위라는 두 가지 사안이 불가분하게 얽혀 있는 것이다.

이제, 여자가 사랑할 때 그녀의 조건에서 이러한 근본적인 요소들을 잊어버리지 않는다고 가정해보자. 그녀는 결코 근거 없이 사랑할 수는 없을 것이다. 다음과 같은 안전성을 보장받아야만 한다.

1) 우리가 보아온 대로, 그녀가 요구하는 것이 정당화되는 감정적 안정성.

2) 일과 인정을 통해 찾을 수 있어야 하지만 그녀에게는 거부된, 그래서 남자를 통해 그녀의 정의definition를 찾도록 강제하는 감정적 정체성.

3) 이 사회에서 남자를 '낚는' 그녀의 능력과 결부된 경제적 계급의 안정성.

세 요구 중 두 가지는 사랑에는 부당한 조건들이지만 사랑을 이용하고 압박할 수 있다.

그러므로 불안정한 정치적 상황에서 여성들은 자발적인 사랑의 사치를 누릴 여유가 없다. 그것은 너무나 위험하다. 남성의 사랑과 승인은 지극히 중요하지만 남성의 헌신을 보장받기 전에 생각 없이 사랑하는 것은 그 승인을 잃게 할지도 모르는 위험한 일이다. 라이크의 이야기를 들어보자.

환자는 그녀가 한 남자에게 사랑하고 있다는 것을 보이면 그가 그녀를 열등하다고 여기고 그녀를 떠날까 봐 두려웠다는 것이 정신분석을 하는 동안 마침내 명확해졌다.

여자가 일단 감정적으로 빠지면, 그녀는 필요한 게임을 하기에 역부족이 될 것이다. 그녀의 사랑이, 표현을 요구하면서, 최우선 고려 사항일 것이다. 그녀가 느끼지 않는 냉정함을 가장하는 것은, **그러면**, 너무 고통스러운 일이 될 것이고, 더 나아가 무의미한 일이 될 것이다. 그녀는 누워서 침 뱉기를 하는 것이 될 것이다. 왜냐하면 사랑할 자유가 그녀의 목적이기 때문이다. 그러나 그러한 헌신을 보장하기 위해서는 그녀는 감정을 억제**해야만** 하고, 게임을 **해야만** 한다. 우리가 보아온 대로, 남성은 강제될 때까지 상호 개방성mutual openness과 취약성vulnerability에 대해 헌신하지 않기 때문이다.

그러면 어떻게 그녀는 남성에게 이러한 헌신을 시작하게 하는가? 그녀의 가장 강력한 무기 중 하나는 성이다. 그녀는 다양한 게임으로 그를 육체적 고통의 상태로까지 흥분시킬 수 있다. 그의 욕구를 거절함으로써, 애달게 함으로써, 주었다 빼앗았다 함으로써, 질투하게 함으로써 등등이 그것이다. 정신분석을 받는 한 여성은 그 이유를 궁금해한다.

때로 스스로 '남자를 위해서 얼마나 열심히 노력해야 하는가?'라고 전혀 묻지 않는 여성은 거의 없다. 나는 이런 종류의 질문으로 괴로워하는 남성은 아무도 없을 것이라고 생각한다. 아마 그는 다만 '언제 그녀가 굴복할 것인가?'라고 물을 것이다.

여성은 판별력이 없다고, 남성을 개인적 특성 때문이 아니라 그가 제공해야 하는 것(그의 계급) 때문에 사랑한다고, 계산적이라고, 다른 목적을 얻으려고 성을 이용한다고 불평할 때 남성은 옳은 말을 하는 것이다. 왜냐하면 실제로 여성은 자유롭게 사랑할 위치에 있지 않기 때문이다. 만일 어떤 여성이 그녀를 사랑하고 뒷받침해줄 '괜찮은 남자'를 찾을 정도로 운이 좋다면, 그녀는 성공한 것이며 대체로 그의 사랑에 보답할 만큼 감사해야 할 것이다. 여성이 행사할 수 있는 유일한 판별력**이란** 그들을 선택한 남성들 사이에서 선택하거나, 한 남성, 한 권력을 상대방에게 서로 싸움을 붙여 덕을 보는 것이다. 그러나 남성의 관심을 **자극하는 것**, 그리고 일단 관심을 표현한 남자에게 헌신의 **덫을 놓는 것**은 엄밀한 자기결정이라 할 수 없다.

이제 그녀가 마침내 남자를 '낚은' 후, 그가 사랑에 빠지고 그녀를 위해 무엇이든 하게 된 후, 어떤 일이 생기는가? 그녀에게는 새로운 문젯거리들이 생긴다. 이제 그녀는 올가미를 풀고 그물을 열어 그녀가 잡은 것을 검사한다. 대체로 그녀는 실망한다. 그것은 **그녀가** 남자라면 신경도 쓰지 않을 그런 존재다. 그것은 대체로 그녀보다 수준이 훨씬 낮다.(소심한 몇몇 아내들과 이야기하면서 가끔 확인해 보라.) "그는 형편없는 사람인지 모르지만, 적어도 나는 내 남자를 가졌다"는 것이 그 여자가 느끼는 방식이다. 그러나 이제는 적어도 그녀는 연기를 그만둘 수 있다. 처음으로 사랑하는 것이 안전하므로 이제 그녀는 그를 감정적으로 붙잡기 위해서, 그녀가 내내 가장해온 것을 진실로 만들기 위해 죽을 정도로 노력해야만 한다. 그가 그녀를 알아버릴까 하는 걱정으로 그녀는 자주 괴로워한다. 그녀는 자신을 사기꾼 같이 느낀다. 그가 '진짜 모습'의 그녀를 사랑하지 않는다는 두려움에 사로잡힌다. 그리고 대체로 그녀가 옳다.("그녀는 자신의 있는 그대로의 성깔을 다 모습을 보여줄 수 있는 남자와 결혼하길 원했다.")

이것은 사랑과 결혼이 그녀에게 의미하는 것과 남성에게 의미하는 것이 서로 다르다는 것을 발견하는 바로 그때이다. 비록 남성 일반이 여성 일반을 열등하다고 믿지만, 모든 남성은 자신과 결합한 덕에 나머지 다른 여성들보다 더 위로 격상시킬 한 여성을 위한 특별한 자리를 마음속에 마련하고 있다. 지금까지 여성은 추운 바깥에서 그의 승인을 구걸하며 이 깨끗한 화촉이 밝혀진 자리에 기어오르고 싶어 안달이 났었다. 그러나 일단 거기에 오르면, 그녀는 그녀 본래의 가치를 인정받았기 때문이 아니라 그가 산 기성품 받침대에 잘 어울리기 때문에 다른 여성들 위로 격상되었다는 것을 깨닫는다. 아마도 그는 그녀가 어떤 사람인지조차 모를 것이다.(실로 이때쯤 그녀가 자기 자신을 안다면.)

그는 진정으로 그녀를 사랑하기 때문이 아니라 그가 미리 가지고 있던 환상에 맞게 그녀가 연기를 너무 잘했기 때문에 그녀를 들여보낸 것이다. 그녀는 그녀 자신이 획책했기 때문에 그의 사랑이 가짜인 것을 알고 있지만, 그를 경멸하지 않을 수 없다. 그러나 그녀는 처음에는 진실한 자아를 드러내기를 두려워하는데, 그렇게 하면 거짓 사랑조차 없어질지도 모르기 때문이다. 마침내 역시 그에게도 결혼이란 사랑과는 아무런 관계없이 여러 동기를 가진 것임을 그녀는 이해한다. 그녀는 단지 그의 환상적 이미지에 가장 가까운 사랑이었을 뿐이었다. 그녀는 **그의** 연극에서 또 다른 자아Alter Ego, 내 자녀의 어머니, 가정부, 요리사, 동반자라는 다양한 역할을 하며 가장 다재다능한 여배우로 지명되

었던 것이다. 그는 삶의 빈 공간을 채우려고 그녀를 샀다. 그녀의
삶은 아무것도 아니다.

그러므로 그녀는 다른 여성과 같아지는 것으로부터 자신을
구원하지 못했다. 그녀는 이제 지배계급의 일원의 부속물인 한
에서만 그녀의 계급으로부터 상승한다. 그리고 그가 그녀의 지위
를 상승시키지 않는 한 그는 그녀와 결합할 수 없는 것이다. 그러
나 그녀는 자유로워지지 않았고, '집 안에서 일하는 흑인 하인'으
로 승진되었으며, 다른 방식으로 이용되기 위해서만 격상되었을
뿐이다. 그녀는 속았다고 느낀다. 그녀는 사랑과 인정을 얻은 것
이 아니라 소유자 신분possessorship과 통제를 얻었다. 이것이 그녀가
수줍은 신부에서 마누라로 변형하는 때이고, 아무리 보편적이고
예측할 수 있는 것이라 해도 각기 남편들을 곤혹스럽게 하는 변
화이다.("당신은 내가 결혼했던 여자가 아니야.")

*

여성의 상황은 일찍이 그랬던 적 이래로 크게 변화하지 않았다.
지난 50년 동안 여성은 사랑에 관한 이중구속二重拘束double bind에
처해 있었다. '성의 혁명'이 일어났다는 가장 하에("오, 아가씨, 어
디에 **있었나요**? 성의 혁명에 관해서 들어본 적 없나요?") 여성은
무장해제되도록 설득당했다. 그녀의 할머니는 매력이 없어지는
것을 자연스러운 경과로 예상했지만, 현대 여성은 '매력 없는 형
편없는 여자'로 생각되는 공포에 질려 있다. 할머니 시대에는 자
존감 있는 여성들이 **자신들을** 계속해서 기다리게 할 거라고 기
대했던 남성들 역시 부끄러워하지 않으며 전통적으로 올바르게

여겨진 게임을 했다. 이런 식으로 자신의 이익을 지키지 못한 여성은 존경받지 못했다. 그것은 공개적이었다.

성혁명의 수사학은 여성들을 향상시키지는 않았지만, 남성들에게는 커다란 가치를 가진 것임이 증명되었다. 일반적인 여성들의 게임들과 요구들은 비열하고, 불공평하며, 내숭이나 떨고, 구식이다, 금욕적이고, 자기파괴적인 것이라고 여성들에게 확신시킴으로써 전통적인 성적 착취가 가능한 상품의 긴축 공급을 확장시킬 새롭게 이용 가능한 여성들을 축적해놓았다. 여성들이 무척이나 고통스럽게 획득한 아주 작은 보호물조차 무장해제시킨 것이다. 오늘날의 여성은 완전히 새로운 용어들을 가지게 된다는 두려움 때문에 구식의 요구는 감히 하지 못하는데, 그 용어들은 바로 이러한 목적으로 고안된 것으로 여성들을 향해 퍼부어진다. '형편없는 계집', '남자 잡아먹는 년', '노골적으로 유혹하면서도 몸을 허락하지 않는 것 ', '따분하기 짝이 없는 것', '성교를 시시하게 하는 것'—'끝내주는 영계'가 되는 것이 이상적이다.

지금 이 순간에도 많은 여성들이 수사학의 의미를 알고, 바랄 것도 거의 없는 남성들로부터 속임을 당하느니 욕 먹는 것을 선호하면서 덫을 피하고 있다.(가장 히피적인 사람조차도 상대적으로 쓰이지 않는 [성관계를 덜한] 노처녀'를 원하는 것이 여전히 사실이다.) 그러나 점점 더 많은 여성들이 함정에 빠져, 전통적인 여성의 게임이 의미가 있다는 것을 너무 늦게 그리고 쓰라리게 발견할 뿐이다. 그들은 30대에 "나는 이용당했고, 남자들은 늑대고, 사기꾼들이다"라는 종류의 나이 든 사람과 비슷한 말로 불평하고 있는 자신을 발견하고 충격받는다. 결국 그들은 늙은 아내들의 진실을 인정할 수밖에 없다. 즉, 공평하고 관대한 여성은

(기껏해야) 존경받지만 사랑받지는 못한다는 것이 그것이다. 포크너William Faulkner의 초기 소설 『모기Mosquitoes』에 나온 '해방된' 여성에 관한—1930년대 그리니치빌리지Greenwich Village의 예술가의 경우—오늘날에도 유효한 서술을 보자.

그녀는 언제나 남자와 문제가 있었다. …… 조만간 그들은 언제나 그녀를 버렸다. …… 그녀가 가능성을 가졌다고 인정한 남자들은 모두 시작할 때처럼 돌발적으로 끝나는, 격렬하지만 일시적인 관심의 시기를 경험했다. 어떤 비도 쏟아내지 않고 위협하기만 하면서 명백한 이유 없이 사라지는 8월의 짧은 뇌우처럼 서로가 기억하는 일들에 관한 사라지지 않는 한줄기의 미련조차 남기지 않고 끝났다.

때때로 그녀는 거의 남성적인 초연함으로 그 이유에 관해 추측했다. 그녀는 언제나 남자들 스스로 선호하는 듯이 보이는 수준에서 그들의 관계를 유지시키려고 했다—어느 여성도 그녀가 남성에게 요구한 것보다 덜 요구하지 않을 것이고 소수의 여성만이 그녀처럼 할 수 있을 것이다. 그녀는 결코 남자들의 시간을 아무 때나 요구하지 않았고, 그녀를 기다리게 만들거나 불편한 시간에 그녀의 집에 오라고 하지 않았고, 그녀를 모셔가고 모셔오게 하지 않았다. 그녀는 그들에게 음식을 베풀었고 자신이 경청하는 사람이라고 자찬했다. 그런데도—그녀는 자신이 아는 여자들에 관해 생각했다. 정말 모두가 적어도 한 명의 황홀한 남자를 가졌다. 그녀는 그녀가 관찰했던 여자들에 관해 생각했다. 어떻게 그들이 남자를 마음대로 얻는 것 같이 보이는지를, 그리고 그가 머물지 않으면 얼마나 쉽게 그를 대치하는지에 관해 생각했다.

해방이 가능하다고 믿은 높은 이상을 가진 여성들은 남성들의 위대함이라고 믿은 직접성·정직성·관대성 등을 개발하려고 여성의 '정신적 장해'를 스스로 없애기 위하여 필사적으로 노력하였으나 몹시 기만당했다. 그들의 지적인 대화, 그들의 드높은 포부, 어머니와 같은 인격을 전개시키는 것을 피하기 위한 그들의 위대한 희생을 아무도 환영하지 않는다는 것을 알아차렸다. 남성들은 그들의 재치, 그들의 스타일, 그들의 성, 그리고 그들의 촛불 켠 저녁들을 반겼지만 그들은 언제나 '마누라'와 결혼하는 것으로 끝냈고, 게다가 그녀가 얼마나 끔찍한가에 관해 불평하기 위해 돌아왔다. '해방된' 여성들은 남성들의 정직, 관대함, 그리고 동지애는 거짓이라는 것을 적발했다. 즉, 남성들은 너무도 기쁘게 그들을 이용했고 그러고 나서 그들을 **진정한** 우정이라는 이름으로 배반했다.("나는 당신을 무척 존경하고 좋아하지만, 합리적으로 하자……." 남자들은 아내를 기저귀와 함께 집에 남겨놓고, 시몬 드 보부아르에 관해 토론하기 위해 그녀들을 데리고 갔다.) '해방된' 여성들은 남성들이 따르고 모방할만한 '훌륭한 사내들'이 절대 아니라는 것을 알아차렸다. 그들은 남성의 성적 패턴을 모방함으로써(여기저기에 추파를 던지고, 이상을 추구하고, 육체적 매력을 강조하는 등), 해방을 얻지 못할 뿐만 아니라 그들이 포기했던 것보다 훨씬 더 나쁜 것에 빠졌다는 것을 발견했다. 그들은 **모방하고** 있었다. 그리고 그들 자신의 정신으로부터 비롯된 것도 아닌 질병을 스스로 주입했다. 그들은 그들의 새로운 '멋'이 천박하고 무의미하다는 것, 그 뒤에서 그들의 감정이 메말라가고 있다는 것, 그들이 나이 들고 퇴폐적이 되어 간다는 것을 알아차렸다. 그들은 사랑할 능력을 잃고 있다는 것이 두려웠다. 남성들을 모방함으로써 얻은 것은 아무것도 없었다. 천박함과 미성숙함—여성들은 그 둘 역시도 능숙하지 못했는데 그이유는 그것 안에 있는 어떤 것이 그들의 기질에 거슬렸기 때문이다.

그러므로 주위를 둘러보고 결혼이 어디로 이끄는지를 알만큼현명했기 때문에 결혼하지 않기로 결정한 여성은 결혼하거나 아무것도 하지 않아야 한다는 것을 발견했다. 남성은 대가를 받고서야 언질을 줬다. 즉, 그의 인생을 공유하거나(떠맡거나), 그의받침대 위에 서거나, 그의 부속물이 되거나 였다. 그렇지 않으면아무것도 아닌 것을 의미하는, 혹은 어머니가 의미한 것은 절대아닌, 영원히 '영계' 상태인 신세에 처하게 되었다. 나머지 일생동안 '정부'가 되어 그의 아내를 자극하는 데 이용되고, 그의 정력또는 그의 독립성을 증명하고, 그가 최근에 '흥미롭게' 정복한 것으로서 그의 친구들 사이에서 논의된다.(비록 여성이 그러한 용어들과 용어가 의미하는 것을 포기했다 하더라도 남성은 누구도포기하지 않았다.) 그렇다, 사랑은 여성에게 의미하는 것과 완전히 다른 것을 남성에게 의미한다. 사랑은 남성에게 소유와 지배를 의미한다. 사랑은 전에—그녀가 그의 질투심을 원했을 때—절대 보이지 않았던 질투심을 의미한다.(그녀가 공식적으로 그에게속할 때까지 그녀의 뼈가 부러지든 강간을 당하든 누가 신경 쓰는가? 그의 소유가 된 후에는 그의 소유물, 그의 연장된 자아가위협당했기 때문에 그는 격렬한 정력가, 진정한 상남자가 된다.)즉, 사랑은 여기저기 추파를 던지는 것과 더불어 관심이 점점 없어지는 것을 의미한다. 누가 그것이 필요한가?

슬프게도 여성은 그러한 남성의 사랑을 필요로 한다. 다시 한 번 라이크의 환자들을 인용해보자.

그녀는 때때로 더 이상 남성에 의해 학대당하지 않는다는 망상에
빠진다. 피해망상증에 빠져있지 않을 때 그녀는 매우 우울해진다.

그리고

모든 남성은 이기적이고, 난폭하고, 신중하지 않다—한 남자를 발
견하면 좋을 텐데.

우리는 여성이 첫째, 자연적으로 풍요하게 하는 기능 때문에,
둘째, 사랑과는 아무런 상관이 없는 사회적이고 경제적인 이유
때문에 사랑을 필요로 한다는 것을 보아왔다. 그녀의 욕구를 부
정하는 것은—대부분의 남성의 것과는 달리—기본적으로 건강
한 그녀의 감정적 균형을 파괴하는 것일 뿐만 아니라, 그녀로 하
여금 사회적·경제적으로 추가로 취약한 지점에 처하게 하는 것
이다. 남성이 사랑받을 가치가 있는가? 단언컨대 없다. 대부분의
여성은 남성을 추락하게 하는 것은 상처에다 모욕을 더하는 일
일 것이라고 느낀다. 그들은 나쁜 상황을 최대한 활용하여 전처
럼 계속한다. 만일 상황이 **매우** 나빠지면 그들은 (보통 남성) 정
신과 의사에게로 향한다.

정신분석 상담을 하는 동안 젊은 여성 환자에게 남자 혹은 여자 정
신분석의 중에 누구를 만나기 원하느냐고 물었다. 조금의 주저도
없이 그녀는 "저는 남자의 승인을 너무너무 원하기 때문에 여자 정

신분석의를 만나겠어요"라고 대답했다.

Ⅶ 로맨스 문화

지금까지 우리는 '로맨스'와 사랑을 구별하지 않았다. 왜냐하면 건강한(따분한) 사랑과 건강하지 않은(고통스러운) 사랑 두 가지 종류가 있는 것이 아니라("여보, 당신에게 필요한 것은 성숙한 사랑이에요. 이러한 낭만적인 객쩍은 일은 그만두세요"), 사랑 이하의 것 아니면 일상적인 극도의 고통만이 있기 때문이다. 사랑이 권력관계에서 발생할 때, 모든 사람들의 '애정생활'은 틀림없이 그것에 영향을 받는다. 왜냐하면 권력과 사랑은 함께 갈 수 없기 때문이다.

그래서 우리가 낭만적 사랑에 관해서 말할 때, 사랑이란 권력관계—성적 계급제도—에 의해 병적인 형태로 타락한 사랑, 그래서 결국 성적 계급제도를 강화시키는 사랑을 의미한다. 우리는 여성이 남성에게 심리적으로 의존하는 것이 현실적인 경제적·사회적 억압을 지속함으로써 만들어진다는 것을 보아왔다. 그러나 현대세계에서는 억압의 경제적 그리고 사회적 기초**만으로는** 더 이상 그것을 충분히 유지할 수 없게 되었다. 그래서 낭만주의라는 장치가 도입된다.("어머나! 곤경에 처한 그녀를 우리가 도와야 할 것 같아.")

낭만주의는 여성이 그들의 생리生理**에서 해방되는 것에 비례해서 발전한다.** 문명이 진보하고 성적 계급의 생물학적 기초들이 무너지면서 남성 우월주의는 인위적인 제도들에 의해서, 혹은 이

전의 제도들을 과장함으로써 지탱해야만 하게 되었다. 예를 들어 전에는 가족이 느슨하고 끼어들어 갈 수 있는 형태를 취하고 있었는 데 반하여, 이제는 가부장제 핵가족으로 바짝 조여지고 굳어졌다. 또 전에는 여성들이 공공연히 경멸당했지만, 이제는 거짓 숭배[1]의 대상으로까지 격상되었다. 낭만주의는 여성이 그들의 조건을 알지 못하게 막는 남성 권력의 문화적 도구이다. 그것은 산업화율이 가장 높은 서구사회에서—따라서 가장 강력하게—특히 요청된다. 오늘날 여성들로 하여금 그들의 역할로부터 영원히 탈피하도록 해주는 기술과 함께—20세기 초에는 위기일발이었으나—낭만주의는 사상 최고조에 달해 있다.

어떻게 낭만주의가 성적 계급을 강화시키는 문화적 도구 역할을 하는가? 수세기를 거치면서 정교해진 그 구성 요소와 그것을 확산시키는—문화적 기술들이 너무 복잡다단해졌고 깊이 침투되어서 남성들조차 피해를 보는—현대적 방법들을 검토해보자.

1) 에로티시즘

낭만주의의 으뜸가는 구성 요소는 에로티시즘이다. 사랑과 온기를 필요로 하는 모든 동물(뜨거운 맛을 보지 못한 새끼고양이의 애착)은 생식기적 성genital sex으로 향한다. 사람들은 결코 동성을 만져서는 안 되고, 이성은 생식기적 성을 맞닥뜨릴 준비가 되었을 때만 만질 수 있다('입장권'). 타인들로부터의 고립은 사람들을 육체적 애정에 굶주리게 한다. 그리고 그들이 얻을 수 있는 유일한 종류가 생식기적 성이라면 그것이 곧 그들이 갈망하는 것

[1] (남성이 여성에게 보이는) 정중한 관심gallantry은 일반적으로 '심각한 목적 없이 여성에게 지나친 관심을 쏟는 것'이라고 정의되어 왔으나, 그 목적은 매우 심각하다. 즉 거짓 아첨을 통하여 여성들로 하여금 그들의 하층계급 조건에 대해 의식하지 못하게 하는 데 목적이 있었다.

이 된다. 과민성hypersensitivity 상태에서는 최소한의 감각적 자극도 과장된 결과를 가져오는데, 주요 미술학파에서 로큰롤에 이르기까지 모든 것에 영감을 주기에 충분하다. 그러므로 **에로티시즘은 다른 사회적-애정 욕구를 생식기적 섹스로—종종 매우 자극적인 대상('샹틸리 레이스'Chantilly lace'*)으로—전치displacement하는 것을 의미하는 섹슈얼리티의 집중이다.** 구식의 평범한 애정 욕구는 사람을 '따분하게' 만들고, 에로틱 키스가 아닌 한 키스를 하고픈 욕구는 당혹스럽다. '섹스'만 좋은 것이다. 사실상 그것은 사람들의 패기를 증명한다. 정력과 성적 행위는 사회적 가치[2]와 혼동된다.

가장 정상적인 경로를 통해 금지된 섹슈얼리티를 발산하는 것과 결부되어 남성의 섹슈얼리티를 끊임없이 성적으로 자극하는 것은, 남성을 매혹하는 여성의 저항을 오직 극복되어야 하는 것으로 보는 남성을 부추기도록 고안된 것이다. 이 에로티시즘은 오직 한 방향으로만 작용하는 것에 주목하라. 우리 사회에서 여성은 단지 '사랑의' 대상이고, 그런 만큼 여성은 **자신을** 에로틱[3]

*능형의 그물조직이 특징으로 속에 꽃바구니나 과일 등의 무늬가 흩어져 있으며 고전성이 강한 여성스러운 문양으로 드레스와 속옷에 이용되는 레이스지.

[2] 그러나 모든 여성이 발견했듯이, 성을 요구하는 것처럼 보이는 남자도 종종 진짜 성행위에서 면제되는 것에 대단히 안심한다. 그의 자아는 성적 정복을 통해서 자기 자신을 계속해서 증명하는 것에 달려있으나 그가 진정으로 원했던 것은 남성다운 자존감을 잃지 않고 애정에 탐닉하기 위한 변명이었는지도 모른다. 감정을 드러내는 것에 관해서 여성보다 남성이 더 억제되어 있는 이유는 오이디푸스콤플렉스의 결과 외에도 여성에게 부드러움을 표현하는 것이 그녀의 동등성을 인정하는 것이라는 사실 때문이다. 물론 지배에 대한 어떤 증거로 부드러움을 완화시키지—철회하지—않는 한에서다.

[3] 동성애자들은 매우 조롱받는데, 그 이유는 남성을 성적 대상으로 봄으로써 이 금으로 규범에 대항하기 때문이다. 여성들조차 호모Pretty Boy 잡지들을 읽지 않는다.

하다고 여긴다. 남성을 위해 직접적인 성적 쾌락을 지키려는 기능은 여성의 의존성을 강화한다. 여성은 그들을 즐기는 남성과 대리적 동일시에 의해서만 성적으로 성취감을 느낄 수 있다. 그러므로 에로티시즘은 성적 계급제도를 보존한다.

모든 감정적 욕구가 성애적erotic 관계로 집중되는 것 중에서 유일한 예외는 (때로) 가족 안에서의 애정이다. 그러나 남성은 여성에게 애정을 표현할 수 없는 것처럼 이곳에서도 **그의** 자녀가 아닌 한 아이들에게 애정을 표현할 수 없다. 그러므로 자녀에 대한 애정은 그를 가부장제도를 강화하는 결혼 구조에 안착시키려는 덫이다.

2) 여성의 성의 사유화privatization

에로티시즘은 여성의 열등성을 강화하는 낭만주의의 최고 단계에 불과하다. 어떤 하위계급에서와 마찬가지로, 집단의식은 반항을 못 하게끔 둔화되어야만 한다. 이 경우, 계급으로서의 여성의 착취를 구별하는 특성이 성적인 것이기 때문에, 그들이 모두 똑같이 성적으로('성기로') 여겨진다는 것을 의식하지 못하게 하는 특별한 수단을 발견해야만 한다. 남자는 결혼할 때 이 구별이 안 되는 패거리들로부터 조심스럽게 선택할 것이다. 왜냐하면 그는 우리가 보아온 대로—그와 가까이 결합한—'한 명'을 위해 특별히 높은 곳을 마음속에 마련하고 있기 때문이다. 그러나 일반적으로 그는 '영계들'(금발머리들, 갈색머리들, 빨강머리들)[4] 사이의 차이를 구분할 수 없다. 그리고 그게 바로 그가 좋아하는 방

[4] 미식축구 영웅인 조 나마스Joe Namath가 나온 최근의 한 광고문에는 '그의 다른 스포츠에 관해 말하자면, 그는 금발머리들을 선호한다'라고 쓰여 있다.

식이다.("걸을 때 씰룩쌜룩 움직이는 것, 말할 때 키득키득거리는 것, 그것이 내가 좋아하는 것이다!") 여성이 다 똑같다고 믿지만 여성에게 그런 생각을 추측하지 못하게 하고 싶을 때, 남성은 무엇을 하는가? 그는 자기의 믿음을 혼자 간직하고, 그녀의 의심을 가라앉히기 위해서 그녀가 다른 여성들과 공통으로 가지고 있는 것이 바로 그녀를 구별 짓는 것인 양 한다. 따라서 그녀의 섹슈얼리티는 결국 그녀의 개성과 동일한 것이 된다. **여성의 성의 사유화는 남성의 눈에 여성을 개인으로 보이지 않게 만드는, 여성들의 계급으로서의 일반성**generality**을 가리는 과정이다.** 대통령 옆에 있는 영부인을 보면 백악관 행사 때 수행단에 있는 신중한 흑인 하인이 연상되는 것이 이상하지 않은가?

이 과정은 교활하다. 한 남자가 "나는 금발머리를 좋아해!"라고 외치면, 주변에 있는 모든 비서들이 자세를 바로 한다. 그들은 성이 사유화되어 왔기 때문에 그것을 사적으로 받아들이는 것이다. 금발머리는 개인적으로 찬사받았다고 느낀다. 왜냐하면 다른 여성들과 구별시켜주는 그녀의 가치가 육체적 속성을 통해 평가되었기 때문이다. 당신이 이름부를 수 있는 어떤 육체적 속성들이 다른 많은 사람들과 공유되는 것이고, 그것들은 당신 자신이 창조한 것이 아니라 우연한 속성일 뿐이고, 당신의 성은 인류의 절반과 공유된다는 사실을 그녀는 더 이상 기억해 내지 않는다. 그러나 그녀의 개성이 온전하게 인식되면, 금발은 다른 방식으로 사랑받을 것이다. 그녀는 우선 그 무엇으로도 대체할 수 없는 총체성으로 사랑받고, 그런 다음 그 총체성의 특성 중 하나로서 그녀의 금발이 사랑받을 것이다.

성의 사유화 장치는 매우 복잡해서 그것을 감지하려면 몇 년

이 걸릴 것이다. 도대체 감지할 수 있는 것이라면 말이다. 그것은 여성 심리의 많은 곤혹스러운 특성들을 설명하는데, 다음과 같은 형태이다.

성에 대한 찬사, 즉 "작은 아가씨에게 모자를 벗어 경의를 표하라!" 와 같은 것에 의해 개인적으로 찬사를 받는 여자들.

규칙적으로 그리고 비인격적으로 디어Dear, 허니Honey, 스위티Sweetie, 슈가Sugar, 키튼Kitten, 달링Darling, 천사, 여왕, 공주, 인형, 여자라고 불릴 때 모욕을 느끼지 않는 여자들.

로마Rome에서 엉덩이가 꼬집혔을 때 은밀히 기뻐하는 여자들.(다른 여자들의 엉덩이가 꼬집힌 숫자를 세는 것이 훨씬 현명할 텐데!)

"남자와 성교할 것처럼 행동하나, 실제로는 하지 않아 남자를 애태우는 것"의 기쁨.(개인적 가치와 바람직함의 표시로 받아들여진 일반화된 남성의 호색성.)

'몸치장밖에 모르는' 현상.(개성을 표현할 정당한 출구가 거부된 여성은 "나는 뭔가 색다른 것을 보고 싶어요"라는 말처럼 자신을 육체적으로 '표현한다.')

이러한 것들은 섹슈얼리티와 개성을 교란하는 성의 사유화 과정에 대한 반응의 일부일 뿐이다. 그 과정은 매우 효과적이어서 대부분의 여성이 세계가 계속되기 위해서는 그들의 특별한 성적 기여가 필요하다고 진지하게 믿게 되었다.("그녀는 자기의 보지가 금으로 만들어져 있다고 생각해.") 그러나 그들 없이도 사랑 노래는 계속 쓰여질 것이다.

여성은 속을지 모르지만, 남성은 그것을 귀중한 조작 기술로 꽤 의식하고 있다. 그것이 여성 앞에서('숙녀 앞이 아닌 데에서') 여성에 관해 이야기하는 것을 피하려고 애쓰는 이유이다. 즉, 그것은 그들의 게임을 누설할 것이기 때문이다. 남성끼리의 잡담을 엿듣는 것은 여성에게 상처를 준다. 그동안 그녀는 '하고 싶은' '암캐'가 될 '구멍' '살덩이' '보지' 혹은 '년'으로만 여겨지거나 돈, 성, 사랑에 속은 '계집'이 되었기 때문이다. 그녀가 다른 여성보다 나을 것이 없고 전혀 구별될 수 없다는 것을 마침내 이해하는 것은, 단순한 충격이 아니라 총체적인 파멸로 다가온다. 그러나 아마도 여성이 성의 사유화를 더 자주 직면해야 하는 때는, 연인과의 싸움에서 진실을 털어놓을 때일 것이다. 그때 남성은 조심성이 없어져서 그가 지금까지 **진짜로** 좋아한 유일한 것은 그녀의 젖가슴("커다랗고 빵빵한")이거나 다리("잘 빠진!")였다는 것을 인정할지도 모른다. 그리고 할 수만 있다면 그는 다른 곳도 찾을 것이다.

그러므로 성의 사유화는 여성을 정형화한다. 그것은 남성으로 하여금 여성을—그들과 같은 족속이 아닌—피상적인 속성들로만 구별되는 '인형'으로 보게 부추기고, 여성으로 하여금 계급으로서의 성적 착취를 못 보게 만들며, 그것에 대항하여 단결하지 못하게 막고, 따라서 두 계급을 효과적으로 분리시킨다. 부작용은 그 역으로 나타난다. 즉, 여성이 오직 피상적인 육체적 속성으로만 구별된다면 남성은 실제보다 더 개성적이고 대체할 수 없느 존재로 보이게 되는 것이다.

사회적 인식이 **허위**의 개성에만 허용되기 때문에, 여성은 그러한 책략을 돌파할 수 있게 만드는 강인한 개성의 발달을 방해받는다. 일반성 속에서의 존재가 인정받는 유일한 것이라면, 실제 성격을 발달시키는 어려움을 왜 겪겠는가? '미소로 방을 밝히는 것'은 훨씬 덜 귀찮은 일이다. '영계'가 '할머니'가 되어 그녀의 미소가 더 이상 '아무도 흉내 낼 수 없는 독특한 것'이 아니라는 것을 발견하는 그 날까지는.

3) 미적 이상

모든 사회는 모두에게 어떤 이상적 아름다움을 고취시켜 왔다. 그 이상이 무엇인가는 중요하지 않다. 왜냐하면 어떤 이상이든 다수를 배제하기 때문이다. 이상이란, 정의상, **드문** 성질을 본보기로 삼는다. 예를 들어 미국에서 현재 유행하는 프랑스 모델들, 에로틱한 이상인 관능적 금발머리는 정말로 드문 성질들을 본보기로 하고 있다. 프랑스 태생의 미국인은 거의 없고, 대부분 프랑스 사람처럼 생기지 않았고 결코 그렇게 되지도 않을 것이다.(게다가 그들은 너무 많이 먹는다.) 관능적인 흑갈색머리는 머리칼을 염색할 수 있으나(성의 여왕인 마릴린 먼로도 그랬듯이), 금발머리들은 마음대로 머리를 웨이브지게 할 수 없다. 앵글로색슨족인 그들 중 대부분은 단순히 그렇게 창조되지 않았다. 혹시라도 인위적인 방법으로 다수가 그 이상으로 짜 맞춰 가면, 그때는 이상이 변화한다. 얻어질 수 있는 것이라면 그것이 좋은 것일 이유가 무엇인가?

배타적인 미적 이상은 명백한 정치적 기능을 제공하기 때문이다. 누군가는—대부분의 여성들은—배제될 것이다. 배제된 여성은 그것을 얻으려고 다투는데 그 이유는 우리가 보아온 대로 여성은 외모를 통해서만 개성을 성취하도록 허용되었기 때문이다. 외모는 그것을 지닌 사람의 사랑에서가 아니라 외적 기준의 근사치에 어느 정도 다다랐냐에 따라 '좋은 것'이라고 정의된다. 남성에 의해 정의된 이 이미지는(요즘은 가장 나쁜 부류의 여성혐오자인 동성애자 남성에 의해서 자주 정의된다) 이상이 된다. 그러면 어떤 일이 생기는가? 사방에서 다이어트나 미용 강좌, 옷과 화장, 그리고 엉터리 왕자가 꿈꾸는 소녀가 되기 위해서라면 억지로 훼손시켜서라도 몸을 유리구두에 꽉꽉 눌러 넣으려고 달려든다. 그러나 그들에게는 선택권이 없다. 만일 그들이 그렇게 하지 않으면 받게 되는 벌은 엄청나다. 그들의 사회적 정당성이 위기에 처하게 되는 것이다.

그래서 여성들은 점점 더 닮아 보이게 된다. 동시에 육체적 외형을 통해 개성을 표현하는 것이 기대된다. 그래서 그들은 동시에 자신들의 유사성과 독특성을 표현하려고 끊임없이 왔다 갔다 한다. 성의 사유화에 대한 요구는 미적 이상에 대한 요구와 모순되며, 개인의 외모에 관한 심각한 여성적 신경증을 일으킨다.

이러한 갈등 그 자체가 중요한 정치적 기능을 하고 있다. 여성이 점점 더 닮아 보이기 시작하고 가공의 이상과 다른 정도에 의해서만 구별될 때, 더 쉽게 계급으로서 정형화될 수 있다. 그들은 서로 비슷하게 생겼고, 비슷하게 생각하고, 설상가상으로 너무 어리석어서 서로 비슷하지 않다고 믿는 계급이 되는 것이다.

*

낭만주의라는 문화적 장치에는 여성에 관한 '자연적' 제한을 약화시키면서 성적 억압을 더욱 강화시키는 주요 구성 요소들이 있다. 수세기를 거치면서 낭만주의의 정치적 유용성은 점점 복잡하게 되었다. 모든 문화적 차원에서 교묘하게 또는 노골적으로 작용하면서 통신의 새로운 기술에 의해 증폭된 낭만주의는 이제 —남성 권력의 역할이 크게 위협받는 이때에—너무도 만연하게 되어 남성 자신의 이해관계와 복잡하게 얽혀버렸다. 이 증폭은 어떻게 작동하는가?

실존하는 것들에 대한 아주 미세한 사항들을 문화적으로 묘사함으로써(예를 들어, 겨드랑이의 악취 없애기), 개인의 경험과 그것의 인식 사이의 거리가 방대한 해석망a vast interpretive network에 의해 확대되게 된다. 만일 우리의 직접 경험이 도처의 문화적 망에 의한 해석과 모순되면, 경험은 부정되어야만 한다. 물론 이 과정은 여성에게만은 적용되지 않는다. 이미지의 확산은 우리 자신과의 관계를 너무 깊숙이 변경시켜 남성들조차—절대 **에로틱한** 대상은 아니지만—대상이 되었다. 이미지는 자기 자신의 확장이 된다. 만일 실제 인간의 내면Person Underneath이 완전히 증발하지 않는다면 진정한 인격과 최근의 이미지를 구별하기가 어려워진다. 6학년 때 뒤에 앉았던, 코를 후비고 농담을 지껄이던 왼쪽 어깨가 비뚤어진 아이였던 아니Arnie는 차용된 숱한 이미지 속에서 행방불명 된다. 즉, 고등학교의 코미디언, 대학가의 반항아, 제임스 본드, 세일럼 담배Salem 애연가 등등 각각의 이미지는 자기 자신이 누구인지를 모르게 될 때까지 정교하게 신기록을 세운다. 더욱이 그는 이러한 이미지의 확장을 통해서 다른 사람들을 대한다.(소년 이미지가 소녀 이미지를 만나 이미지로서의 로맨스를 완성한다.) 한 여성이 복잡한 이미지 외관façade 아래에 있는 것을 파악할 수 있을지라도—그때까지 몇 달 몇 년이 걸리는 고통스러운, 거의 치료에 해당하는 관계가 필요할 것이다—그녀가 맞닥뜨리는 것은 자신의 진정한 모습을 (고통스럽게) 사랑해준 고마움이 아니라 자신의 내면을 발견했다는 충격적인 혐오감과 공포심으로 그녀를 대하는 그의 모습이다. 그가 원하는 것은 스키 산장의 벽난로 앞에서 조니워커레드Johnny Walker Red라는 자신의 이미지에 맞게 유쾌하게 웃는 펩시콜라 걸Pepsi Cola Girl이다.

이러한 구체화[물화物化]reification는 남녀 모두에게 비슷하게 영향을 미치지만, 여성의 경우에는 지금까지 기술한 성적 착취의 형태 때문에 매우 복잡해진다. 여성은 이미지일 뿐만 아니라 성적 매력의 이미지이다. 여성에 대한 정형화는 확장된다. 이제는 더 이상 무지가 변명이 될 수 없다. 모든 여성은 끊임없이 그리고 노골적으로 자연이 그녀에게 준 것을 어떻게 '개선'시킬지, 그것과 관계된 상품을 어디서 살지, 결코 섭취해서는 안 되는 열량을 어떻게 계산하는지에 관한 정보를 얻는다. 실제로 '못생긴' 여성조차 빠르게 '이국적'이 되면서 이제는 거의 멸종되고 있다. 이제 모든 사람이 같은 일을 하기 때문에 경쟁은 광적일 정도로 심해진다. 현재의 미적 이상이 만연해진다.("금발머리들이 더 재미있는 것을 가지고 있다……")

그리고 에로티시즘은 이상성욕erotomania이 된다. 극한까지 자극되어 역사상 견줄 데 없는 광적인 것에 이르렀다. 모든 잡지 표지, 영화 화면, TV 화면, 지하철 광고판에서 젖가슴, 다리, 어깨, 허벅지들이 튀어나온다. 남성은 끊임없는 성적 흥분의 상태에서 걸어 다닌다. 의도는 안 했지만, 다른 어떤 것에도 집중하기 어렵다.

감각에 대한 포격은 결국 성적 도발을 훨씬 더 강화시킨다. 즉, 성적으로 흥분시키는 일반적 수단들은 모든 효과를 상실한다. 옷차림은 더 도발적이 된다. 치맛단이 올라가고 브래지어는 벗어 던진다. 속이 비치는 소재들이 흔해진다. 그러나 이 모든 에로틱한 자극의 공세 속에서, 남성 자신은 에로틱한 대상으로 좀처럼 묘사되지 않는다. 여성의 에로티시즘이, 남성의 것과 마찬가지로, 점점 더 여성을 향하게 된다.

이 고도로 효과적인 선동 체계의 내적 모순 중 하나는 여성뿐만 아니라 남성에게도 여성이 겪는 정형화 과정을 노출시킨다는 것이다. 그 생각은 여성들에게 그들의 여성적 역할에 더 익숙하게 하려는 것이었지만, TV를 켠 남성 역시 최신형의 복부 보정, 가짜 속눈썹, 그리고 바닥 광택제("그녀는 합니까 …… 하지 않습니까?")를 접하게 된다. 이러한 교차하는 성적 유희와 폭로는 어떤 남성이라도 여성을 혐오하도록 만드는 데 충분하다. 그가 이미 혐오하고 있지 않다면 말이다.

그러므로 현대의 미디어를 통한 낭만주의의 확장은 그것의 효과를 엄청나게 확대시켰다. 이전의 문화가 에로티시즘, 성의 사유화, 미적 이상으로 남성우월주의를 유지했다면, 이러한 문화적 과정들은 이제 너무나 효과적으로 잘 수행하고 있다. 즉, 미디어는 '과잉'에 대해 유죄이다. 역사상 이 시점에서 여성운동이 재건된 것은 우리의 현대 문화적 주입 제도의 내적 모순이 가져온 역효과에 기인한 것인지도 모른다. 성적 주입을 증폭시키는 데 있어서, 미디어는 무의식적으로 '여성성'에 대한 비하를 노출시키고 있는 것이다.

결론적으로 나는 문화적 주입 수단을 통한 성적 계급제도를 공격하는 특별한 어려움에 관해서 한 가지를 덧붙이고자 한다. 성의 대상들은 **아름답다**. 그들을 공격하는 것은 아름다움 그 자체에 대한 공격과 혼동될 수 있다. 페미니스트들이 『보그*Vogue*』지의 표지 얼굴의 아름다움을 단호하게 부정해야 한다고 느낄 정도로 경건해질 필요는 없다. 그것이 핵심은 아니기 때문이다. 진짜 문제는 그 얼굴이 **인간적인** 방식으로 아름다운가 하는 것이다. 그것은 성장과 변화와 쇠퇴를 허용하는가, 긍정적인 감정뿐만 아니라 부정적인 감정들도 표현하는가, 인위적인 뒷받침이 없으면 허물어지는가, 혹은 금속이 되려고 하는 나무처럼 **무생물**적 대상의 다른 아름다움 자체까지 거짓으로 모방하는가 등의 문제이다.

에로티시즘을 공격하는 것은 유사한 문제점을 만들어낸다. 에로티시즘은 **신나는** 것이다. 아무도 그것을 없애고 싶어 하지 않는다. 적어도 그러한 불꽃이 없이는 삶이란 단조롭고 지루할 것이다. 그것이 핵심이다. 왜 모든 기쁨과 흥분이 단 하나의 좁고 찾기 어려운 인간 경험의 한 구석으로 몰아가고 나머지들은 초토화되는가? 에로티시즘의 제거를 요구할 때 우리는 성적 기쁨과 흥분의 제거가 아니라 그것을—퍼져야 할 많은 것들이 있고, 그럼으로써 이용을 늘리는—삶의 전 범위로 재확산시키도록 요구해야 하는 것이다.

VIII (남성)문화

세계의 재현은 세계 그 자체와 마찬가지로 남성의 업적이다. 그
들은 그것을 절대적 진리와 혼동한 그들의 관점에서 묘사한다.

_시몬 드 보부아르

여성과 문화와의 관계는 간접적이었다. 우리는 현재의 남녀의 정
신적 구조가 어떻게 대부분의 여성이 그들의 에너지를 남성에
게 쏟게 하는 반면 남성은 일로 '승화'시키는 데 쓰게 하는지를
논의해 왔다. 이런 방식으로 여성의 사랑은 문화적 기계the cultural
machine를 위한 원연료가 된다.(이른 아침에 안방 토론boudoir discussion
에서 더 직접적으로 탄생한 위대한 사상들은 말할 필요도 없다.)

여성은 감정적인 후원을 제공하는 외에도 문화와 또 다른 중
요한 관계를 갖는다. 즉, 그들은 문화에 영감을 준다. 뮤즈Muse는
여자인 것이다. 교양있는 남성은 승화 과정을 통해서 감정적으로
비뚤어져 있다. 즉, 그들은 삶을 예술로 전환시켰기 때문에 왜곡
된 삶을 살 수밖에 없다. 그러나 문화에서 배제된 여성과 남성은
자신들의 경험과—주제에 맞게—직접 접촉한 채 남아 있다.

여성이 문화의 내용 자체에 있어서 본질적이라는 것은 예술사
의 예에 의해서 사실임이 증명된다. 남성은 이성에 의해 성적으
로 자극받는다. 그림을 그리는 것은 남자였다. 따라서 나체는 **여**

성의 나체가 되었다. 미켈란젤로처럼 개별 예술가의 작품이나 고대 그리스 시대처럼 전체적으로 예술적인 시기와 같이 남성 나체의 예술이 높은 차원에 이르렀던 곳에서 남성은 동성애자였다.

예술의 주제는—그런 것이 있는 경우—오늘날 훨씬 더 크게 여성에게 영감을 받는다. 대중적인 영화와 소설에서, 심지어 안토니오니Michelangelo Antonioni, 베르히만Ingmar Bergman, 고다르Jean Luc Godard 같은 식자층 감독의 작품에서 여성 등장인물을 제거한다고 상상해보라! 남은 것이 별로 없을 것이다. 지난 몇 세기 동안 특히 대중문화에서 —아마 사회에서 여성의 문제성 있는 지위와 관련되었기 때문이지만—여성은 예술의 주요 주제가 되어왔다. 실제로 한 달 동안의 문화 생산품의 안내문들을 훑어보면, 여성이야말로 지금까지 생각해본 모든 것이라고 믿을 정도다.

그러나 문화에 직접적으로 기여한 여성들이 있는가? 많지 않다. 여성이 개별적으로 남성 문화에 참여하는 경우, 그들은 남성의 방식대로 해야만 했다. 그리고 그것이 뚜렷이 드러난다. 그들은 남성의 게임에서 **남성으로서** 경쟁해야만 했기 때문에—여전히 구식 여성의 역할, 스스로 정한 야심과 상충하는 역할을 입증하라는 압력을 받기 때문에—문화의 게임에서 남성만큼 능숙하지 않다는 것은 놀라운 일이 아니다.

그리고 그것은 단지 경쟁력 있는 존재냐의 문제가 아니라 **진정성**authentic이 있냐의 문제이기도 하다. 우리는 사랑의 맥락에서 어떻게 현대 여성이 남성의 심리를 건강한 것과 혼동하여 모방했는지를, 그래서 남성 자신들보다도 더 악화되어 버렸는지를 보았다. 그들은 자생적인 병에 충실한 것도 아니었다. 그리고 이 진정성의 문제에는 훨씬 더 복잡한 층들이 있다. 여성들에게는 그들의 경험이 무엇**인지**를, 혹은 그것이 남성들의 경험과는 다르다는 것조차 이해할 수단이 없다. 자신의 경험을 다루기 위하여 경험을 객관화하는 재현의 도구인 문화는 남성의 편견으로 포화 상태가 되어서, 여성들은 자신의 눈을 통해서 스스로를 문화적으로 볼 기회를 거의 가지지 못한다. 그래서 결국 만연해 있는 (남성)문화와 충돌하는 그들의 직접 경험으로부터 나오는 신호는 부정되고 억압된다.

남성의 관점만을 제시하면서 문화적 정의cultural dicta가 남성들에 의해 확립되었기 때문에—그리고 이제는 집중포격 속에서—여성들은 자신들의 현실에 관한 진정한 묘사를 성취하는 것을 방해받아왔다. 예를 들어, 왜 여성들이 여성의 나체사진으로 인해 성적으로 흥분하는가? 예를 들어, 체육관의 탈의실에서처럼 여성의 나체에 대한 일상적인 경험과는 다르기 때문에 다른 나체 여성을 보는 것이 흥미 있을지도 모르지만(비록 남성의 성적 기준에 의해서 평가되는 한에서만 그렇겠지만), 직접적으로 에로틱하지는 않다. 섹슈얼리티의 문화적 왜곡은 또한 어떻게 여성의 섹슈얼리티가 자기도취로 비틀어졌는지를 설명한다. 여성들은 직접적으로 남성과 성교한다기보다는 남성을 통해서 대리적으로 자기 자신과 성교한다. 때로 남성-주체, 여성-객체에 관한 문화적 포격은 여성들로 하여금 오르가슴에 오르는 데 영향을 미칠 정도로 남성의 모습에 둔감하게 만든다.[1]

---

[1] 여성들이 성적 이미지에 집중하지 못하는 것이 불감증의 주원인임이 밝혀졌다. 마스터스와 존슨, 앨버트 엘리스를 비롯한 다른 사람들도 불감증인 여성들에게 오르가슴을 얻는 방법을 가르치는데, '성적 집중sexual focusing'의 중요성을 강조했다. 『국제성의학잡지International Journal of Sexology』에서 힐다 오헤어Hilda O'Hare는 이 문제의 원인을 정확하게 우리 사회에 남성의 성적 충동을 끊임없이 자극하는 것에 대응하는 여성을 자극하는 것이 없다는 사실에 돌린다.

배타적인 남성 문화가 여성의 시각을 왜곡시킨 다른 예들도 있다. 다시 한 번 구상미술의 역사로 돌아가 보자. 우리는 어떻게 나체화의 전통에서 남성 이성애자heterosexual 성향이 남성보다는 여성을 더 미적이고 쾌락적인 형태로 강조하게 되었는지를 보아왔다. 둘 중 하나를 편애하는 것은 물론 그 자체가 인위적이고 문화적으로 창조된 섹슈얼리티에 근거한 것이다. 그러나 적어도 나체화의 전통에 여전히 관계하고 있는 여성화가의 관점에서는 반대의 편견이 퍼져있을 거라 사람들은 기대할지도 모르지만, 사실은 그렇지 않다. 이 나라의 어떤 예술학교에서도 남자모델이 기껏해야 신기하기는 하지만 다소 덜 미적이라는 것을 받아들이면서 여자모델을 부지런히 그리고 있는 여학생들로 가득 찬 교실을 사람들은 보게 된다. 그리고 여자모델은 실오라기 하나라도 걸치고 나타나는 것은 꿈도 꾸지 않는데 왜 남자모델은 국부 보호대를 착용하는지 절대 묻지 않는 것을 본다.

다시, 베르트 모리조Berthe Morisot, 메리 커새트Mary Cassatt와 같은 19세기 인상주의 학파와 연관된 유명 여성화가들의 작품들을 보면서 사람들은 그들이 전통적인 여성의 주제—여성, 아이, 여성 나체, 실내—에 강박적으로 집착하는 이유를 궁금해한다. 이것은 그 시대의 정치적 조건들에 의해 부분적으로 설명된다. 여성화가들은 다행히도 남성모델은 말할 것도 없이 무엇이든 그리도록 허용되었다. 그럼에도 그 이상의 것이 있다. 그러한 여성들은 우수한 데생 실력과 구성 기술에도 불구하고 이류 화가로 남았는데, 그 이유는 그들이 그들에게는 진짜가 아닌 일련의 전통과 세계관을 '표절'했기 때문이다. 그들은 **남성적** 전통에 의해서 여성적이라고 정의되어 온 한계 안에서 작업했다. 그들은 남성의 눈을 통해 여성을 보았고, 남성들의 관념에서 여성을 그렸다. 그리고 자신과의 게임에서 남성들을 능가하려고 시도했기 때문에 그것을 극단까지 밀고 갔다. 즉, 그들은 (사랑스러운) 선line에 빠져버렸다. 그리고 그렇게 해서 그들의 작품을 타락시킨 허위성은 작품을 '여성적' 즉, 감상적이고 가벼운 것으로 만들었다.

여성들이 진정한 '여성' 예술a true 'female' art을 만들려면 모든 문화적 전통을 부정해야 할 것이다. 왜냐하면 (남성)문화에 참여하는 여성은 그것을 만드는 데 관여하지 않은 전통의 기준에 따라 평가되고 성취해야만 하기 때문이다. 비록 그녀가 여성의 관점을 **발견할 수 있다** 해도, 그러한 전통에서는 확실히 그것을 받아들일 여지가 없다. 남성 게임에서 지는 데 진절머리가 난 여성이 **여성적인 방식으로** 문화에 참여하고자 시도한 경우에는, (남성)문화권력에 의해 사소하고 열등한 '여성예술가'로 지명되어 혹평을 받고 제대로 이해받지 못하게 된다. 그리고 그녀가 '훌륭하다고' (마지못해) 인정되어야만 하는 때조차도—자신의 '진지함'과 세련된 취향을 나타내는 저급한 방식으로—훌륭하지만 부적합하다고 빗대어 말하는 것이 유행한다.

아마도—전체적이고 실질적인 실존의 묘사라기보다는 오랜 항의와 불평에 대한 묘사이기 쉬운—사물의 여성적 측면만을 표현하는 것이 제한되어 있다는 것은 사실일 것이다. 그러나 절대적 진리로 받아들여지지 않을 때는 널리 퍼져있는 남성의 사물관보다 적어도 '진지하고' 적합하고 그리고 중요한 것으로 보여지는 것이 더 이상 제한되어야 하는가 하는 질문은 훨씬 드물게 물어지지만 마찬가지로 적합한 질문이다. 『집단The Group』을 쓴 메리 매카시Mary McCarthy가 『아메리칸드림American Dream』을 쓴 노먼 메일러

보다 정말로 훨씬 더 형편없는 작가인가? 어쩌면 문화권력의 통제자이며 비평가인 남성들이 주파수를 맞출 수 없는 현실을 그녀가 묘사했기 때문 아닐까?

남성과 여성은 서로 다른 문화적 파장에 동조한다는 것, 실제로 남성과 여성에게는 완전히 다른 현실이 존재한다는 것은 가장 조야한 문화적 형태인 만화책에서 명백히 드러난다. 나의 경험에서 보자. 내가 어렸을 때 오빠는 만화책을 그야말로 한 방 가득히 가졌다. 그 방대한 만화책들은 책벌레인 내게 조금도 흥미를 주지 못했다. 나의 문학적 취향은 오빠의 것과 완전히 다른 것이었다. 그는 전쟁만화('악-악-악!')와 「슈퍼맨」 같이 '무거운' 것을 좋아했고, 휴식 삼아 「벅스 버니Bugs Bunny」, 「트위티와 실베스터Tweetie and Sylvester」, 「톰과 제리Tom and Jerry」, 메시지를 명확하게 말하는 데 영원한 시간이 걸리는 말더듬이 돼지들이 나오는 '명랑만화' 같은 것들을 읽었다. 이러한 '명랑만화'들은 나의 미적인 감수성에 거슬렸지만 유사시에는 그것들을 읽곤 했다. 그러나 내가 부모의 감시를 거의 받지 않았거나 대폭 허락을 받았더라면 나는 순정만화의 '무거운' 책더미('커다란 눈물이 뚝뚝 떨어지는.' "토드Tod, 수Sue에게 우리 이야기를 하지 말아요, 그녀는 죽을 거예요")에, 때때로 『진정한 고백True Confessions』 잡지에, 그리고 '가벼운' 휴식으로 「아치와 베로니카Archie and Veronica」에 탐닉했을지도 모른다. 혹은 가끔 「플라스틱맨Plastic Man」(몇 구역에 걸쳐 닿을 수 있는 긴 고무 팔을 가진 슈퍼맨)이나 「도널드 덕Donald Duck」의 「엉클 스크루지 맥덕Uncle Scrooge McDuck」 판과 같이 더 창의적으로 변형된 소년만화를 읽었을지도 모른다. 나는 돈으로 목욕하는 엉클 스크루지의 이기적인 사치를 좋아했다.(자아를 박탈당한 많은 여성들은 소녀시절의 똑같은 열정을 고백했다.) 더 그럴싸하게는 아마, 나는 만화책에 전혀 투자하지 않았을 것이다. 훨씬 덜 현실적인 동화들이 더 좋은 체험이었다.

내 오빠는 소녀들의 취향이 '얼간이' 같다고 생각했고, 나는 그가 상스러운 게으름뱅이라고 생각했다. 누가 옳았는가? 우리 모두가 옳았지만 그가 이겼다.(그는 서재를 소유했다.)

이러한 분리division는 고급문화 차원에서도 계속해서 작동한다. 내 오빠의 서재를 견딜 수 없었던 것과 같은 이유로 나는 메일러Norman Mailer, 헬러Joseph Heller, 돈리비J.P. Donleavy를 읽기 위해서 나를 강제해야 했다. 나에게 그들은 (각각) 「슈퍼맨」, 「악-악-악(전쟁만화)」, 「벅스 버니의 모험」의 복합판인 것으로만 보였다. '남성' 책들이 계속해서 나를 역겹게 했지만, '고상한 취향'(남성 취향)을 발달시키는 과정에서 나는 '여성' 책들에 관한 애정 또한 잃었고 실제로 혐오감이 생기기까지 했다. 그리고 곧―인정하기 부끄럽지만―버지니아 울프Virginia Woolf의 책보다는 헤밍웨이Ernest Hemingway의 책을 손에 쥔 채 죽기를 바라게 되었다.

이 문화적 이분법을 더 객관적인 용어로 설명하기 위해 의식적으로 '남성'의 현실을 표현하는 (모든 의미에서) 더 명백한 종이 호랑이들―헤밍웨이, 존스James Jones, 메일러, 패럴James T. Farrell, 앨그렌Nelson Algren 그리고 나머지들―을 공격할 필요는 없다. 20세기 문학의 새로운 남성학파the new Virility School는 그 자체가 실제로 남성문화적 반발이고 남성성 우월주의에의 커지는 위협에 대한 직접적 반응이다. 문화적으로 박탈당한 '깡패' 무리인 남성성주식회사Virility, Inc.는 자신들의 남성성을 구하기 위해 주먹을 날리고 있다. 비록 그들이 더 점수를 얻고 있기는 하나, 여성의 경험에 관

해서 쓴 도리스 레싱Doris Lessing, 실비아 플라스Sylvia Plath, 아나이스
닌Anais Nin보다 그들이 '남성' 경험에 관해서 더 통찰력 있게 쓰지
는 않는다. 사실상 그들은 자신들의 작품을 가짜로 만들어버리
는 경험을 신비화하는 죄를 저지르고 있다.

대신, 우리는 정직하게 남성-여성 경험의 전 영역을 묘사하려
고 하지만, 종종 그것을 깨닫지 못한 채 제한된 (남성) 각도에서
전체를 묘사하여 실패한 남성작가들—벨로Saul Bellow, 맬러머드
Bernard Malamud, 업다이크John Updike, 로스Philip Roth 등—의 더 교활한
(왜냐하면 덜 명백하니까) 편견들을 검토할 것이다.

문체에 있어서나 주제에 있어서나 '남성' 작가가 아닌 허버트
골드*에 대한 이야기를 간략하게 보도록 하자. 그는 여성들이 관
심을 가지는 것, 즉 남녀관계, 결혼, 이혼, 불륜에 관해 쓴다. 「너
의 창조물은 어떻게 되었나?What's Become of Your Creature?」라는 글에서
그는 잔뜩 지친 젊은 대학 교수와 보헤미안적인 금발머리 학생과
의 불륜을 묘사한다.

우리가 남자주인공의 시각에서 얻는 렌카 쿠와일라Lenka Kuwaila
에 관한 모습은 오직 감각적인 것, 감각적인 용어들에 민감한 것
일 뿐이다. 이야기는 다음과 같이 시작한다.

소녀. 즐겁고 예쁘고 그리고 다정함과 잔인함 모두에 대한 격찬을
갖춘 침울한 소녀. 그가 담배를 찾으려고 그녀의 책상 속을 들여다
보았을 때, 거기에는 그를 봄날의 기쁨으로 어지럽게 하는 꽃처럼

---

*Herbert Gold: 1924-. 미국 소설가. 풍자와 향수 어린 작풍이 특색이다. 고향인
클리블랜드에서의 청춘을 그린 『그러니까 대담하여라』, 같은 동네의 이민 호
텔에서의 드라마틱한 사랑을 다룬 『우리의 앞날』 등을 비롯, 다수의 작품이 있
다.

접혀진 부드러운 팬티 더미가 있었다. 그녀가 그것을 입었을 때 갑자기 두 쌍의 짝지어진 봉오리에서 아주 작은 한 쌍의 옷의 꽃잎이 부풀면서, 마치 부활절에 태양이 연약한 꽃을 피운 것 같았다. 오, 그는 그녀가 필요했고, 그녀를 사랑했고, 그리고 진리가 오듯이 똑바로 그들 모두의 영광을 위해서 우리로 하여금 진실을 말하게 하라.

그러나 우리가 '진리가 오듯이 똑바로' 얻는 진실이란 단지 진실에 관한 그의 시각일 뿐이다.

모든 남자의 삶에는 무엇이든 할 수 있는 때가 있다. 지금이 프랭크 커티스Frank Curtiss의 삶에 있어서 그때이다. 그의 아내와의 절망은 아름다운 소녀와의 깊은 만족에 항복했다. 그는 집에서 더 잘하기까지 했다. 만사가 평온해졌다. 그의 일도 잘되었다. 그는 거의 잠을 잘 필요가 없었고, 렌카를 알게 된 봄에는 보통 겪던 고초열로 고생하지도 않았다. 코감기도, 충혈된 눈도 없었다. 그는 숨을 크게 쉬며 날카롭게 응시했다. 때때로 느낀 피곤과 과로의 두통은 그녀의 손길로, 그녀의 창문을 통해 이를 보이면서 웃으며 그가 올 때 그녀가 환영하는 것으로 말끔히 사라졌다.

그러나 그녀의 진실은—어느날 (느닷없이) 렌카가 그의 아내에게 긴 편지를 쓸 때까지 줄거리 속에서 아무런 기미도 안 보이는 진실—완전히 다른 것이었음에 틀림없다. 프랭크가 렌카와의 불륜을 시작한 뒤 꾸준히 나아지던 그 실패한 결혼은 영원히 파괴되었다.

프랭크가 그녀에게 고통스러운 전화를 한 후 렌카는 그를 만나지도 않은 채 뉴욕을 떠났다. "왜? 왜? 왜 그런 식으로 했어야만 했지, 렌카? 이것이 우리 사이의 모든 것을, 과거까지도 파괴해버리는 것을 모르겠어?"

"나는 추억에 대해 신경 쓰지 않아요. 끝난 것은 아무것도 아니예요. 끝났으니까. 당신은 일주일에 두세 번씩 내 창문을 통해 기어 들어 오는 것 이상은 하고 싶어 하지 않았어요—"

"그렇지만 그녀에게 그렇게 쓴다는 게—그것이 의미하는 게—어떻게—"

"당신은 나에게 마음 쓴 것보다 그 냉정한 마누라에게 더 마음을 썼어요. 아이가 있기 때문이지요."

"왜, 왜?"

그녀는 전화를 끊어버렸다. 그는 전화에 대고 어깨를 으쓱거리며 서 있었다. 여성들은 도처에서 그의 전화를 끊어버렸다. 그는 차단되었다.

배반당하고 기만당했다고 느끼면서 프랭크는 당황한 채 상처를 보살핀다. 소설의 나머지 내내 독자는 그의 당혹스러움을 느낀다. 그의 무엇이 그녀로 하여금 그런 짓을 하게 했는지를 이해하지 못하고, 그는 '여성을 이해하지' 못한다. 마침내 그는 그녀의 다정함뿐만 아니라 '잔인함에 대한 격찬'을 인정함으로써 마음을 비운다.

그러나 렌카의 '잔인함'은 렌카를 그의 이기심과 일치하지 않는 이기심을 가진 복잡한 인간존재라기보다는, (즐겁고 기쁘고 **혹은** 침울한) '한 소녀' 이상으로 본 그의 무능력에 대한 직접적 결과이다. 그렇지만 골드가 사건과 대화를 자세히 열거하기 때문에 예민한 (짐작건대 여성) 독자는 행간을 읽을 수 있을지도 모른다. 즉, 배신당한 것은 렌카였다. 다음은 몇 년 후 맨해튼에서의 프랭크다.

그는 새벽녘에 사과를 베어 물고 달콤한 즙을 빨아 먹으며, 마침내 좋은 우정으로 키스하고 잠자기 위해 옆으로 돌아눕는 것을 함께 할 소녀를 발견했다. …… 그는 자유를 느꼈다. …… 그는 아스피린 병을 던져버렸다. 그는 자신이 결혼한 이미지, 즉 무겁고, 텁수룩하고, 머리는 낮고 주둥이는 다친 지친 물소를 다른 이미지로 바꿨다. 그는 호리호리하고, 자세가 반듯한, 날렵한 젊은이였다. 그의 전 부인이 재혼했을 때, 그의 최후의 죄책감의 흔적은 사라졌다. 자유롭게, 자유였다. 그는 일주일에 두 번 '바드-밍-턴'이라고 발음하는 프랑스 소녀와 배드민턴을 쳤다.

이제는 즐거운 독신남인 프랭크는 어느 날 충동적으로 렌카에게 전화를 건다.

그러나 그가 얼마나 오랫동안 뉴욕에 있었는가를 들은 후에, 그녀는 그를 만나고 싶지 않다고 말했다.

"나는 원한을 품고 있었어. 이해하겠지," 그가 말했다. "나는 여전히 당신이 몹시 잘못했다고 생각하지만, 어쨌든 고마워. 결국은 잘됐어."

"벌써 끝난 일이에요," 그녀가 말했다.

나중에 그는 흑인 음악가에게 몸을 팔며 쓰레기처럼 취급된 그녀를 우연히 만난다.

그녀는 (그를 방으로 초대하기 위하여) 어리석은 거짓말을 지어냈을 수도 있었으나, 그의 얼굴에서 경멸의 시선을 알아챘다. 이제 4반세기를 산 삶 속에서, 그녀는 남자들의 판단에 대답하는 단 하나의 방법을 배웠다. 그녀는 그에게 미끄러지듯이 움직여, 얼굴에는 수줍음과 두려움이 뒤섞인 채, 추파를 던지는 희미한 미소를 띠면서, 숙련된 고양이처럼 살금살금 그에게 기대었다. 그녀가 눈을 감자 그녀의 눈은 눈물로 가득 찼고, 눈물은 그녀의 젖은 눈썹에 달려 있다가 그녀의 뺨을 타고 흘러내렸다. "프랭크," 그녀는 머뭇거리며 말했다. "나는 오랫동안 기억하는 것을 그만 두었어요. 나도 모르겠어요. 모든 게 어려웠어요. 나는 당신이 무척 화났다고 생각했어요. …… 하지만 나는 기억해왔어요. …… 왜냐하면…… 용서……"

그는 그녀에게 팔을 두르고 끌어안았다. 그러나 육욕적이거나 부드러움보다는 혼란으로…….

그러자 그는 그녀가 방금 거짓말한 것들에 대한 편지들을 생각했다. 그리고 갑자기, 그녀가 키스를 받으려고 고개를 들자, 그가 떠올린 가장 생생한 환상은 **그녀가 더럽다**는 것이었다. 그의 억제되지 않는 두려움은 기만, 질병, 은밀한 동정, 추잡스러움, 응징으로 뒤죽박죽되었다. 자기가 무엇을 두려워하는지도 모른 채 그는 오로지 불결함, 교활함, 오물, 얼룩, 상처를 생각했다. 그녀의 슬픔을 견딜 수 없었기 때문에 그는 생각했다. **기만과 교활함과 질병!**

그들의 입이 닿기 전에 그는 밀어냈다. 그녀의 손톱이 그의 팔을 따라 할퀴었고 피부를 찢었다. 더러운 계단을 위태롭게 달려 내려오는 동안 열려진 문 사이로 그녀가 흐느껴 우는 소리를 들으면서 그는 거리의 자유로운 공기 속으로 도망쳤다.

여기서 잠깐!Curtain* 프랭크는 렌카에게 어떤 일이 생겼는지를 궁금해하면서 새로 임신한 아내를 애무한다.

이것은 주제상 남성의 이야기가 아니고, 문체상 '남성'의 이야기도 아니다. 거기에는 어떤 남성작가라도 부끄럽게 여길 정도로 충분한 감정의 묘사가 있다. 그러나 이것은 시각의 특이한 제한 덕분에 여전히 '남성'의 이야기이다. 그 시각은 여성을 이해하지 못한다. 렌카의 감각과 사랑스러움은 프랭크가 이해할 수 있는 만큼의 것이었다. 그녀가 그의 아내에게 편지를 쓴 동기, 그녀가 그를 만나기를 거부한 것, 그녀가 유혹하려고 시도한 것, 죄책감 섞인 역겨움으로 묘사된 것들—이러한 것들은 현실생활에서 남자들이 다루지 못하듯이, 프랭크도 다룰 수 없었다.('**그녀의 슬픔을 견딜 수 없었기 때문에** 그는 생각했다. 기만과 교활함과 질병!') 여자를 유쾌함의 차원 이상으로 아는 것은 그에게는 버거운 일이었다. 여자들은 오직 그와의 관계에서만, 그것이 아름다움과 기쁨이든 혹은 고통과 슬픔이든, 그들이 그에게 무엇을 가져다줄 수 있는지로만 판단되었다. 그는 그것이 어느 것이든, 자신의 행동이 가져온 것이든 또는 결정적인 영향력을 가질 수 있는 것이든 이해하지 못하면서 묻지도 않는다.

사람들은 동일한 정보와 대화를 사용하는 똑같은 불륜 이야

* '나음은 상상해 보시라'라는 말로, 연극 등에서 관객의 주의를 끌기 위한 것이다.

기인데도 완전히 다른 것을 상상할 수 있다. 렌카가 쓴 것만을 보면, 그녀의 행동은 그러면 비이성적인 것이 아니라 완전히 이해할 수 있을 만한 것인지도 모른다. 대신 남성 인물이 천박하게 나올 것이다. 어쩌면, 정말로, 우리는 결국 정반대의 성적 편견 이상을 가질지도 모른다. 우리는 상황의 4분의 3을 이해하는데(즉, 프랭크는 감정에 부응할 수 없기 **때문에** 천박하다), 그 이유는 오랜 억압을 통해서 남성 일반이 여성 심리에 정통하게 된 것이 아니라 여성 일반이 남성 심리에 더 정통하게 되었기 때문이다. 그러나 이러한 일들은 문학에서 거의 일어나지 않았는데, 왜냐하면 대부분의 '렌카'들은 그들 자신의 이야기를 전혀 조리 있게 쓸 수 없을 정도로 이용되고 학대당해 충분히 파괴되었기 때문이다.

그러므로 예술에의 '남성의' 접근과 '여성의' 접근 사이의 차이는, 어떤 사람들이 생각하고 싶어 하는대로, 동일한 주제를 다루는 단순한 '문체상'의 차이(개인적, 주관적, 감정적, 묘사 대^{vs} 활기, 여유, 직설적, 냉정, 객관적)가 아니라 주제 자체의 차이에 있다. 성 역할은 인간 경험을 분리시킨다. 남성과 여성은 현실의 서로 다른 절반에 산다. 그리고 문화는 그것을 반영한다.

오직 소수의 예술가만이 그들의 작품에서 이 분리를 극복했다. 사람들은 동성애자들의 주장이 옳은지 궁금해한다. 그러나 위대한 예술가들은 육체적 표현을 통해서가 아니라 다른 방식으로 정신적으로 양성적androgynous이 되었다. 예를 들어 20세기에 프루스트Marcel Proust, 조이스James Joyce, 카프카Franz Kafka 같은 위상을 지닌 작가들은 여성과 육체적으로 동일시하면서(프루스트), 상상력으로 마음대로 넘나들면서(조이스), 혹은 이분법의 영향

을 거의 받지 않는 상상의 세계로 후퇴함으로써(카프카) 그것을
해내었다. 그러나 대부분의 예술가들은 그것을 극복하지 못할
뿐만 아니라, 성에 기초를 둔 문화적 한계의 존재를 **의식**조차 하
지 못한다. 남녀 모두에 의해서 현실로 받아들여진 남성의 현실
이 있을 뿐이다.

여성 예술가는 어떠한가? 우리는 여성들이 문화 창조에 참여하
도록 허용된 것이—그것도 개별 단위로, 남성의 방식 대로만—지
난 수세기뿐이었음을 보아왔다. 그리고 그렇다 해도 문화적 반영
의 활용을 거부당했기 때문에, 그들의 시각은 진짜가 아닌 것이 되
었다.

그리고 여성들이 예술에 진입하는 데는 많은 **부정적인** 이유
들이 있다. 풍요는 늘 여성 딜레탕티즘^{dilettantism}*, 예를 들어 빅토
리아 시대의 교양을 갖춘 '젊은 숙녀', 혹은 일본 게이샤의 예술
을 만들어낸다. 남성 사치품의 상징이라는 역할 외에도, 진보하
는 산업주의 하에서 여성들의 한가로움이 증대되는 것은 실제적
인 문제를 야기하기 때문이다. 여성의 불만족은 점화하지 못하게
완화되어야만 한다. 혹은 여성들은 피난처로서 예술에 입문할 수
도 있다. 오늘날의 여성들은 여전히 인간활동의 핵심적인 권력의
중심에서 배제되어 있다. 그리고 예술은 마지막으로 남겨진 자기
결정적인 직업 중의 하나로 흔히 혼자 작업하는 것이다. 그러나
이런 의미에서 여성들은 법인자본주의 시대에 가게를 열려고 노
력하는 쁘띠 부르주아지와 같다.

*예술이나 학문을 치열한 직업의식 없이 취미로 즐기는 것을 말한다. 또한, 예
술이나 학문에 대해 자신의 굳건한 입장을 취하지 않고, 이것저것 폭넓게 즐기
는 자세를 뜻하기도 한다. 원래 딜레탕트^{dilettante}는 '즐기는 사람'이라는 말이다.
딜레탕티즘은 자칫 수박 겉핥기식의 허설은 선분가수의라는 비판을 받을 수
있다.

최근 예술에서 여성이 차지하는 더 높은 비율은, 여성의 상태에 관해서 보다는 예술의 상태에 관해서 더 이야기해 줄지도 모른다. 여성들이 곧 자동화되어버릴 일을 인계받았다고 기뻐해야 할 것인가?(우체국에 있는 95%의 흑인처럼 이것은 통합의 신호가 아니다. 반대로 바람직하지 않은 사람들은 조금도 바람직하지 않은 자리로 밀어 넣어진다—여기, 이제 들어와서 입을 다물어라!) 다음 장에서 보이려고 하겠지만, 예술이 더 이상 우리 시대의 최고의 남성들을 매혹시키는 핵심이 아니라는 사실은 또한 남성-여성 분리의 산물일지도 모른다. 그러나 오늘날 예술에서 여성들과 동성애자들이 활기를 띠는 것은 죽어가는 몸 근처에서 쥐들이 종종걸음으로 달리는 것을 의미할지도 모른다.[2]

그러나 여성들의 새롭게 읽고 쓰는 능력은 위대한 여성 예술가는 아직 탄생시키지 않았지만, 여성 관객은 확실히 탄생시켰다. 남성 관객이 현실에 관한 그들의 특별한 관점을 강화하기 위하여 언제나 남성의 예술을 요구하고 수용했던 것과 마찬가지로 여성 관객은 여성의 현실을 강화하기 위하여 '여성의' 예술을 요구한다. 그러므로 19세기에 탄생한 조잡한 여성 소설은 우리 시대의 연애소설로 이어지면서 대중문화('연속극soap opera') 속에 항상 존재한다. 여성잡지 산업과 『인형의 계곡Valley of the Dolls』* 같은 소설은 조잡한 출발일지도 모른다. 이러한 예술의 대부분은 아직 유치하고 엉성하고 형편없다. 그러나 남성의 현실이 언제나 그

[2] 그러나 예술과 인문과학에서 여성들의 존재는 남아 있는 소수의 남성들과 그들의 자리가 불안한 것에 비례해서—특히 구상미술과 같은 전통적이고 인문주의적인 학과에서 불안하다—여전히 맹렬하게 싸우고 있다.

*1966년에 출간된 재클린 수잔Jacqueline Susann의 초대형 베스트셀러. 3천만 부 이상 팔렸다. 사랑과 성공을 찾아 뉴욕에 온 세 여성에 관한 소설로 출간 당시 혹평을 받았다.

래왔던 것만큼, 때로 여성의 현실이 명백하게 기록되기도 한다. 예를 들어 앤 섹스턴*의 작품에서 그렇다.

결국 이 소요騷擾에서—어쩌면 아주 곧—우리는 진정한 여성 예술의 출현을 볼지도 모른다. 그러나 '여성' 예술의 발달을 그것의 반대급부인 남성학파처럼 반동적인 것으로 보아서는 안 된다. 여성 예술은 오히려 진보적인 것이다. 여성의 현실을 엄밀하게 탐구하는 것은 성적 편견이 있는 문화에서 왜곡을 수정하는 데 필요한 단계다. 우리가 보편적 문화에 관해 진지하게 이야기하기 시작할 수 있는 것은 우리의 세계관에 달의 어두운 면the dark side of the moon**을 통합시킨 후에만 가능해질 것이다.

*

그러므로 모든 문화는 정도는 다르지만 성적 양극화sexual polarization에 의해 타락되었다. 우리는 다음과 같이 타락의 다양한 형태를 요약할 수 있다.

1) 남성 저항예술

남성 현실(그것이 현실 자체를 구성하는 것이 당연하다고 여겨지는 것에 반대되는)을 자기의식적으로 찬양하는 예술은 최근에 발전한 것이다. 나는 이것을 엄격한 성 역할을 처음으로 완화시키는 데 포함된 남성 우월성의 위협에 대한 직접적인 반응이라

*Anne Sexton: 1928-1974. 강렬하게 감정에 호소하는 자전적인 고백시를 썼으며 성, 죄의식, 자살 등 당시 금기시되었던 소재들을 집중적으로 다루고 있다. 그녀는 종종 여성의 관점에서 본 임신, 여성의 육체, 결혼 등의 여성적인 주제들을 과감하게 노입했다.
**인간의 무의식, 광기, 본능을 의미한다.

고 본다. 그러한 예술은 정의상 반동적이다. 이러한 예술이 그들이 살고 있고 느끼고 있는 것을 가장 잘 표현한다고 느끼는 남성들에게 나는 인격을 대대적으로 점검할 것을 권한다.

2) 남성의 시각

이 예술은 포괄적인 세계관을 이루는 것에 실패하는데 그 이유는 남성 현실은 현실이 아니라 절반의 현실임을 인식하지 않기 때문이다. 그러므로 이성異性과 이성의 행동(절반의 인간성humanity)에 대한 묘사는 허위다. 예술가 자신은 여성의 동기를 이해하지 못한다. 앞서 인용된 허버트 골드의 소설에서처럼, 때때로 여성 등장인물은 만일 작가가 적어도 그들의 행동이 **어떻게—왜**에 관해서는 아니라도—그런지에 충실하면 성공적일 수 있다.

　잘 알려진 예를 들어보겠다. 프랑수아 트뤼포François Roland Truffaut 감독의 영화 '줄 앤 짐Jules and Jim'에서 카트린의 성격은 현실생활에서 가져온 것이다. 주변에는 그러한 요부들과 팜므파탈femmes fatales이 많은데, 현실에서 그들은 자신들의 무력함을 받아들이는 것을 거부하는 여성들에 불과하다. 평등에 관한 환상을 유지하고 남성들에 대한 간접적 힘을 얻기 위하여, 카트린은 '신비'(스핑크스sphinx), 예측불가능(센 강에 뛰어들기), 그리고 간계(그를 계속 애타게 하려고 신비의 남자들과 잠자리하기)를 이용해야만 한다. 결국 모든 여성들이 그렇게 되고 말듯이 그녀가 이 비합법적인 권력마저 상실할 때, 그녀의 자존심은 패배를 인정하지 않는다. 그녀는 감히 그녀로부터 도망치려 했던 남자를 자신과 더불어 죽이는 것이다. 그러나 여기에서도, 정확하게 그려진 예술에서조차, 남성의 편견이 드러난다. 감독은 그 이면에 무엇이 있는지를

찾아내려고 캐묻지 않고 신비의 여성이라는 신화에 동의하고 있
는 것이다. 더욱이 그는 알기를 원하지도 않는다. 그는 그것을 에
로티시즘의 원천으로 이용한다. 우리가 카트린에게서 얻는 심상
은 오직 베일을 통해서만 나온다.

3) (개인적으로 개발된) 양성적 정신androgynous mentality

개별 예술가가 성적 제한을 극복한 때조차 그의 예술은 성의 분
열cleavage에 의해 추악해진 현실을 폭로해야만 한다. 다시 간략하
게 영화에서 예를 들어보자. 스웨덴 감독들은 개인적인 성적 편
견으로부터 자유로운 것으로 유명하지만, 그들이 그리는 여성들
은 인간이 첫째이고 여성은 둘째이다. 그러나 리브 울만Liv Ullman
이 연기한 역할들, 예를 들어 남편이 점점 미쳐가는데 성실하
게 동반하는 고상한 아내(베르히만 감독의 '늑대의 시간Hour of the
Wolf'), 혹은 남편의 도덕적 타락에도 그를 사랑하는 아내(베르히
만의 '수치Shame')나, 쇼만Vilgot Sjöman 감독의 '나는 궁금하다(노란
색)I Am Curious(Yellow)'에서 레나 니먼Lena Nyman이 연기한 혼동된 감
수성은 해방된 섹슈얼리티에 대한 묘사가 아니라 성적 정체성과
인간적 정체성 사이에서 여전히 해소되지 않는 갈등에 대한 묘
사다.

4) 여성의 예술

이것은 새로 발달한 것으로 비록 지금까지는 역으로 똑같은 성
적 편견에 대한 잘못이 있다 하더라도 남성의 '예술'과 혼동되어
서는 안 된다. 왜냐하면 이것은 오래된 것을 무감각화시키기보다
는 새로운 의식의 시작을 의미할지도 모르기 때문이다. 다음 10
년 이내에 우리는 이것이 강력한 새로운 예술로 성장하는 것을

볼지도 모른다. 아마도 페미니스트 정치운동과 함께, 또는 그것의 영감을 받아 생겨나서 처음으로 여성들이 살고 있는 현실을 진정성 있게 붙들고 씨름할 것이다.

우리는 또한 현재 예술을 타락시키고 있는 다양한 형태의 성적 편견들을 바로잡기 위하여 그것을 강조하는 페미니스트 비평을 보게 될지도 모른다. 그러나 우리의 세 번째 범주인, 성이 분리된 현실에 대한 인간의 가치만을 반영하는 예술은 유죄이며, 비평은 불완전한 현실을 (정확하게) 묘사한 예술가에게가 아니라, 예술에 의해 폭로된 현실 자체의 기괴함을 향하도록 크게 주의해야 한다.

페미니스트 혁명만이 이러한 문화적 왜곡을 일으키는 성의 분열schism을 완전히 없앨 수 있다. 그때까지 '순수예술'이란 하나의 환상이다. 전체적인 (남성)문화의 타락뿐만 아니라, 여성들이 지금까지 만들어온 진짜가 아닌 예술에도 책임이 있는 환상이다. 모두를 아우르는 문화를 창조하기 위하여 무시되어온 절반의 인간 경험—여성의 경험—을 문화의 본체와 통합하는 것은 첫 단계이자 전제조건일 뿐이다. 그러나 현실의 분열 자체는 진정한 문화적 혁명이 있을 수 있기 전에 타도되어야만 한다.

IX 문화사의 변증법

지금까지 우리는 '문화'를 '문학과 예술' 또는 넓은 의미에서 '인문과학'과 동의어로 다뤄왔다. 이것은 충분히 있을 수 있는 혼돈이지만, 이러한 혼돈은 놀라운 것이다. 왜냐하면 여성은 예술에는 간접적으로나마 관계되었지만, 예술과 마찬가지로 중요한 문화의 절반을 차지하는 과학으로부터는 완전히 배제되어 왔다는 것을 발견하기 때문이다. 적어도 예술 분야에서 이 책의 한 장章 정도를 채우기에 충분할 정도로―간접적으로 영향을 미치고, 자극하거나, 혹은 주제로서, 또는 심지어 가끔은 직접적 참여자로서―여성과 문화의 관계에 관한 재료를 발견할 수는 있었지만, 논의할만한 가치가 있는 여성과 과학의 관계는 거의 발견할 수 없었다. 넓은 의미에서 여성이 모든 (남성)문화 뒤에 존재하는 정서적인 힘이라는 말은 참일 것이다. 그러나 과학자의 인격은 연구에서 제외되어야 한다고 분명하게 요구하는 경험적 방법론을 취하는 현대 과학의 경우까지 포함하여 연장해보자. 그가 쉬는 시간에 여성을 통해서 정서적 욕구를 만족시키는 것은 그를 더 안정적으로 만들고, 따라서 일을 더 꾸준히 하게 할지도 모른다. 그러나 이것은 설득력이 없다.

여성이 과학과 간접적 관계를 가진다는 것이 논란의 여지가 있다면, 직접적 관계가 없다는 것은 확실하다. 과학 문화에 중대한 방식으로 기여한 한 명의 여성을 발견하는 것조차 조사를 해

야 할 지경이다. 더욱이 과학 분야에서 여성의 상황은 개선되고
있지 않다. 과거의 위대한 포괄적 정신the great comprehensive minds에서
소규모의 실용적인 대학연구팀으로 옮긴 발견의 작업에서조차
도 여성 과학자의 수는 현저하게 적다.[1]

모든 과학적 학문 수준에서 여성의 부재는 너무 흔한 일이기
때문에 많은 (다른 면에서는 지적인) 사람들이 그 이유를 여성
자신의 어떤 결함(논리?)의 탓으로 돌린다. 아니면 여성이 실용
적이고 합리적인 것보다 감정적이고 주관적인 것을 선호한다는
사실에서 찾는다. 그러나 의문은 그렇게 쉽게 떨쳐 버릴 수 없다.
과학에서 여성이 낯선 영역에 있다는 것은 사실이다. 그러나 어
떻게 이러한 상황이 전개되었는가? 왜 '남성의' 정신만을 요구하
는 학문이나 탐구의 분야들이 있는가? 자질을 갖추기 위해서 여
성들은 왜 이질적인 심리를 발달시켜야만 하는가? 언제 그리고
왜 여성은 이러한 유형의 정신으로부터 배제되었나? 어떻게 그리
고 왜 과학은 '객관적'인 것이라고 정의되고 그것에 제한되게 되
었는가?

나는 예술과 인문과학이 성의 이원성에 의해 타락되었을 뿐만
아니라 현대 과학도 그것에 의해 결정되었다고 본다. 더욱이 **문
화는 그 구조 자체에서 양극성을 반영한다.** 스노C. P. Snow*는 문화

---

[1] 나는 최근 동부지역에 있는 최고 수준의 대학 과학학부에서 마련한 여성해
방 워크숍에서 충격을 받았다. 참가한 50명의 여성 중에 한두 명만이 높은 수
준의 연구는 고사하고 연구에 종사하고 있었던 것이다. 다른 사람들은 실험실
의 기술자들, 대학원의 조교들, 고등학교 과학 교사들, 교수 부인들 등이었다.

*Charles Percy Snow: 1905-1980. 영국의 소설가·물리학자·정치가. 『두 문화』에서
과학주의를 제창하여 세계적인 논쟁을 불러일으켰다. 그는 두 문화 사이의 소
통 부재가 단절을 야기한다고 보았다. 그리고 그 원인을 선입관으로 가득 찬 교
육에서 찾았다. 스노는 두 문화 사이의 간극을 이렇게 말한다. "한쪽 극에는
문학적 지식인이 그리고 다른 한쪽 극에는 과학자, 특히 그 대표적 인물로 물리

의 깊은 균열fissure, 즉 인문과학과 자연과학은 서로 이해할 수 없는 것이 되었다는 점점 명백해지는 사실을 주목한 최초의 인물이었다. 르네상스 시대의 보편적 인간은 대단히 한탄할지라도, 전 문화만 증가할 뿐이다. 이러한 것들은 성 이원론the sex dualism에 근거한 오랜 문화적 질병의 현대적 징후들이다. 성의 변증법의 기저를 이루고 있는 이 가설에 따라 문화사를 검토해보자.

I. 문화사의 두 양식

분석을 위하여 우리는 문화를 다음과 같이 정의할 것이다. **문화는 생각할 수 있는 것**the conceivable **을 가능한 것**the possible **으로 실현하려는 인간의 시도이다.** 환경 안에서 자기 자신을 의식하는 것은 인간을 하등동물로부터 구분시키고, 문화를 가능하게 하는 유일한 동물이 되게 한다. 그의 최고의 능력인 이러한 의식은 그로 하여금 그 순간에는 존재하지 않는 정신적 상태를 투사하게 한다. 과거와 미래를 구성할 수 있기 때문에 그는 시간의 창조자 —역사가 그리고 예언자—가 된다. 더구나 그는 현실세계에 결코 실존하지 않았고, 결코 실존하지 않을지도 모를 대상들과 존재의 상태들을 상상할 수 있다. 그는 예술의 조물주가 되는 것이다. 예를 들어 고대 그리스인들은 나는 방법은 몰랐지만, 그것을 상상할 수는 있었다. 이카로스Icarus*의 신화는 '나는flying' 상태의 개

학자가 있다. 그리고 이 양자 사이는 몰이해, 때로는(특히 젊은이들 사이에는) 적의와 혐오로 틈이 크게 갈라지고 있다. 그러나 그보다 더한 것은 도무지 서로를 이해하려 들지 않는다는 점이다. 이상하게도 그들은 상대방에 대해서 왜곡된 이미지를 가지고 있다. 그들의 태도는 아주 딴판인데 심지어 정서적인 차원에서도 별반 공통점을 찾을 수 없다.'

*최고의 신축가이자 발명가인 나이날로스Daedalus의 아들로, 아버지와 함께 밀랍(白蠟)으로 만든 날개를 달고 미궁을 탈출하다가 태양에 너무 접근하는 바

념에 관한 환상에서 형성된 것이었다.

그러나 인간은 생각할 수 있는 것을 환상으로 투사할 수 있을 뿐만 아니라, 그것을 현실적으로 이용하는 것도 배웠다. 그 현실과 그것을 다루는 방법에 관해 지식을 축적하고 배워 경험을 함으로써, 취향에 맞게 그것을 형상화할 수 있었다. 환경을 통제하는 기술의 축적, 즉 테크놀로지는 생각할 수 있는 것을 가능한 것으로 실현한다는 동일한 목표에 이르는 또 다른 수단이다. 그러므로 기원전 시대의 인간이 신화나 환상의 마술 융단 위에서 날 수 있었다면, 20세기의 인간은 실제적 기술의 축적인 테크놀로지로 현실에서 날 수 있게 되었다. 그는 비행기를 발명해낸 것이다. 다른 예를 보자. 성서 속 전설에서, 사막에서 40년 동안 발이 묶여 오도 가도 못했던 농민인 유대인은 신으로부터 어떤 빛깔, 어떤 질감texture, 어떤 맛의 음식으로든 마음대로 변형시킬 수 있는 만나Manna*라는 기적의 물질을 하사받았다. 현대의 식품 가공, 특히 '녹색혁명'은 완전히 인공적인 식품 생산을 곧 창조할 것이다. 어쩌면 만나와 같이 카멜레온의 속성을 가진 식품도 생산할 것이다.

다시 고대의 전설을 보면, 인간은 혼합된 종mixed species, 예를 들어 켄타우로스centaur**나 일각수unicorn*** 또는 인간의 동물 출산 같은 잡종출산hybrid births 또는 처녀출산virgin birth을 상상했다. 현재

람에 날개가 녹아 바다에 떨어져 죽었다. 이카로스에 관한 일화는 고대 로마의 시인 오비디우스의 『변신이야기』를 통해 전해진다. 시인의 표현대로 '자연의 법칙을 거슬러' 하늘을 날고자 한 부자의 이야기는 후대의 많은 문학가와 미술가들의 상상력을 자극했다.

*'이것이 무엇이냐?'는 뜻. 이스라엘 백성이 40년 동안 광야를 방랑하고 있을 때 여호와가 내려 주었다고 하는 양식.

**그리스 신화에 나오는 반인반마의 괴물.

***뿔이 하나 달린 전설상의 동물.

의 생물학적 혁명은, 생식과정에 관한 증가하는 지식으로 이제는—최초의 조잡한 단계이긴 하지만—이러한 '괴물들'을 현실에서 창조할 수 있게 되었다. 브라우니Brownies*와 꼬마요정들, 중세의 유대인 구비 설화인 골렘the Golem**, 메리 셸리Mary Shelley가 『프랑켄슈타인Frankenstein』에서 만들어낸 괴물들은 그것에 대응하는 테크놀로지의 통찰력을 수세기 앞서간 상상력의 산물들이었다. 다른 많은 환상의 구성물들—유령들, 정신적 텔레파시, 므두셀라Methuselah***의 나이—은 현대 과학이 실현하도록 남겨져 있다.

관념적이고 과학적인 이 두 가지의 서로 다른 반응들은 단지 동시에 존재하기만 하는 것은 아니다. 둘 사이에는 교류가 있다. 상상의 구성물은 때로 과학기술의 전문지식이 '퍼질 때까지' 발달하지 않기도 하지만, 보통은 테크놀로지를 앞서간다. 예를 들어 공상과학 소설은 대부분 겨우 반세기 앞서서 발달했고, 이제는 그것을 현실로 변형하는 과학혁명과 공존하고 있다. (무해한 것으로) 예로 들자면 달로의 비행이 그렇다. '출구way out', '저 멀

*잉글랜드나 스코틀랜드의 민가에 산다는 요정의 일종. 어린아이 정도의 크기. 사람 눈에 띄는 것을 싫어해서 보통 때는 모습을 보이지 않지만 집 안에 끝내지 못한 일(청소나 세탁 등)이 있으면 밤중에 나타나서 치워준다고 한다. 사례는 한 컵의 우유나 꿀 바른 빵 한 조각으로 충분하다. 다만 사례를 잊어버리면 기분 나빠하며 집안을 엉망으로 만들거나, 밤중에 집 안 사람들을 꼬집기도 한다.
**특별한 능력을 갖춘 유대 법률학자가 만들어낸 움직이는 흙인형. 진흙과 물을 사용하여 흙인형을 만들어서, 신의 이름을 적은 종이 한 장을 혀 밑에 끼워넣으니까 움직이기 시작했다고 한다. 혼이 없고 말도 하지 못하지만, 인간의 언어를 이해하고 명령에 따라 움직인다. 입안에서 종이를 빼내면 움직임을 멈추고 휴식을 취한다. 깜박 잊고 종이를 빼내지 않으면 거칠어지기도 한다. 신은 흙에서 아담을 만들었는데, 아직 혼을 불어넣기 전의 아담이야말로 세계 최초의 골렘이었다고 한다.
***"대확장" 혹은 "창을 던지는 사람"이라는 뜻으로 구약시대의 족장이다. 「창세기」 5장 27절에 969세까지 살았다고 기록되어 있는, 성경에 나타난 인물 중 가장 오래 산 인물이다.

리far out', '멍한spaced'과 같은 구절이나 '공상과학 소설에 나오는 것 같다'는 논평은 공통의 언어가 되었다. 심미적 반응aesthetic response에서는 그것이 언제나 앞서 발달하고, 따라서 다른 시대의 산물이기 때문에, 그것의 실현은 세상을 놀라게 하거나 비현실적인 태도unrealistic cast를 취하게 할지도 모른다. 예를 들어 제너럴일렉트릭General Electric 사의 인공두뇌를 가진 기계cybernetic anthropomorphic machines인 핸디맨Handyman에 반대되는 프랑켄슈타인의 괴물과 같이 말이다.(예술가는 그의 통찰이 현실에서 실현될 수 있을지 결코 미리 알 수 없다.)

문화란 그것을 통해서 정신이 현실의 제약성과 우연성을 초월하려고 시도하는 두 양식 간의 역학이고 두 양식의 총합이다. 이러한 두 종류의 문화적 반응들은, 생각할 수 있는 것을 가능한 것으로 실현하려는 동일한 목적을 성취하기 위한 서로 다른 방법들을 수반한다. 첫 번째 반응[2]에서, 개인은 그 자신의 가능성을 정의하고 창조하기 위하여 현실로부터 도피함으로써 주어진 현실의 한계를 부정한다. 어떤 방식으로든 객관화된 상상력의 영역에서―어떤 인위적 경계(사각형의 캔버스) 안에서 시각적 이미지들의 전개를 통해서든, 언어적 상징(시poetry)을 통해 투사된 시각적 이미지들을 통해서든, 차례로 배열된 소리(음악)로든, 또는 점진적으로 진보하는 언어적 관념(신학, 철학)으로든―그는 이상세계를 창조한다. 이상세계는 그 자신이 인위적으로 부과한 질서와 조화에 의해 지배받는데, 그것은 그가 의식적으로 각 부분을 전체와 연결시키는 구조로 정적靜的(그러므로 '시간을 초월한')

[2] 이상적인 양식은 마르크스와 엥겔스가 저항했던 것에 반하는, 대략 초역사적이고 비유물론적인 '형이상학적' 사고 양식과 상응하는 것이다.

구성물이다. 그가 그의 창조물을 현실로부터 추상해내는 정도는
중요하지 않다. 그 이유는 그가 모방할 때조차 그는 그 자신의—
아마도 감추어진—일련의 인위적 법칙이 지배하는 환상을 창조
하기 때문이다.(드가Edgar De Gas는 예술가는 진실을 말하기 위하
여 거짓말을 해야 한다고 말했다.) 인위적인 수단에 의해 실현된
이상에의 추구를 우리는 미학 양식the Aesthetic Mode이라 부를 것이
다.

　문화적 반응에 대한 두 번째 종류에서, 현실의 우연성은 현실
적 대안의 창조를 통해서가 아니라, 현실의 작용에 대한 지배력
을 통해서 극복된다. 자연의 법칙은 폭로되고, 인간의 개념과 일
치시키기 위해서 자연을 거역하게 된다. 독이 있으면 인간은 해
독제가 있으리라고 가정하고, 병이 있으면 치유책을 탐구한다.
자연에 관한 모든 사실은 자연을 변형하기 위하여 사용될 수 있
다고 이해된다. 그러나 그러한 과정을 통해서 이상을 성취하는
것은 너무 오랜 시간이 걸리고, 특히 지식의 초기 단계에서는 대
단히 고통스럽다. 왜냐하면 그것을 철저하게 통제할 수 있기 전
에 자연이라는 광대하고 복잡한 기계를 완전하게 이해해야 하기
때문이다. 그리고 거기에는 언제나 새롭고 예기치 않은 복잡한
층들이 있게 마련이다. 예를 들어 죽음과 같은 인간조건의 가장
심층적인 우연성에 관한 해결책을 발견하기 전에, 성장과 쇠락에
관한 자연의 과정들과 큰 법칙과 연관된 작은 법칙들이 분류되
어야만 한다. (마르크스와 엥겔스도 역사적 유물론에서 시도했
던) 이런 과학적 방법은 자연의 역학에 관한 완전한 이해를 통해
자연을 지배하려는 인간의 시도이다. 현실 자체로부터 추론된 정
보의 응용을 통해 현실을 인간의 개념화된 이상에 따라 두록 유

도하는 것을 우리는 테크놀로지 양식the Technological Mode이라 부를
것이다.

우리는 문화를 인간이 주어진 환경의 제한 속에서 정신적 능
력의 유연성에 의해 생긴 긴장을 해소할 수 있는 것을 통한 두 상
이한 양식 간의 변증법인 총합이라고 정의했다. 이 두 개의 상이
한 문화적 양식과 두 개의 성이 각각 일치하는 것은 틀림없는 사
실이다. 우리는 문화를 직접 창조하는 소수의 여성들이 어떻게
미학 양식의 학문에 끌렸는지를 주목했다. 거기에는 그럴듯한 이
유가 있다. 즉 미학적 반응aesthetic response은 '여성의' 행동과 부합하
는 것이다. 동일한 용어들이 한쪽에 적용될 수 있다. 즉, 주관적
이고, 직관적이며, 내성적이고, 갈망하고, 공상적 혹은 환상적이
며, 잠재의식(원본능)과 관련되어, 감정적이며, 까다롭기까지 하
다(신경증적이다). 이에 상응하여, 기술적 반응technological response은
남성의 반응이다. 그것은 객관적이고, 논리적이며, 외향적이고,
현실적이고, 의식(자아)과 관련되어, 합리적이고, 기계적이며, 실
용적이고, 실제적이고, 안정되어 있다. 그러므로 미학적 반응은
여성에게 할당되었던 심리적 영역의 절반을 문화적으로 재창조
한 것인 반면, 기술적 반응은 절반의 남성들이 문화적으로 확대
한 것이다.

우리가 생식을 위한 성의 생물학적 분화가 모든 계급분화를
낳게 하는 근본적인 '자연적' 이원성으로 가정했던 것과 마찬가
지로, 이제 우리는 성의 분화를 기본적인 문화적 분화의 뿌리로
가정한다. 두 문화적 반응들—'남성의' 테크놀로지 양식과 '여성
의' 미학 양식—간의 상호작용은 성의 변증법을 또 다른 차원으
로 재창조한다. 즉 그것의 상부구조인 카스트제도와 경제적 계

급의 변증법이 재창조되는 것과 같다. 그리고 분화된 성적, 인종적, 경제적 계급의 통합이 각각 성적, 인종적 또는 경제적 혁명의 전제조건인 것과 마찬가지로, 미학 문화와 테크놀로지 문화의 통합은 문화적 혁명의 전제조건이다. 그리고 성적, 인종적, 경제적 혁명의 목표가 계급의 불균형을 단지 평등화하는 것이라기보다는 계급의 범주에 대한 완전한 제거인 것과 마찬가지로, 문화적 혁명의 최종결과는, 문화의 두 주류의 단순한 통합이 아니라 문화적 범주의 완전한 제거, 즉 우리가 알고 있는 문화 자체를 제거하는 것이어야만 한다. 그러나 이 궁극적인 문화적 혁명 혹은 우리 시대의 문화적 분화 상태를 논의하기 전에 어떻게 성의 변증법의 세 번째 차원—테크놀로지 양식과 미학 양식 간의 상호작용—이 문화사의 흐름을 결정하도록 작용했는지 살펴보자.

*

처음에 테크놀로지에 관한 지식은 느리게 축적되었다. 점차 인간은 가장 날 것의 환경을 통제하는 법을 배웠다. 그는 도구를 발견했고 불을 조절하는 법과 바퀴, 무기 및 쟁기를 만들기 위한 광석 제련술을 발견했고 마침내 문자까지 발명했지만 이러한 발견들은 흔치 않았고 그것들을 착수시키는 체계적인 방법이 없었다. 그러나 결국 그는 법적·정치적·사회적·경제적 제도들의 전체 체계를 세우기에 충분한 실용적 지식들—예를 들어 의술이나 건축술—을 모았다. 원시적인 수렵 유목민으로부터 발달한 문명은 농업사회로, 그리고 마침내는 진보의 단계를 거쳐 봉건주의, 자본주의, 그리고 사회주의로의 첫 시도를 했다.

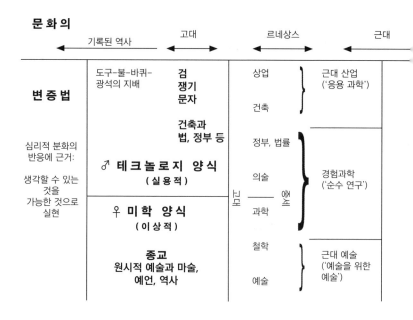

문 화 의

그러나 이 기간 내내 이상세계를 그려보는 인간의 능력은 그
것을 창조하는 능력보다 훨씬 앞서 있었다. 고대문명의 으뜸가는
문화적 형태들—종교와 그것의 분파들, 신화, 전설, 원시적인 예
술과 마술, 예언과 역사—은 미학 양식에 있었다. 그들은 아직 신
비스럽고 혼돈 상태인 우주에 인위적이고 상상적인 질서만을 부
여하였다. 원시적인 과학이론조차도 나중에 경험적으로 실현될
시적 은유일 뿐이었다. 현대 과학의 선구자인 고대의 고전적 과
학과 철학, 수학은—물질적인 법칙과는 상관없이 외부와 단절된
상태에서 순전한 상상력의 기량으로—나중에 증명된 것들의 대
부분을 예측했다. 데모크리토스^{Democritus}의 원자와 루크레티우스
^{Lucretius}의 '물질'은 현대 과학의 발견을 수천 년 앞서는 전조가 되
었다. 그러나 그것들은 단지 가상적인 미학 양식의 영역 안에서

혁명기	이행기	궁극의 목표

문화적 범주의 붕괴

과학적 진전

문화 학문

예술과 현실의 통합

'문화'의 소멸

생각할 수 있는 것의 현실에서의 현실에서의

문화사의 패종점

만 실현되었다.

중세의 유대-기독교 유산은 이교도 문화와 동화되어, 중세 종교 예술과 토마스 아퀴나스Thomas Aquinas와 스콜라학파의 형이상학을 만들어냈다. 그리스의 알렉산드리아 시기(B.C. 3세기부터 A.D. 7세기까지)의 결과물인 아랍의 과학은 동시에 기하학, 천문학, 생리학, 수학—후에 경험주의에 필수적인 집계분석—과 같은 분야에 상당한 지식을 축적했지만, 그들 간에는 교류가 거의 없었다. 연금술, 점성술, 중세 의술의 '체액humours'*과 함께 서구 과학은 여전히 '유사과학' 단계에 있었거나 우리의 정의에 의하면 여전히 미학 양식에 따라 작동하고 있었다. 고대와 기독교적 유

*중세에는 다혈질, 점액질, 담즙질, 우울질로 배합된 네 가지 체액으로 기질이 설정된다고 생각했다. 인체를 이루는 네 가지 체액에서 불균형이 발생하면 질병을 초래한다는 것이 4체액설이다.

산으로 구성된 중세의 미학 문화는 드디어 르네상스 시대의 휴머니즘이 되었다.

르네상스 시대까지 문화는 미학 양식 안에서 발생했는데, 그 이유는 그 이전까지의 테크놀로지가 매우 원시적이고 과학적 지식의 본체가 너무 불완전했기 때문이다. 성의 변증법적 측면에서 문화사의 이 오랜 단계는 문명의 모권적 단계에 대응한다. 여전히—어둡고, 신비스럽고, 제어할 수 없는—불가해한 자연에 대한 경외심에 빠져있는 여성 원리는The Female Principle* 인간 자신에 의해 격상되고 군림한다. 교양인들은 그것에 경의를 표하는 옹호자들이었다. 르네상스 시대까지 그리고 그 시대를 통틀어 **모든** 교양인은 이상적인 미학 양식의 실천가들이었고, 따라서 어떤 의미에서는 예술가들이었다. 문화적 휴머니즘의 정점인 르네상스는 미학적(여성적) 양식의 황금시대였다.

그리고 또한 미학 양식의 종말이 시작된 때이기도 하다. 16세기에 이르러 문화는 성의 변증법the sex dialectic적인 면에서는 모권제에서 부권제로 옮겨가고, 계급적 변증법the class dialectic에서는 봉건주의의 쇠퇴에 상응하는 심대한 변화를 겪었다. 이것은 근대 (경험적) 과학의 창조에서 미학 문화와 테크놀로지 문화가 처음으로 통합된 것이었다.

*이제까지 사회·문화·사상 등을 움직이는 원리로서 생각되고 있던 것이 권력·논리·이성·폭력 등과 같은 남성적인 원리였던 것에 대하여, 여성적인 것을 그 중심에 두려는 견해이다. 현대에 있어서 여성원리 이론 가운데 가장 큰 영향을 미치는 것이 융이 분석심리학에서 말하는 아니마Anima이다. 아니마는 남성적인 것인 아니무스Animus에 대응하는 여성원리인데, 융은 그것이 남성의 무의식 속에도 존재한다고 생각하였다. 즉, 융은 여성원리라고 해도 남성원리와 서로 동떨어진 것이 아니라고 보았다. 현재에는 여성원리의 문제는 단지 그 중요성을 주장하는 데 그치는 것이 아니라, 여성원리와 남성원리와의 상호작용의 문제로 옮겨가고 있다.

르네상스 시대에는 아리스토텔레스적 스콜라사상 체계의 댐에 첫 균열이 생겼다는 것이 이미 분명해졌지만 여전히 강력했다. 프랜시스 베이컨Francis Bacon이 처음으로 과학을 '인간의 힘과 위대함의 한계를 더 넓게 확장하는 데' 이용하자고 제안할 때까지, 두 양식의 결합은 성사되지 못했었다. 베이컨과 로크John Locke는 삶을 이해하려는 시도인 철학을 현실세계와 격리된 추상적 이론(형이상학, 윤리학, 신학, 미학, 논리학)으로부터 증명과 실증(경험과학)을 통해 자연의 **진정한** 법칙을 알아내는 것으로 변형시켰다.

프랜시스 베이컨에 의해 제기된 경험적 방법에서의 통찰력과 상상력은 탐구의 최초 단계에서만 이용되어야 했다. 잠정적인 가설은 사실로부터 귀납적으로 형성되었고, 결과는 논리적으로 연역되었으며 그들 사이에 일관성이 있는지, 일차적인 사실과 **추가** ad hoc* 실험의 결과가 일치하는지 확인되었다. 가설은 모든 실험을 통과한 뒤라야만 이론으로 받아들여졌고, 적어도 반증될 때까지 높은 확률로 현상을 예측할 수 있는 이론으로 남아 있었다.

경험주의적 견해는 모든 가능한 관찰과 실험을 이런 방식으로 기록하고 도식화함으로써, 자연의 질서가 자동적으로 나타날 것이라고 간주했다. 처음에는 '왜'라는 의문이 '어떻게'라는 의문만큼 자주 제기되었지만 정보가 축적되기 시작한 후에는 개개의 발견이 최후의 조각그림 맞추기를 완성하기 위한 기반이 되면서

*과학철학에서는 기존의 학설에 배치되는 결정적 증거가 나왔을 때, 기존 학설을 땜질하기 위해 추가되는 가설을 애드혹 가설이라고 한다. 토리첼리가 기압과 진공의 존재를 실험으로 증명했을 때 진공 반대론자들이 기압계 속의 수은이 "눈에 보이지 않는 탯줄"에 의해 매달려 있는 것이라고 주장한 것, 라부아지에가 플로지스톤의 존재를 부정했을 때 플로지스톤설에 집착한 학자들이 "플로지스톤은 마이너스 무게를 끼고고 있어"고 주장한 것이 대표적인 애드혹 가설이다.

사변적이고 직관적이고 상상적인 것은 점점 가치가 덜해지게 되었다. 초기 토대가 케플러Johannes Kepler, 갈릴레오Galileo Galilei, 뉴턴 Isaac Newton과 같은 위상 있는 사람들에 의해 구축되자, 여전히 '미학적' 과학 전통에 영향을 받은 사상가들과 수백 명의 익명의 기술자들이 공백을 채우기 위해 움직일 수 있었다. 그것은 르네상스 시대에 미학 양식이 했던 것처럼 우리 시대의 테크놀로지 양식, 즉 과학의 황금시대의 여명으로 이끌었다.

II. 오늘날의 두 문화

1970년인 지금, 우리는 과학의 획기적인 진전을 경험하고 있다. 새로운 물리학인 상대성이론과 현대 과학의 천체물리학 이론은 이미 20세기 초반부에 실현되었다. 이제 그 후반부에서 우리는 전자현미경과 같은 새로운 도구들의 도움으로 생물학, 생화학 그리고 모든 생명과학에서 비슷한 성취에 도달하고 있다. 미국 전역에 흩어져 있는 소규모의 연구팀들과 다른 나라들에서 매년 중요한 발견이 이루어지고 있다. 유전학에서 DNA의 규모, 50년대 초반에 이루어진 생명의 기원에 관한 유리*와 밀러**의 업적

*Harold Urey: 1893-1981. 미국의 물리화학자. 1931년 처음으로 중수(重水)를 분리시키고 수소의 동위원소인 중수소(重水素)를 발견하였다. 이 업적으로 1934년 노벨화학상을 수상하였다. 제2차 세계대전 후에는 세계평화와 국제간의 이해를 촉진하는 원자과학자의 운동을 추진하였다.
**Stanley Miller: 1930-2007. 미국의 화학자, 생물학자. 생명의 기원에 관한 연구에서 무기물에서 유기물을 합성하는 실험을 통해 원시지구에서 생명탄생의 가능성을 증명하였다. 그는 실험에서 암모니아와 수증기 등 원시지구에 다량 존재했던 기체들에 전기 방전을 가하면 유기물이 합성되며, 이 유기물들이 생명체의 존재 없이도 합성 가능하다는 사실을 실험적으로 증명하였다.
밀러-유리 실험Miller-Urey experiment은 초기 지구의 가상적인 환경을 실험실에서 만들어, 그 조건에서 화학적 진화chemical evolution가 일어나는지를 알아보는 실험이다. 이 실험은 생명의 근원에 관한 고전적인 실험으로 여겨진다.

이 그 예이다. 생식과정에 대한 완전한 지배가 목전에 있고, 삶과 죽음의 기본적인 과정을 이해하는 데 중요한 진전이 있었다. 노화와 성장, 수면과 동면의 본질, 뇌의 화학적 기능, 그리고 의식과 기억의 발달이 총체적으로 이해되기 시작하고 있다. 이런 가속화는 경험주의의 목표인 자연법칙을 완전히 이해하는 것을 성취하는 일이 얼마나 오래 걸리든지 간에 또 다른 세기를 위하여 계속될 것이다.

겨우 수백 년 동안 구체적인 지식이 이렇게 놀랍게 축적된 것은 철학이 미학 양식으로부터 테크놀로지 양식으로 전환한 것의 산물이다. 미학 양식에서의 과학인 '순수' 과학과 순수 기술의 결합은, 이전의 수천 년의 역사 속에서 이루어진 것보다—생각할 수 있는 것을 실제로 실현하는—테크놀로지의 목표를 향한 더 큰 진보를 가져왔다.

경험주의 자체는 테크놀로지의 궁극적인 문화적 목표인 현실 세계에서의 이상 구축을 성취하는 더 빠르고 더 효과적인 수단일 뿐이다. 그것의 기본적인 명령 중 하나는 어떤 결정적인 비교, 분석 또는 발견이 이루어지기 전에 일정량의 자료가 수집되고 범주로 정리되어야만 한다는 것이다. 이렇게 볼 때, 경험과학의 수 세기란 우리 시대와 미래의 획기적인 진보를 위한 토대를 세우는 것에 지나지 않았다. 정보의 축적과 자연의 법칙 및 자연의 기계적 과정을 이해하는 것('순수 탐구')은 더 큰 목적을 위한 수단일 뿐이다. 자연질서에 대한 완전한 이해만이 궁극적으로 초월transcendence을 성취하는 것이다.

문화사의 발전과 목표를 이러한 관점에서 볼 때, 앞서 정치적 혁명의 맥락에서 인용되었던 엥겔스의 최종 목표는 다시 한 번

인용할 가치가 있는 것이 된다.

인간을 둘러싸고 지금까지 인간을 지배해온 삶의 조건들의 전체 영역은 처음으로 진정한 깨어있는 자연의 주인, 그 자신의 사회조직의 주인이 된 인간의 지배와 통제 아래에 놓인다.

경험과학과 문화의 관계는 부권제로의 전환과 성의 변증법과의 관계, 그리고 부르주아 시대와 마르크스주의적 변증법의 관계와 같다. 즉, 혁명에 선행하는 후기 단계이다. 더욱이 세 변증법은 횡적으로뿐만 아니라 종적으로도 서로 완전히 연결되어 있다. 부르주아지로부터 성장한 경험과학(부르주아 시대는 그 자체가 부권제 시기의 단계이다)은 귀족제의 휴머니즘(여성원리, 모권제)을 계승하고, 실제적 지식을 축적하기 위한 경험적 방법의 발달과 함께(자본축적을 위한 근대 산업의 발달) 결국 그 자체를 위협한다. 과학적 발견의 본체(새로운 생산 양식)는 그것을 이용하는 경험적(자본주의적) 양식을 끝내 벗어나야만 한다.

그리고 자본주의의 내적 모순들이 점차 명백해져야 하는 것과 마찬가지로, 순수 지식의 발달에서 예를 들면 원자폭탄처럼 그 자체로 고유한 지점까지 경험과학의 내적 모순들도 명백해져야 한다. 인간이 최종적 실현인 자연의 지배에 대해—자연의 방식들을 도표화하고, '순수' 지식을 모으는—그 수단에만 여전히 종사하는 한, 지식은 완전한 것이 아니기 때문에 위험하다. 너무 위험해서 많은 과학자들은 특정한 종류의 연구를 억제해야 하는 것은 아닌지 걱정한다. 그러나 이 해결책은 절망스럽게도 부적합하다. 경험주의라는 기계는 그 자체의 운동량을 가지고 있으며, 그러한 목적을 위하여는 통제를 완전히 벗어난다. 무엇을 발견해야 할지 말아야 할지를 실제로 결정할 수 있는 사람이 있는가? 그것은 정의상 베이컨Francis Bacon이 정립한 전체 경험주의적 과정과 상반된다. 가장 중요한 많은 발견들은 사실상 실험실 내 사고laboratory accident였는데 우연히 그 발견에 관여하게 된 과학자들은 그것의 사회적 함의를 거의 깨닫지 못했다. 예를 들어 5년 전에 코넬 대학의 F. C. 스튜워드F. C. Steward 교수는 '복제cloning'라 불리는 과정을 발견했다. 하나의 당근 세포를 회전하는 자양분에 투입함으로써 그는 동일한 당근 세포들을 다량으로 배양할 수 있었고, 그것으로부터 마침내 똑같은 당근을 재창조했다. 좀 더 발달된 동물세포를 위한 유사한 과정에 관한 이해는, 만약 그것이 발설된다면—'의식을 확장시키는mind-expanding' 약물 실험이 그랬던 것과 마찬가지로—엄청난 영향을 가져올 것이다. 아니면 또, 진딧물에 의해 행해지는 단성생식, 처녀생식이 실제로 인간생식에 적용되는 것을 상상해 보라.

또 다른 경험과학의 내적 모순은 기계적이고 결정론적이고 '혼이 없는' 과학적 세계관이라는 것이다. 그것은 경험주의의 (본질적으로 숭고하고 자주 망각되는) 궁극적 목적, 즉 이상의 현실적 실현이라기보다는 그 목적에 대한 수단의 결과이다.

문화적 기술자와 다름없게 되어버린 과학자 자신이 치르는 인간성의 대가는 특히 크다. 역설적이게도 우주에 대한 지식을 제대로 축적하기 위해서는 포괄적이고 통합된 것과는 정반대되는 정신상태를 필요로 한다. 결국 개별 과학자의 노력은 인간의 이익을 위한 환경 지배로 이끌 수는 있지만, 잠정적으로 경험주의저 방법은 실무자들이 '개관적'이고 기계저이고 지나치게 정밀화게 될 것을 요구한다. 단지 모르모트^{guinea pig}에 불과한 실험대상에 아무런 느낌도 가지지 않는 흰 가운을 입은 지킬 박사에 관한 대중적 이미지는 전적으로 잘못된 것은 아니다. 과학자의 작업에는 감정의 여지가 없다. 과학자는 직업적 위험요소라고 할 정도로 감정을 제거하고 격리하도록 강제된다. 기껏해야 그는 직업을 개인적 자아로부터 분리하고, 서로 영향을 주지 않도록 감정을 구분함으로써 문제를 해결할 수 있다. 과학자들은 흔히 예술에 관해서 상아탑적인 조예가 깊기도 하지만—어쨌든 이러한 과학자들은 과학에 정통한 예술가들보다 더 많다—일반적으로 직접적인 감정을 건드리지 못하거나, 아니면 기껏해야 감정적으로 분열되어 있다. 그의 '사적' 생활과 '공적' 생활은 제대로 안 돌아간다. 인격이 제대로 통합되어 있지 않기 때문에 그는 놀랍게도 관습적일 수 있다.("여보, 오늘 실험실에서 사람을 복제하는 방법을 발견했어. 이제 아스펜^{Aspen}으로 스키 타러 갈 수 있어.") 그는 관습적인 삶, 심지어 예배보러 가는 것조차도 모순을 느끼지 않는다. 그 이유는 현대 과학의 놀라운 내용을 일상생활과 통합시키지 않기 때문이다. 종종 그의 발견이 오용되는 경우에 그는 오랫동안 잃어버렸던 그 관계에 관해 생각해본다.

과학적 악덕들의 목록은 익숙하다. 그것은 일반적으로 '남성'의 악덕들의 목록을 복제하고 과장하는 것이다. 이것은 예상된 것이다. 테크놀로지의 양식이 남성원리로부터 발전한다면, 그것을 실천하는 사람들은 남성 인격의 왜곡을 극단까지 발전시킨다. 그러나 궁극적인 문화혁명으로 마무리 지어질 과학은 잠시 놔두고, 엄밀한 의미의 미학 문화에는 어떤 일들이 일어났는지를 보도록 하자.

'순수' 과학을 포함하는 가장 폭넓은 고전적인 의미에서 철학의 결함과 더불어 미학 문화는 점점 좁아지고 내향적이 되어 우리가 지금 알고 있는 정제된 의미에서의 예술과 인문과학으로 환원되었다. 예술(이후 언급하는 '교양[자유학문]liberal arts'은 특히 예술과 문학arts and letters을 지칭한다)은 바로 그 정의상 현실세계로부터 제거된 이상에의 탐구였다. 그러나 원시시대에는 종교의 시녀로서 공동의 꿈을 명확하게 하여, 예를 들어 이집트의 무덤 예술처럼 공통된 환상의 '다른' 세계들을 객관화시킴으로써 예술을 설명하고 해명한다. 따라서 현실세계로부터 제거돼 있을지라도, 예술은 중요한 사회적 기능을 제공했다. 그것은 현실에서 아직 실현될 수 없는 사회적 소망을 인위적으로 충족시켰다. 비록 교양을 갖춘 귀족들에 의해서만 보호되었고 지지되었지만, 삶에서 결코 격리되지는 않았다. 그 당시의 사회는 모든 실제적인 목적을 위해 그것이 제정일치제든 군주제든 귀족제든 지배계급과 같은 것을 의미했기 때문이다. 대중들은 '사회'에서 정당한 인간성humanity의 한 부분으로 전혀 여겨지지 않았다. 그들은 소수의 교양있는 계급이 노동 없이 자신들을 유지시킬 수 있게 하는 인간 동물, 게으름뱅이, 농노에 불과한 노예들이었다.

새로운 중산계급인 부르주아지가 점차 귀족계급을 밀어내는 것은 미학 문화의 점진적 쇠퇴를 의미했다. 우리는 자본주의가 부권제의 최악의 속성들을 강화시켰음을 보았다. 예를 들어 과거의 크고 느슨한 가족에서 출현한 핵가족이 어떻게 전보다 더 속속들이 여성과 아이들을 억압하면서 약화하는 성적 계급제도를 강화했는지를 보았다. 이 새로운 몹시 가부장적인 부르주아지가 애호한 문화 양식은 여성적이고, 내세적이며, '낭만적 이상주의적인' 미학 양식이 아니라 객관적이고, 현실적이며, 사실적이고, '상식적인', '남성의' 테크놀로지 양식이었다. 이상을 현실에서 추구하는 부르주아지는 앞서 서술한 경험과학을 이내 발전시켰다. 그들에게 미학 문화의 남아있는 용도란 고대의 고전적인 '이상주의적' 예술 혹은 원시시대나 중세의 추상적 종교예술에 대립하는 '사실주의적' 예술에 한한 것이었다. 한동안 그들은—19세기 소설이 좋은 예로—현실을 묘사하는 문학과 정물화, 초상화, 가족 풍경, 실내를 그린 장식적인 미술에 관심을 가졌다. 공공박물관과 도서관들은 오래된 살롱과 개인 소유의 화랑 옆에 건축되었다. 그리고 안정되고 일차적인 계급으로 자리 잡은 부르주아지는 더 이상 귀족적인 양식을 모방할 필요가 없어졌다. 더 중요한 것은 새로운 과학기술의 급속한 발전과 함께 그들이 예술에 대해 가져왔던 실용적 가치가 빛을 잃게 되었다는 것이다. 카메라의 과학적 발전이 이루어지자 부르주아지는 이내 초상화 화가들이 필요 없어졌다. 화가나 소설가들이 그들을 위해 할 수 있었던 얼마 안 되는 일을 카메라가 더 잘할 수 있게 된 것이다.

'근대' 예술이란 사회적 기능이 증발하고 사회적 탯줄이 끊어지고 오래된 보호의 원천이 감소하는 이러한 상처들에 대한 필사적인 그러나 결국은 자멸적인 앙갚음("보수적 부르주아지를 깜짝 놀라게 하자e'pater le bourgeois"*)이었다. 일차적으로 피카소Pablo Picasso와 세잔Paul Cezanne, 20세기의 모든 주요 학파를 포함하는 근대 예술 전통—큐비즘cubism, 구성주의, 미래주의, 표현주의, 초현실주의, 추상적 표현주의 등등—은 근대성의 진정한 표현이라기보다는 부르주아지의 리얼리즘에 대한 반발이다. 후기인상주의

*19세기 전반의 낭만파의 표어.

는 의도적으로 현실을 긍정하는 모든 관습들을 포기했다. 사실상 그 과정은 인상주의 자체에서 시작되었는데, 그것은 환상을 형식적 가치로 분해하는 것으로 현실 전체를 삼켜버리고 그리고 다시 예술로서 내뱉었다. 그것은 결국 예술을 너무도 순수한 예술을 위한 예술, 너무도 완벽하게 현실을 부정하는, 궁극적으로 무의미하고, 메마르고, 터무니없는 것으로 인도했다.("택시 기사들은 교양이 없는 사람들[속물]**이다.** 그들은 사람을 볼 때 겉치레를 알아본다.") '근대' 예술이라 불리는 것, 즉 이미지를 고의로 어지럽히고, 변형시키고, 파열시키는 것은 50년간의 우상을 박살내는 것에 다름아닌 것으로 결국 우리를 문화적 교착 상태로 이끌었다.

20세기에 그 생명력이 고갈되고 사회적 기능이 전적으로 무화되면서 예술은 문화에 대한 취향을 증거로 상층계급에 '도달했음'을 증명할 필요가 있는—특히 미국에서 여전히 문화적 열등감으로 괴로워하고 있는—남아 있는 부유한 계급인 **벼락부자들** nouveaux riches*에게 되돌려진다. 과학자를 제외하고는 대학의 상아탑에 격리된 지식인들은 얼마나 지적으로 뛰어나든지 간에, 더 이상 바깥세상에 영향력을 행사하지 못한다.(그리고 그들은 그럴 필요가 없다. 더 이상 필요한 반응이 없기 때문이다.) 사회과학의 난해하고 그야말로 이해할 수 없는 전문용어들, 소수만 이해하는 시가 실린 배타적인 문학계간지들, 아첨하는 부자-과부의 미용사 같은 사람들에 의해 예술이 대부분 공급되며 그런 사람들이 일하고 있는 57번가의 화려한 화랑들과 박물관들(이것들이 삭스5번가Saks Fifth Avenue 백화점과 본위트텔러Bonwit Teller 백화

*'졸부'라는 어감을 갖는 이 단어는 불어에서 못마땅한 뜻으로 쓰인다.

점* 바로 옆에 있다는 것은 우연이 아니다), 한때는 위대하고 활력 넘치는 문화였던 것의 잔해 위에서 번창하는 탐욕스러운 비평권력. 이 모든 것들이 미학적 휴머니즘의 죽음을 증언한다.

과학이 새로운 정상까지 오르는 동안 예술은 쇠퇴했다. 강제된 동계교배inbreeding는 예술을 암호로 변형시켰다. 정의상 현실도피주의가 된 예술은 자신의 생명을 갉아먹을 정도로 이제 내향적이 되었다. 그것은 병들어서 (테크놀로지 문화의 미래 지향성과 반대로) 신경증적으로 자기연민적이고 자의식적이며 과거에 치중했으며, 아름다움이 만발했던 위대한 지난날들로 기억되는 영광을 몹시 그리워하면서 관습과 대학('아방가르드Avant-Garde'**함에 대한 통설은 가장 최근의 일일 뿐이다)에 매달렸다. 그것은 염세적이고 허무주의적이며, 사회 전반과 '교양 없는(속물적인) 사람'에 점점 더 적대적이 되었다. 그리고 자만심 강한 젊은 과학 군이 연애 중인 연인에게 거짓 약속으로 상아탑—결국은 다락방—에서("당신은 이제 내려올 수 있어, 우리는 매일 세상을 더 살기 좋은 곳으로 만들고 있어") 예술 양에게 구애했을 때, 예술 양은 전보다 더 격렬하게 그와 상대하기를 거부하고, 더욱 그의 타락한 선물들을 받지 않으며 그녀의 백일몽—신고전주의, 낭만주의, 표현주의, 초현실주의, 실존주의—속으로 전보다 더 깊이 후퇴했다.

개별 예술가나 지식인은 그 자신을 보이지 않는 엘리트의 일원인 '식자층'으로 보거나 혹은 사회의 찌꺼기라 여겨지는 사람과는 누구와도 섞이는 부랑자로 보았다. 귀족 연기를 하든, 보헤미

*둘 다 미국의 유명한 고급 백화점이다.
**기성의 예술 관념이나 형식을 부정하고 혁신적 예술을 주장한 예술 운동. 또는 그 유파. 20세기 초에 유럽에서 일어난 다다이즘, 입체파, 미래파, 초현실주의 따위를 통틀어 이른다. 비슷한 말로 전위(前衛), 전위파가 있다.

안 역할을 하든 두 경우 모두 그는 전체 사회의 주변부에 있었다. 예술가는 괴짜가 되었다. 자신을 둘러싼 세계로부터 점차로 소외되는 것—특히 원시적인 단계에서 과학이 창조했던 신세계는 믿을 수 없을 만큼 끔찍한 것이어서, 예술의 이상세계로 도피하고자 하는 욕구를 강화시킬 뿐이었다—과 관객이 없는 것은 예술가를 '천재'의 신화로 인도했다. 기둥 위에 있는 금욕적인 성자 시므온Saint Simeon*처럼, 다락방의 천재는 외부와 단절된 상태에서 걸작을 창조할 것이라 기대되었다. 그러나 바깥세계로 향한 그의 동맥은 끊어졌다. 점점 더 불가능해 보이는 그의 과제는 때로 그를 종종 광기나 자살로 몰아넣었다.

갈 곳 없이 궁지에 몰린 예술가는 근대 세계와 타협하기 시작해야 했다. 그러나 그는 그것에 능숙하지 않았다. 너무 오래 격리된 병자처럼 그는 더 이상 세계에 관해서도, 정치도, 과학도, 살아가는 방법과 사랑하는 방법조차 아무것도 몰랐다. 지금까지, 아니, 바로 지금 이 순간에도, 비록 덜해지긴 하지만, 인격의 왜곡인 승화sublimation**는 칭찬받을 만한 것이었다. 그것은 간접적일지라도 충족감을 성취할 수 있는 유일한 방법이었다. 그러나 예술적 과정은 그 유용성이 거의 다 된 상태였다. 그리고 그것의 대가는 크다.

*5세기 때의 은자로 18미터 높이에 기둥을 세웠다. 세상과 단절한 그는 36년 동안 그 기둥의 꼭대기에 살면서 최소한의 음식과 물만을 줄 끝에 달아 올리게 해 그것으로 연명해나갔다. 이것은 하나님에게 좀 더 가까이 다가가기 위한 노력이었고 동방교회에서 널리 모방하였다.

**원래는 고체가 액화되지 않고 직접 기체로 변화하는 것을 의미하는 화학용어로, 정신분석에 따르면 자기 보존과 종족 보존의 본능은 에로스eros(성애性愛)의 본능이며 이것을 리비도libido라고 부르는데, 그 발현을 직접적인 형태로 나타내지 않고, 사회적·문화적으로 사회가 인정하고 있는 형태로 바꾸어 나타내 그 본능을 만족시키는 것. 예를 들면 에로스의 본능을 연애시(戀愛詩)나 사교댄스 등의 형태로 만족시키는 것이다.

근대 세계에 직면하려는 첫 번째 시도는 대부분 오도되었다. 유명한 예로서 바우하우스Bauhaus*는 부적합한 화판미술을 대치하려는 목적을 이루지 못하고(단지 몇몇의 시각적 환상과 무덤에 세우는 비석 같은 디자인 의자들), 예술도 과학도 아닌, 그리고 그 둘의 총합도 물론 아닌 잡종으로 끝을 냈다. 그들은 과학을 그 자체의 용어로 이해하지 않았기 때문에 실패했다. 그들에게 있어 오래된 미적 방법으로 본다는 것은, 전통적인 미적 체계 안에서 소화될 풍부하고 새로운 주제일 뿐이었다. 그것은 마치 컴퓨터를 기능 그 자체는 완전히 간과한 채, 빛과 소리들이 아름답게 배열된 구조로만 보는 것과 마찬가지이다. 과학적 실험은 아름답고 우아한 구조이고, 추상적 수수께끼의 또 다른 조각이며, 차후의 콜라주collage에 이용될 어떤 것일 뿐만 아니라—그러나 과학자들 역시 과학을 그들 방식으로 생활로부터 분리된 추상으로 본다—근대 회화의 '현존', '즉자en-soi'와 유사하지만 똑같지는 않은 그 자체의 고유한 의미를 가진 것이다. 많은 예술가들은 과학을 그 틀을 확장하는 데 사용하기보다는, 그들 자신의 예술적인 틀 속으로 통합시키고자 과학을 병합하려는 오류를 범했다.

미학 문화의 현재 상태는 암울한가? 아니다. 현대 예술에서 진보적인 발전도 일부 있었다. 우리는 어떻게 미술에서 사실주의적 전통이 카메라와 함께 죽어갔는지를 이야기했다. 수세기에 걸쳐 이 전통은 초기의 사진과 동등했거나 혹은 더 나았던 붓의 일루저니즘illusionism** 수준까지 발달해왔으나—부그로Bouguereau***를

---

*독일 바이마르에 있던 예술 종합학교로 공예와 예술과 기술의 통합을 시도했으며 독특한 디자인 접근 방식으로 유명하다.
**자연주의 예술의 환영성(幻影性)을 의미하는 회화기법. 원근법처럼 그려진

보라—또 다른 그래픽 매체인 동판etching과 같은 것으로만 여겨 졌다. 영화라는 새로운 예술의 시작과 사실주의적 미술 전통은 서로 겹쳐지면서, 카메라를 자신의 작업에 사용했던 드가Degas와 같은 예술가들에게서 절정을 이루었다. 그러더니 사실주의적 예 술은 새로운 길로 나갔다. 그것은 미술 수업에서나 이류 화랑에 오래 걸려있는 나체화처럼 퇴폐적이고, 딱딱하고, 시장성이나 의 미로부터 격리되거나, 아니면 내적이거나 환상적인 실재reality를 번갈아 취하면서 표현주의나 초현실주의적인 이미지로 쪼개졌 다.

그러나 한편 (경험주의 자체가 그랬듯이) 미학 양식과 테크놀 로지 양식의 진정한 통합에 근거한 갓 시작된 영화라는 예술은 활기 넘치는 사실주의 전통을 이어갔다. 분리된 남성원리와 여성 원리의 결합과 마찬가지로 경험과학은 열매를 맺었다. 영화라는 매체 또한 열매를 맺었다. 그러나 과거의 다른 미학적 매체와는 달리, 그것은 미학 양식이 근거한 인공적인 것과 실재적인 것, 문 화와 생활 자체 간의 구분을 허물어뜨렸다.

다른 유관한 발전들로는 플라스틱 같은 인공적인 재료에 관한 탐구, 플라스틱 문화 자체와 직면하려는 시도(팝아트), 매체의 전 통적 범주의 타파([영상·회화·음악 등의] 혼합 매체), 예술과 실

것을 실재reality로 착각하도록 눈을 속이는 기법 또는 건축이나 무대장치에서 구조물(構造物)을 실제보다 확대되어 보이도록 하는 기법 등을 말한다.
***William-Adolphe Bouguereau: 1825-1905. 프랑스의 신고전주의 화가. 파리 국 립미술학교 출신인 그는 여느 젊은 화가들과 마찬가지로 인상주의에 관심이 없 었던 것은 아니지만 로마대상 수상의 특전으로 로마에 체류하게 되면서 고전 미술의 아름다움에 매료된다. 파리에 돌아온 그는 고전미술을 바탕으로 사진 적 극사실성을 덧붙여 새로운 경향의 회화를 만들어냈다. 그의 그림은 마치 사 진을 보는 듯한 핍진이 들 만큼 정밀하며 그림 속의 인물들이 살아 움직이는 듯 표정이 생생하다.

변증법

· · · · · · · · · · · · · · · · · · · 기록된 역사   ◄───► 고대

성 **나이와 인종 까지 확대된 신분제** 종의 생식을 위한 성의 생물학적 분화에 기초	♀ **모 권 제**		♂ **부권**
	역사를 통틀어 다양한 형태의 사회적 조직, 친족, 인종, 국가 등을 포함하는 생물학적 가족 단위에 기초한 모든 것		
계 급 재화와 용역의 생산을 위한 노동분업에 기초	**유목** (엥겔스가 '야만'이라 부른 시대) 자연에 적응	**경작** (엥겔스가 '미개'이라 부른 시대) 자연에 대한 지배 증가	**문명** ♀ **귀족계급** ♂ **하층계급**
문 화 생각할 수 있는 것을 가능한 것으로 실현하기 위한 반응의 심리적 분화에 기초	지배 도구······불······바퀴······광석 ⎫ 칼 　　　　　　　　　　　　⎬ 쟁기 ······문자 　　　　　　　　　　　　⎭ 　　　　　건축, 법률, 정부 등 ♂ **테크놀로지 양식** (실용적) ♀ **미학 양식** (이상적) ────── 종교 ────── 원시적 예술과 마술······예언······역사		정부,법률 그리고 상업 건축 의학 과학 철학 예술

관의 표현양식

	혁명기	이행기	궁극의 목표

상스 → 근대 →

문화사의 변증법

궁극의 목표

완전한 성적 자유
'행복'의 성취를 허용하는
성, 연령, 인종 구분과
권력심리의
문화적 소멸
(신경증, 승화의 포함)

(이동기, 노화 그리고 죽음의 궁극적 제거)

인공생식의 발달 → '가구'의 재생산을 포함하는 다양한 사회적 선택 → '달걀 기준'의 일부일처제

성적 혁명
페미니스트 혁명
(아이들, 젊은이들, 억압된 인종들과 함께)

도층 / 산계급 / 동계급

자기결정
(공산주의적 무정부주의)
범세계적 생활
계급 구분과 국가
(국가주의와 제국주의)의 소멸

사회주의 …
프롤레타리아트에 의한
독재

경제적 혁명
프롤레타리아 혁명
(제국주의에 대항하는 제3세계 포함)

대산업 / 용과학') / 험과학 / 수연구') / 대예술 / 술을 위한 / 예술')

생각할 수 있는 것을 실제로 실현
'문화'의 소멸

예술과 실재의 통합

문화적 혁명
과학의 급격한 발전
문화적 범주의 타파

재 자체 사이의 구별 타파(해프닝^{happening*}, 환경예술) 등이 있다. 그러나 나는 이러한 것들에 대해 진보적인 발전이라고 주저 없이 부르기 어렵다. 아직까지 그들은 대체로 미숙하고 무의미한 작품들을 생산해 왔기 때문이다. 예술가는 아직 그것이 현실에 어떻게 영향을 미치는지는 고사하고, 현실이 무엇인지도 모른다. 거리에 줄지어 선 종이컵들, 빈터에 던져진 종잇조각들은 미술잡지 Art News에서 얼마나 묵직한 평을 받든지 간에 시간 낭비다. 이런 어설픈 시도들이 어쨌든 희망적이라면, 그것은 '순수' 예술 타파에 대한 신호인 한에서 만이다.

미학 양식과 테크놀로지 양식의 통합은 점점 '순수' 고급예술 전부를 질식사시킬 것이다. 예술과 (테크놀로지화한) 실재가 재통합한 범주의 첫 타파는 우리가 이제 과도기적 선先혁명 시기에 있다는 것을 암시하지만, 그 시기에는 세 개의 분리된 문화적 흐름들, 즉 테크놀로지('응용과학'), '순수연구', 그리고 '순수 현대예술'이 그것들이 반영하고 있는 엄격한 성 범주와 함께 녹아들 것이다.

성에 근거한 문화의 양극화는 여전히 많은 희생자를 낳는다. 예를 들어 (엔지니어 같은 '응용' 과학자는 말할 것도 없고) 핵물리학자 같은 '순수' 과학자까지도 과도하게 '남성적'인 것에서 고통을 받으면, 그는 권위적이고, 관습적이고, 감정적으로 둔감하며 문화적 혹은 사회적 수수께끼는 고사하고 과학적 수수께끼

*1950년대 후반부터 1960년대에 주로 행해졌던 비연극적, 탈영역적(脫領域的)인 연극 형식이며, 우발적인 사건이라 할 수 있다. 현대 예술의 각 분야에서 시도되고 있는 표현운동의 한 가지로 주제, 소재, 액션의 변화에 따라 여러 가지 형식으로 전개하여 이른바 예술과 일상생활과의 경계를 없애려는 것이 특색이다. 특히 미술에서는 화가의 제작 행위 그 자체를 하나의 표현으로 본다는 주장에서 발전한 것으로, 액션 페인팅의 행위성을 강조하고 있다.

안에서도 자신의 일을 면밀하게 이해하지 못하게 된다. 그리고 성 분열의 면에서 예술가는 여성적 인격의 모든 불균형과 고통을 구체화한 인물이다. 그는 신경질적이고, 불안하고, 편집증적이고, 패배주의적이고 편협하다. (더 큰 사회가the larger society) 전면적으로 강화를 최근에 보류하는 것은 이 모든 것들을 엄청나게 과장하게 했다. 그의 과잉발달한 '원본능id'을 균형 있게 해줄 것은 아무것도 남아있지 않다. 순수 과학자가 '분열증환자schiz'이거나 더 나쁘게는 감정적 실재에 전적으로 **무지**한 곳에서, 순수 예술가는 실재가 완전성을 결여하고 있다는 이유로, 또 현대에 와서는 실재의 추악함 때문에 실재를 **거부**한다.

그러면 누가 가장 괴로워하는가? 맹인(과학자)인가 절름발이(예술가)인가? 문화적으로 우리는 남성 역할과 여성 역할 간의 선택만을 할 수 있었다. 자의식, 내향성, 패배주의, 염세주의, 과민성, 현실 감각이 부족한 사회적 주변인으로 이끌거나 아니면 '전문성을 갖춘' 분열된 인격, 감정적 무지, 전문가의 편협한 시각 사이에서만 선택할 수 있었던 것이다.

반문화의 혁명 The Aantikultur Revolution

나는 어떻게 문화사가 그 구조와 발달 자체에서 성의 이분법을 반영하는지를 보려고 했다. 문화는 근원적으로 경제적 변증법으로부터 뿐만 아니라 더 깊은 성적 변증법으로부터도 발달한다. 그러므로 수평적인 역학뿐만 아니라 수직적 역학 또한 있는 것이다. 이러한 세 개의 층위는 각각 생물학적 이원론에 근거한 역사의 변증법에 대한 이야기를 하나 더 형성한다. 현재 우리는 가부장제주의, 자본주의(법인자본주의), 그리고 한꺼번에 두 문화의 최종 단계에 이르렀다. 우리는 곧 혁명을 위한 세 쌍의 전제 조건을 가질 텐데, 과거의 혁명이 실패한 원인은 그것이 부재했기 때문이었다.

거의 가능한 것과 실존하는 것 사이의 차이는 혁명적 힘을 발생시키는 것이다.[3] 우리는 성적·경제적 혁명뿐만 아니라 문화적 혁명에도 가까이 와 있다. 경험적 지식의 눈덩이가 그 자체의 속도로 인해 처음에 박살 나지 않는다면, 나는 우리가 아마도 한 세기 이내에 혁명을 하게 되리라고 믿는다. 경제적 혁명과 같이 문화적 혁명은 시초부터 계급의 (성)이원론뿐만 아니라 문화적 분화의 (성)이원론의 제거를 예측해야 한다.

이 문화적 혁명은 무엇처럼 보일 것인가? 과거의 '문화적 혁명들'과는 달리, 이것은 단지 양적인 상승만은 아닐 것이다. 르네상스가 미학 양식의 절정이었고 혹은 현재 기술의 획기적 발전이 현실세계에 대한 실용적 지식을 수 세기 동안 축적한 것이라는 의미에서, 문화적 혁명이 더 낫고 더 좋은 문화를 가져오지는 않을 것이다. 그것들은 위대했지만 보편성을 성취했던 각각의 정점에서조차도 미학 문화도 테크놀로지 문화도 아니었다. 그것은 총체적이었지만 현실 세계로부터 분리되었거나 아니면 문화적 정신분열증과 '객관성'의 허위성 및 건조함을 대가로 치르고 '진보'를 성취했던 것이다.

다음 문화적 혁명에서 우리가 가질 것은 남성(테크놀로지 양식)과 여성(미학 양식)의 재통합이다. 그것은 문화적 흐름의 최

---

[3] 혁명가들이란 정의상 여전히 미학 양식의 선지자들이고, 실용적 정치의 이상주의자들이다.

고치이거나 혹은 그것들의 총합마저 능가하는 양성성의 문화를 창조하기 위한 깃으로 문화적 범주 자체를 폐지하는 것이라기보다는 결합 그 이상으로 문화 자체가 혹! 하고 끝나버리는 물질-반물질 폭발a matter-antimatter explosion의 상호 말소이다.

우리는 그것을 놓치지 않을 것이다. 우리는 더 이상 그것을 필요로 하지도 않을 것이다. 그때까지는 인간성이 자연을 완전히 정복했을 것이고, 그 꿈을 **현실로** 실현시켰을 것이다. 생각할 수 있는 것을 실제로 완전히 성취했으므로 문화라는 대리물은 더 이상 필요 없을 것이다. 소망충족에의 우회로인 승화과정은—지금은 아이들이나 약물을 사용한 어른들만 느낄 수 있는—경험의 직접 만족으로 대체될 것이다.[4] (비록 정상적 성인들은 다양하게 '놀이'를 즐기지만, 거의 모든 사람에게 더 즉각적으로 미래 경험의 강렬한 차원을 설명하는 예는 성취의 면에서 점수를 매겨보면—'성과가 아무것도 없어서'—0점이지만, 그럼에도 불구하고 언제나 모든 사람들이 노력할 가치가 있는 것은 성관계이다.) 자아에 의해서 '원본능'의 만족이 통제되고 지연되는 것은 불필요할 것이다. **원본능**은 자유로워질 수 있다. 기쁨은 성취의 질에서 보다 존재와 행동 자체, 경험의 과정으로부터 직접 나타날 것이다. 남성적 테크놀로지 양식이 여성적 미학 양식이 마음속에 그

---

[4] 단순한 상태로 돌아가고자 하는 히피, 청년, 마약 문화의 최근 시도는—심지어 인공적 수단에 의한 화학적 자극으로 '머리'를 변하게 하는 것일지라도—실패하기 마련이다. 사람들은 현재의 현실세계에서 살아**야만 하기** 때문에 억압과 방어의 층들을 발달시켜 왔다. 사람들은 이제 현실세계를 무시하거나 '떨어져 나가야'만 잘해야 (격식 있고 자의식 있게) '직접 경험'을 성취할 수 있다. 예를 들어 (약 1878년경에) 비슷한 생각을 가진 사람들과 함께 콜로라도로 이사가서 거기에서 벌어진 포격을 신경 쓰지 않기로 강력하게 희망한다고 치자. 그것은 눈신아고 반동식이며, 뇌행식이고, 반역사식이며, 이상식이시닌 무잇보나도 효과적이지 못하다.

려온 것을 마침내 실제로 만들어낼 수 있을 때, 우리는 각기 양식
에의 욕구를 제거할 것이다.

X 궁극의 혁명: 요구와 사변

페미니즘과 생태학

경험과학은 지나간 자리에 반향을 남겼다. 테크놀로지의 급격한 가속화가 자연의 질서를 엉망으로 만들어버린 것이다. 생태학에 관한 최근의 대중적인 관심, 즉 인간과 환경과의 관계에 관한 연구는 1970년인 현재, 너무 늦게 왔을 수도 있다. 자연의 균형을 **바로잡으려는** 시도로서의 보호주의는 확실히 너무 늦었다. 필요한 것은 자연의 균형 대신 **인간적**인 인공의(사람이 만든) 균형을 확립하려고 시도하는 혁명적인 생태학적 기획이다. 그럼으로써 경험과학 본래의 목표인 인간의 물질에 대한 정복도 실현할 수 있을 것이다.

생태학과 사회계획social planning의 가장 새로운 경향은 페미니스트의 목적과 부합한다. 페미니즘과 혁명적 생태학이라는 두 가지의 사회적 현상이 우연의 일치로 나타난 방식은 역사적 진실을 보여준다. 즉, 새로운 이론들과 새로운 운동들이 외부와 단절된 상태에서 발달한 것이 아니고, 환경의 모순들에 필요한 사회적 해결책의 선봉으로 일어난 것이다. 이 경우 두 운동은 모두 테크놀로지 안에서 동물의 생태라는 동일한 모순에 대한 응답으로 일어났다. 페미니즘의 경우 문제는 도덕적인 것이다. 생물학적 가족 단위는 언제나 여성들과 아이들을 억압해 왔는데, 이제 역사상 처음으로 테크놀로지가 억압적인 '자연적' 조건들과 더불어 그것들을 문화적으로 강화시키는 것들을 전복시키기 위한 진정한 전제조건들을 만들어낸 것이다. 새로운 생태학의 경우 **어떤 도덕적 입장과도 무관하다.** 왜냐하면—생존이라는—실용적 이유만으로도, 인간성을 생물학의 압제로부터 해방시키는 것이 필요해졌기 때문이다. 인간성은 더 이상 단순한 동물적 존재와 자연에 대한 완전한 통제 사이의 과도기적 단계에 남아 있을 수 없다. 그리고 우리는 우리가 진화시킨 동물계^{the animal kingdom}로 되돌아가는 것보다 우리 자신의 진화의 방향으로 실제로 주요한 진화상의 도약을 하는 것에 더 가까이 있다. 그러므로 테크놀로지를 촉진하는 관점에서, 혁명적 생택학적 운동은 페미니스트 운동과 같은 목표를 가질 것이다. 그 목표는 인도적인 목적을 위해서 새로운 테크놀로지를 통제하는 것이고, 파괴된 '자연적' 균형을 대치하기 위하여 인간과 인간이 창조하는 인공적인 환경 사이에 새로운 평형을 확립하는 것이다.

페미니스트 운동이 직접적으로 흥미를 가지는 생태학의 관심사들은 무엇인가? 나는 새로운 페미니즘과 특히 관련되는 새로운 생태학의 문제를 두 가지 간략하게 논의하겠다. 인구 증가에 의한 위기와 피임법을 포함하는 생식과 그것의 통제, 그리고 인간과 노동 및 임금과의 아주 오래된 관계를 변형시키면서 점점 복잡해지는 기능을 기계가 완전히 장악하게 될 사이버네이션^{cybernation}이 그것이다.

전에 나는 인구 폭발에 관한 원고에서 인구 증가율에 관한 온갖 종류의 놀라운 통계를 다시 한 번 인용하면서 자세하게 주석을 달았었다. 그러나 다시 생각해보면 내가 그것을 전에도 모두 다 들었던 것처럼 다른 모든 사람들도 다 들었을 것 같다는 생각이 들었다. 이 책의 목적을 위해서는 이러한 통계들이 지속적으로 무시된 이유를 논의하는 것이 더 나을 것이다. 이 분야의 모든 전문가가 점점 더 급박한 발표를 함에도 불구하고 심각하게 걱정하는 사람은 거의 없다. 사실상 자유방임laissez faire*이 즉각적인 행동의 절박성에 정비례하여 점차 커지는 듯 보인다.

두 상황 간의 관계는 직접적이다. 즉 문제를 직면하거나 처리할 능력이 없는 것은 허위의 자신감을 만들어낸다. 그것의 정도는 최근 갤럽조사(1968. 8. 3.)에 의해서 증명되었다. "당신은 오늘날 이 나라가 직면하고 있는 가장 절박한 문제가 무엇이라고 생각하는가?"라는 물음에 전국의 성인 표본 중 1% 이하만이 인구에 관해 언급했다. 그런데 적어도, 인구전문가 링컨 H. 데이Lincoln H· Day와 앨리스 테일러 데이Alice Taylor Day가 『너무 많은 미국인들Too Many Americans』이라는 책에서 쓴 말을 인용하면 다음과 같다. "또 다른 1억8천만 명의 증가하는 인구(현재의 증가율로는 44년 이상 걸린다)를 먹여 살리기 위해서, 이 나라는 콜럼버스 이래 현재까지 생긴 것만큼 근본적인 생활조건의 변화를 겪어야만 할 것이다." 이것은 가장 보수적으로 추산한 것이다. 대다수의 인구 통계학자들, 생물학자들, 생태학자들은 훨씬 더 비관적이다. 그 주제에 관한 책들이 줄곧 쏟아져 나오는데 책마다 인구폭발의 공포에 관한 새로운 관점을 보여준다.("만일 우리가 예수 시대부터 이러한 비율로 출산해 왔더라면, 지금쯤 우리는 ……을 가졌을 것이고 …… 만일 우리가 이러한 비율로 계속 간다면, 기아는 ……년도까지 …… 것으로 보이고 …… 한 방 가득 모인 아

* '내버려두라'는 뜻의 프랑스어. 간섭이 최소화되어야 한다는 주의. 애덤 스미스는 『국부론』에서 모든 사람에게 최대의 신을 세공해주는 '보이지 않는 손'이라는 용어로 자유방임경제를 묘사하였다.

무개 쥐는 XYZ 행동을 만들어내고…….") 『기근, 1975, 인구폭탄
Famine, 1975, Population Bomb』 등과 같은 제목을 단 책들이 그런 내용을
담고 있다. 과학자들도 공황상태에 빠져있다. 록펠러 대학의 유
명한 생물학자는 딸이 셋째 아이를 낳고 난 후 딸과 말을 섞지
않은 것으로 소문이 나 있다. 위험을 각오하는 학생들이 크게 늘
어나고 있다.

아직 대중은 과학이 문제를 해결할 수 있다고 확신한다. 일반
사람들이 '과학자들이' 문제를 해결할 수 있다고 그렇게 열렬하
게 믿는 이유 중의 하나는—'**그들은**' 언제나 모든 것에 대한 대답
을 찾아내는 것처럼 보인다는 주술사 신화 이외에—정보가 위에
서부터 아래로 너무 느리게 새어나가기 때문이다. 예를 들어 대
중이 '녹색혁명'에 관해서 듣기 시작했을 때는 과학자들이 그것
에 관한 희망을 포기했을 때인 것이다. 녹색혁명은 세계적인 기
근을 한 세대 후로 지연시키기 위한 절망적인 미봉책이었을 뿐이
다. 그래서 그 정보는 경각심을 주는 것이 아니라 상투적인 것으
로서의 역할을 했다.

현대과학의 기적은 얼마나 자주 반증되든지 간에 계속해서 다
시 표면 위로 불쑥 나타나는 비축된 논의 중 하나일 뿐이다. 식
량 잉여the food surplus 논쟁, 사람이 살지 않는 광대한 토지 논쟁, 중
국의 부기-우기the Chinese Boogy-Woogy(인구 증가는 방어력을 증가시
킨다) 외에도 더 많은 논쟁이 있는데 논쟁 제기자들의 사회적 환
경에 따라 궤변의 정도가 다를 뿐이다. 그것에 맞서 논쟁하는 것
은 소용없는 일이라 나는 여기서 그러지 않을 것이다. 이유는 그
것이 정확한 정보나 논리의 문제가 전혀 아니기 때문이다. 이 모
든 논쟁에는 근원적인 다른 어떤 것이 있다. 그것이 무엇인가?

가족 내에서 발달하는 배타주의chauvinism. 앞 장들에서 우리는 가족심리의 구성 요소들에 관해 논의해왔다. 즉 가부장적 심리는 불멸성을 위한 사적인 노력 속에서 아들이 상속자이고 자아의 연장선인 한에서만 아들에 관심을 가질 뿐이다.(**당신과 당신의 가족**이 '행복한' 한 더 큰 사회적 선the larger social good에 관해 왜 걱정하는가?) 그것은 우리-대-그들us-against-them이라는 배타주의이다.("피는 물보다 진하다.") 그것은 또한 추상적인 것과 구체적인 것의 구분이며, 공적인 것과 사적인 것의 구분이다.(인구 통계학의 통계보다 더 추상적이고 공적인 것이 무엇이 있을까? 자기 자신의 출산보다 더 사적이고 구체적인 것이 무엇이 있을까?) 그것은 성 경험의 사유화이며 권력의 심리 등등이다.

불운하게도 좌파나 혁명가들도 가족에 의해 생성된 보편적인 이상심리malpsychology에서 예외가 아니다. 이번에는 거꾸로지만 그들 역시 우리-대-그들주의Us-Against-Themism에 빠져있다. 만일 상층계급이고 지식인인 '우리'가 '우리는 출산율을 저하시키지 않는 것이 낫다. 그렇지 않으면 폭도들 및 또는 저능한 사람들이 권력을 장악할 것이다'라고 주장한다면 '그들', 즉 '폭도'(나중에 '소수 과격파'로 알려지는)는 존재하지 않는 산아제한에 관한 피해망상, 즉 '집단학살genocide'로 맞선다.

이 공포는 충분한 근거가 있는 것이다. 그러나 산아제한의 악용이 아닌, 아무리 많은 복잡한 논의와 두려운 통계로도 없앨 수 없는 진짜 생태학적 문제를 꿰뚫어보지 못해 일반적 시각에 실패한 좌파에게도 책임이 있다. 제국주의적 자본주의 정부들은 제3세계나 미국 내의 흑인 혹은 가난한 사람들(최근에 종종 실험용 모르모트가 되는, 특히 사회복지 혜택을 받는 어머니들)에게 피임기구를 몹시 기꺼이 나눠주는 반면, 국내에서는 남녀공학에 다니는 미혼의 젊은 백인 여학생들에게 여성용 피임약인 엠코폼Emko Foam을 나눠준 남성에게 10년 징역형을 선고하는 것을 아무렇지도 않게 생각하는 것이 사실이다.

세계의 부와 자원의 재분배는 설령 내일 일어날 **수 있다** 하더라도 문제를 대단히 완화시킬 것이라는 것도 또한 사실이다. 그러나 문제는 여전히 남는다. 그 이유는 전통적인 정치학이나 경제학과 상관없이 존재하기 때문에, 전통적인 정치학이나 경제학만으로는 해결될 수 없기 때문이다. 이러한 정치적이고 경제적인 복잡한 문제는 생태학의 진정한 문제를 **악화시킬** 뿐이다. 다시 한 번 급진주의자들은 충분히 급진적으로 생각하는 것에 실패했다. 즉 자본주의는 **유일한** 적이 아니고, 부와 자원의 재분배는 **유일한** 해결책이 아니며, 인구를 제한하려는 시도는 **유일하게** 가장한 제3세계 억압책이 아닌 것이다.

그러나 더 심각한 오류가 종종 있다. 테크놀로지의 **오용**에 관한 결과를 흔히 테크놀로지의 이용 자체 탓으로 돌리는 것이다.(그러나 흑인 여성들을 위해 억제하지 않고 놔두는 생식능력을 주장하는 전투적인 흑인 운동가들은 그렇게 많은 부양가족을 먹여 살릴 부담을 **스스로** 질 수 있는가? 사람들은 피임이 그들의 활동적인 강연 일정을 지키는 데 도움을 준다고 이해한다.) 원자력 발전의 경우에서 입증되었듯이 급진주의자들은 과학적 연구의 부도덕성에 관해 가슴을 치는 것보다는, 사람에 의한 그리고 사람을 위한 과학적 발견의 지배를 요구하는 데에 **모든** 에너지를 집중하는 것이 훨씬 더 효과적일 수 있다. 왜냐하면 원자력 에너지처럼 생식 조절, 인공생식, 사이버네이션은 부적절하게 이용되지 **않는 한** 그 자체로서는 우리를 자유롭게 하기 때문이다.

위험스러운 다산 생식을 통제하는 데 있어서 새로운 과학적 발전은 무엇인가? 이미 우리는 역사상 전보다 더 많고 더 좋은 피임법들을 가지고 있다.[1] 수정을 방해하는 구식의 방법들(다이어프램[질격막]diaphragms, 콘돔, 폼, 젤리 등)은 시작에 불과했다. 곧 우리는 호르몬의 미묘한 역학과 그것들이 신경기관에 미치는 전체적 영향을 포함하여 모든 복잡한 전 생식과정을 완전히 이해할 것이다. 현재의 구강 피임법은 원시적인(불완전한) 단계일 뿐이며, 실험 중에 있는 많은 종류의 출산 제한 방법 중의 하나일 뿐이다. 인공수정과 인공배란은 이미 현실이 되었다. 태아의 성의 선택, 시험관 수정이(질 안에서 정자의 수정 능력이 완전히 이해되었을 때) 목전에 있다. 여러 팀의 과학자들이 인공태반의 발달을 위해 연구하고 있다. 단성생식—동정녀출산—까지도 곧 개발될 수 있는 것이다.

사람들은, 과학자 자신들조차, 이러한 일들에 대해 문화적으로 준비되어 있는가? 단연코 아니다. 『라이프*Life*』지에 인용된 최근 해리스여론조사Harris poll*는 미국인 중에서 광범위하게 표본을 추출했는데—예를 들어 아이오와의 농부까지 포함해서—놀라운 수의 사람들이 새로운 방법들을 기꺼이 고려하겠다고 했다. 문제는 그들이 가족생활과 출산에 관한 현재의 가치들을 강화하

[1] 이 장은 사실상 '피임약 청문회'가 열리기 전에, 생태학 운동 자체가 급격하게 번지기 전에 쓰였다. 이러한 것이 현대 통신의 속도이다—책은 심지어 교정조차 보기도 전에 시대에 뒤떨어진 것이 되고 만다.

*여론조사 블서가 루이스 해리스Louis Harris가 1956년 설립한 회사로, 갤럽·로퍼와 함께 미국의 대표적인 여론조사 기관이다.

고 촉진할 때만—예를 들어 불임인 여성에게 남편의 자녀를 갖게 하도록 돕는 일—그 방법들을 고려할 것이라는 점이었다. 해방 **그 자체**를 촉진시키는 것으로 해석될 수 있는 질문은 비자연적인 것이라며 단호하게 거부했다. 그러나 비자연적이라고 여겨진 것은 '시험관' 아기 자체가 아니었다는 것을 주목하라.(25%가 아내가 불임인 경우 스스로 이 방법을 사용할 것이라는 데 주저함 없이 동의했다.) 그들이 비자연적이라고 여긴 것은 남성 우월성과 가족의 제거에 기초한 새로운 가치체계였다.

이제 생식의 영역에서의 연구가 문화지체cultural lag와 성적 편견에 의해 방해받고 있다는 사실이 명백해졌다. 특수한 종류의 연구를 위한 자금이 할당되었지만, 그러한 종류의 완성된 연구가 여성들에게 이익을 주는 경우가 있다면 그것은 우연에 의한 것일 뿐이다. 예를 들어 인공태반의 발달에 관한 연구는 조산아를 구할지도 모른다는 이유를 대며 여전히 변명해야만 한다. 그러므로 거의 성장한 아기보다는 배아를 이식하는 것이 기술적으로 훨씬 더 쉽겠지만, 모든 자금은 전자에 관한 연구에 주어진다. 또한 여성들이 과학으로부터 배제되어 있다는 것이 남성을 위한 구강 피임법에 관한 연구를 미루는 직접적인 원인이 되고 있다. 남성 과학자들이 여성을 '열등하다고' 여긴다 해서, 여성이 더 나은 모르모트가 된다고 생각하는 것이 가능한가? 아니면 남성 과학자들이 남성 생식력을 숭배하기 때문만인가? 그러한 예들은 숱하게 있다.

새로운 생식법들에 관한 공포는 매우 널리 퍼져 있어서, 이 책을 쓰고 있는 1969년에 그 주제는 과학계 바깥에서 여전히 금기시되고 있다. 여성해방운동을 하는 많은 여성들조차—특별히 여성해방운동을 하기 때문일지도 모르나—그것에 관한 관심을 표현하기를 두려워한다. 왜냐하면 '비자연적'이라고 여기는 사람들의 의혹을 확인하는 것을 두려워하기 때문이다. 또한 그들은 자신들이 반모성적이고, 친-인공생식적이라는 것을 부정하는 데 엄청난 정력을 낭비한다. 나는 직설적으로 말하겠다.

임신은 야만적이다. 나는 임신이 아름답지 않게 보여지는 이유가 많은 여성들이 현재 말하는 것처럼, 엄밀하게 문화적 왜곡 때문이라는 것을 믿지 않는다. "저 뚱뚱한 아줌마는 왜 저래?"라는 어린이의 첫 번째 반응, 죄책감에 기인한 남편의 성욕 감퇴, 그리고 8개월 때 거울 앞에서 여성이 흘리는 눈물 등은 문화적 관습이라고 간과되어서는 안 되는 본능적인 반응들이다. 임신은 종種을 위하여 개인의 육체가 임시로 기형이 되는 것이다.

더욱이 출산은 **고통이 따른다.** 그것은 당신을 위해 좋지 않다. 3000년 전 '자연적'으로 분만한 여성들은 임신이 진정한 경험이고 신비한 (꿈꾸는 듯한) 오르가슴인 척할 필요가 없었다. 성경은 임신이 고통이고 산고travail라고 말했다. 여성에게는 선택의 여지가 없었기 때문에 성적 매력이 불필요했다. 그들은 감히 시끄럽게 불평하지 않았다. 그러나 적어도 진통하는 동안에는 그들이 원하는 만큼 시끄럽게 비명을 지를 수 있었다. 그리고 분만이 끝나거나 분만을 하고 있는 동안에 그들은 제한된 방식으로 용감성에 대한 존경을 받았다. 그들의 용기는 얼마나 많은 아이(아들)를 이 세계로 데려오는 것을 참을 수 있느냐에 따라 판단되었다.

오늘날 이 모든 것은 혼란스러워졌다. 자연분만에 대한 숭배 자체가 자연과의 진정한 일치로부터 우리가 얼마나 멀리 떨어져 나왔는가를 말해준다. 자연분만은 자의식과 마찬가지로 반동적인 히피-루소적hippie-Rousseauean인 "자연으로 돌아가자Return to Nature" 풍조의 한 부분일 뿐이다. 아마 자녀 출산의 신화화와 신실한 믿음은 출산하는 여성을 편하게 해줄지도 모른다. 지도자의 지휘 아래 마룻바닥에서 요가와 유사한 체조를 하며 심호흡을 하는 20명의 임산부들은 어떤 여성들에게는 '적합한' 태도 ("나는 비명 한번 지르지 않았어요")를 발달시키게 하는 데 도움을 줄지도 모른다. 어떤 부족의 남성들이 겪는 고통의 감정이입처럼("여보, 나 봐, 나도 당신과 똑같이 겪고 있어"), 침대 옆에서 몹시 당황하는 남편은 부인이 시련을 겪는 동안 그녀를 덜 외롭게 만들지도 모른다. 그러나 사실은 사실로 남는다. 출산은 잘해야 필요하고 참을만한 일인 것이다. 그것은 즐거운 일이 아니다.

(내가 '당신이 놓친 위대한 경험'에 관해서 물었을 때 내 친구 하나는 나에게 그것은 커다란 호박을 누는 것shitting a pumpkin과 같다고 대답했다. 커다란 똥을 누는 것이 어때서 그러느냐, 그것은 재미있을 수 있다고 위대한 경험학교the School of the Great Experience는 말한다. 그것은 아프다고 그녀가 말한다. 당신을 죽이지 않는 한 약간의 고통쯤은 어떠냐고 학교가 대답한다. 그것은 지루하다고 그녀는 말한다. 경험으로서 고통은 재미있을 수 있다고 학교는 말한다. 재미있는 경험치고는 치러야 하는 대가가 너무 비싼 거 아닌가요? 라고 그녀가 말한다. 그러나 당신이 받은 보상을 보라고 학교가 말한다. 당신이 원하는 대로 할 수 있는 온통 당신의 것인 아기가 그것이다. 그래, 그것참 굉장하네, 라고 그녀는 말한다. 그런데 그것이 당신 같은 남자일 것이라는 걸 내가 어떻게 알지요?)

본래 인공생식은 인간을 비인간화시키는 것이 아니다. 적어도 선택권의 발달은 모성에 관한 고대의 가치를 징직하게 재검토하는 일을 가능하게 해야 한다. 현재는 여성이 원칙적으로 모성을 공공연히 반대하는 것은 육체적으로 위험하다. 모성을 반대하는 여성은 자신이 신경질적이고, 비정상적이며, 아이를 혐오하고, 그러므로 '부적합하다'는 것을 덧붙여야만 처벌을 모면할 수 있다.("어쩌면 나중에 …… 내가 더 준비가 잘 되었을 때.") 이것은 자유로이 탐구할 수 있는 분위기가 아니다. 적어도 금기가 해제될 때까지, 자녀를 가지지 않겠다는 결정이나 자녀를 인공적인 수단으로 가지겠다는 결정이 전통적인 자녀 출산만큼 정당한 것이 될 때까지, 여성은 여성의 역할을 강요받는 것이나 다름없다.

우리가 전통적인 가치체계 속으로 흡수하기 어렵다고 여기는 또 다른 과학적 발전은 사이버네틱스[인공두뇌학cybernetics]*라는 새로운 과학의 등장이다. 기계가 창의적인 사고와 문제해결에 있어서 인간과 곧 동등해지거나 인간을 능가할지도 모른다. 인공생식의 경우와 마찬가지로 그러한 기계들이 겨우 이론적인 단계를 지났다고 생각할지 모르지만, 대여섯 대의 컴퓨터가 나라 전체의 수요를 영구히 만족시킬 것이라고 해당 분야의 전문가들이 예측했던 것이 불과 5년에서 10년 전이었다는 것을 기억하라.

출산조절처럼 사이버네틱스의 등장은 양날의 검이 될 수 있다. 인공생식과 마찬가지로 그것이 현재 권력을 쥔 사람들의 손안에 있는 것을 상상하는 것은 악몽을 상상하는 것이다. 상세하게 설명할 필요도 없다. 누구나 소설 『1984』에 나오는 테크노크

*기술 장치·생물 유기체·인간의 여러 조직의 과정과 통제 조직에서 보여지는 공통된 작동 특성을 찾아내는 과학으로 제2차 세계대전 후, 미국의 수학자 위너Norbert Wiener에 의해 제창되었다.

라시Technocracy*에 익숙하다. 대중 소외의 증가, 지배층(지금은 아마도 인공두뇌학자들에 의한)의 지배 강화, 아기 공장들, 컴퓨터화된 정부("빅 브라더Big Brother") 등등. 현재 지배권력의 손아귀에서는 기계가 억압장치를 강화하고 확립된 권력을 증강시키는 데 이용될 수 있다—이용되고 있기도 하다—는 것을 의심할 여지가 없다.

그러나 다시, 인구조절의 문제와 마찬가지로 과학의 **오용**은 과학 자체의 가치와 종종 모호해진다. 이런 경우, 그 반응이 그렇게 병적이거나 종잡을 수 없는 것은 아닐지 몰라도 우리는 그것의 혁명적 중요성을 인식하기보다는 여전히 종종 상상력 없이 기계 자체의 폐단에만 온통 집중한다. 『1984』와 같은 테크노크라시를 피하는 방법에 관한 책과 연구는 많지만(예를 들어 앨런 웨스틴Alan Westin의 『사생활과 자유Privacy and Freedom』), 사이버네이션cybernation**이 가져올 생활양식의 질적인 변화에 효과적으로 대처하는 방법에 관해서는 거의 생각하지 않는다.

인구조절과 사이버네틱스라는 두 문제는 똑같이 신경과민적이고 피상적인 반응을 낳는다. 왜냐하면 두 경우 모두 전례가 없다는 하나의 근본적인 문제가 있기 때문이다. 즉 생산과 생식 둘 다 인간의 기본적 관계에서 질적 변화가 없었던 것이다. 생식조절과 사이버네이션의 심대한 효과에 대처하기 위하여 인간관계와 대중을 위한 여가에 관한 급진적 재정의에 근거하는 새로운 문화를 우리는 갑작스럽게 필요로 할 것이다. 그렇게 급진적으로

*'기술에 의한 지배'를 뜻하나 일반적으로는 전문적 지식, 과학이나 기술에 의해 사회 혹은 조직 전체를 관리 운영 또는 조작할 수 있고 따라서 그것들을 소유하는 자가 의사결정에 커다란 영향력을 갖는 시스템, 혹은 그와 같은 견해의 총칭.
**컴퓨터에 의한 자동 제어.

생산과 생식에 대한 우리의 관계를 재정의하는 것은, 가족뿐만 아니라 계급제도를 한꺼번에 파괴하도록 요구한다. 우리는 누가 '성공하는지'에 관한 논쟁을 넘어설 것이다. 아무도 '일하지' 않을 것이기 때문에 아무도 성공하지 않을 것이다. 어떤 규모나 기술에서든 인간이 할 수 있는 것보다 기계가 일을 더 잘하는 사회에서는 직업을 차별할 근거가 더 이상 존재하지 않을 것이다. 그러므로 기계는 노동 착취에 기반한 계급제도를 말살하는 완벽한 평형장치equalizer*로서의 역할을 할 수 있다.

사이버네이션은 여성의 지위에 즉각적으로 어떤 영향을 미칠까? 간략하게 우리는 다음과 같은 것을 예측할 수 있다.

1) 처음에 자동화는 여성에게 새로운 서비스직들—예를 들어 천공 조작원keypunch operator, 컴퓨터 프로그래머 등—을 계속해서 제공하겠지만, 그러한 일자리는 오래 지속되지 않을 것이다.(바로 그것이 **우수한** 임시노동력인 여성을 그 직업에서 찾는 이유이다.) 결국 그렇게 단순하고 전문화된 기계 처리는 그것들을 처리하는 더 광범위한 상식으로 대체될 것이다. 그리고 동시에 최고위층에서는 더 새롭고 더 복잡한 기능에 대한 전문화된 지식을 가진 새로운 기술관료, 즉 사이버네티션[인공두뇌학자] cybernetician이 증가할 것이다. 여성이 환영받아온 종류의 직업, 즉 하급 사무직은 단계적으로 폐지될 것이다. 동시에 가사노동은 더욱 자동화되어 여성의 정당한 노동 기능을 훨씬 더 감소시킬 것이다.

*낙어도 '무기'를 뭇아시노 아는 'equalizer'는 안내 미국에서 '총'이라고 불리기도 하였다.

2) 특히 노동계급에 있어서 '가장'이라는 지위에 대한 침해는 가족생활과 전통적인 성 역할을 훨씬 더 크게 뒤흔들지도 모른다.

3) 젊은이, 가난한 사람, 실업자의 대중적 불안이 증가할 것이다. 일자리 얻기가 더 어려워지고, 여가 교육에 의한 문화적 충격의 완충재가 없으므로 혁명에의 동요가 주요소가 될 것이다. 그러므로 전반적으로 사이버네이션은 여성들이 이미 그들의 역할에서 느끼는 좌절을 악화시켜 혁명으로 몰아갈지도 모른다.

페미니스트 혁명은 새로운 생태학적 균형을 수립하는 데 결정적인 요소가 될 수 있다. 즉 인구폭발에 관한 관심, 생식에서 피임으로 그 강조점이 전환된 것, 그리고 인공생식의 완전한 발달에 대한 요구는 생물학적 가족의 억압에 대안을 제시할 것이다. 그리고 사이버네이션은 인간과 일 및 임금과의 관계를 변화시킴으로써, '노동' 활동에서 '놀이' (그 자체를 위해서 하는) 활동으로 변형시킴으로써, 경제적 능력을 갖춘 가족 단위를 포함하여 경제에 대한 전면적인 재정의를 가능하게 할 여지를 줄 것이다. 남자는 땀 흘려 일하고 여자는 고통과 산고를 참아야 하는 이중저주는 처음으로 인간적 삶을 가능하게 하는 테크놀로지를 통해 해소될 것이다. 페미니스트 운동은 20세기의 인류생존을 위해서 필수적인 새로운 생태학적 균형을 받아들이는 문화를 창조한다는 중대한 사명을 가지고 있다.

혁명적 요구들

생물학적으로 남성과 구분되는 여성은 문화적으로 '인간'과 구분된다. 자연은 인류의 반이 그들 모두의 아이를 낳고 길러야 한다는 근본적인 불평등을 낳았는데 그것은 나중에 남성의 이익을 위하여 강화되었고 제도화되었다. 종족번식은 여성으로 하여금 감정적으로, 심리적으로, 문화적으로 뿐만이 아니라 엄밀하게 물질적(육체적)인 면에서도 값비싼 비용을 치르게 했다. 최근의 피임법들이 개발되기 전에 계속되는 출산은 여성들에게 끊임없는 '부인병', 조로, 죽음을 가져왔다. 여성은 나머지 절반을 세상에서—종종 지겨운 면도 있다는 것을 인정하지만 분명히 창조적인 면도 있는—일을 하도록 자유롭게 해주기 위하여 종족을 유지해주는 노예계급이었다.

이러한 자연적인 노동분업은 커다란 문화적 희생을 치러야만 계속되었다. 즉, 남성과 여성은 각각 나머지 절반만 발달시켰다. 생식의 분화를 보다 더 강화하기 위하여 정신을 남성적인 것과 여성적인 것으로 분화시킨 것은 비극이었다. 남성에게 있어서 비대해진 합리주의, 공격적 충동, 감정적 감수성의 위축은 문화적 재앙일 뿐만 아니라 물리적(전쟁) 재앙이기도 했다. 여성의 주정주의主情主義emotionalism*와 수동성은 고통을 가중시켰다.(우리는 여성에 관해서 남성과 대칭을 이루는 방식으로 이야기할 수 없다. 여성들은 분화에 의해 계급으로서 희생되어 왔기 때문이다.) 성적으로 남성과 여성은 이성애에 향하도록 매우 정돈되어—시간, 장소, 절차, 심지어 대화까지도—있는데 그것은 육체적 존재

*인간의 정신활동에서 이성이나 지성보다 감정이나 정서를 중시하는 입장. 극도의 합리주의나 비인간적인 억압 또는 과학 위주의 세계관 등에 대한 반발로 생겨났다. 문학이나 기타 예술에서 낭만주의가 이 성향을 내포한다. 칠링 '주정설(主情說)'이라고 한다. 대표적인 주정주의자로는 루소, 노발리스 등이 있다.

전체에 걸쳐 분산되어 있다기보다는 성기에 제한되어 있다.

따라서 나는 대안 체제가 되어야만 하는 첫 번째 요구사항을 제안한다.

1) 모든 가능한 방법을 통하여 여성을 생식의 압제로부터 해방시키고 양육의 역할을 여성뿐 아니라 남성, 즉 사회 전체로 확산시킬 것

여기에는 여러 정도가 있다. 이미 우리는 피임 그 자체를 위한 피임은 아니라 하더라도 (어렵게) '가족계획'을 인정받았다. 탁아소 제안은 절박한 것이고, 아마 여성뿐만 아니라 남성도 일하는 24시 탁아소도 제안될 것이다. 그러나 내 견해로는 이러한 것들은 과도기로서는 전적으로 무가치하지는 않다 하더라도 소극적이다. 우리는 **급진적인** 변화에 관해서 이야기하고 있는 것이다. 그리고 비록 그 변화가 한꺼번에 올 수 없다 하더라도, 급진적인 목표는 항상 잊지 말아야 한다. 탁아소는 여성을 회유한다. 탁아소는 당장의 압박감을 완화시켜, 여성으로 하여금 왜 그 압박감이 **여성**에게 주어졌는지를 묻지 않게 한다.

다른 극단으로는 현대 발생학embryology의 가능성에 기반한 것으로 실현될 가능성이 더 먼 해결책, 즉 인공생식artificial reproduction이 있는데, 그 가능성은 너무나 무서운 것이어서 좀처럼 심각하게 논의되지 않는다. 우리는 그 공포가 어느 정도 정당화되는 것을 보았다. 즉, 현재 사회의 관리하에서 그리고 현재 과학자들(그들 중 여성이거나 심지어 페미니스트는 거의 없다)의 방향 아래에서는 누군가를 '자유롭게' 하기 위하여 테크놀로지를 이용하려는 어떤 시도도 의심스럽다. 그러나 우리는 혁명 후의 체제에 관해서 생각하고 있기 때문에, 논의의 목적을 위하여 우리는 변화를 시도하는 사람들이 유연성과 좋은 의도를 가졌다고 가정할 것이다.

따라서 여성을 생물학으로부터 해방시키는 것은 생물학적 생식을 중심으로 조직된 **사회** 단위와 생물학적 운명인 가족에 예속시키는 데 위협이 될 것이다. 우리의 두 번째 요구사항은 가족과 기본적으로 모순되는 것으로서, 이번에는 **경제적** 단위로서의 가족이다.

2) 여성들과 아이들에게 경제적 독립에 기초한 정치적 자율성을 줄 것

이 목표를 성취하기 위해서는 사회적·경제적 구조의 근본적인 변화가 필요할 것이다. 이것이 우리가 급진적으로 새로운 형태의 번식breeding에 덧붙여 사이버네틱 코뮤니즘cybernetic communism에 관해서 이야기해야만 하는 이유이다. 진보된 테크놀로지가 없기 때문에, 심지어 자본주의가 폐지되더라도, 우리는 여성이 오직 주변부로서만 노동력에 통합하는 것을 견뎌낼 수 있는 것이다. 마거릿 벤스턴Margaret Benston은 상품생산에 기반한 산업경제와 즉각적인 이용을 위해 생산하는 산업화 이전의 가족경제 사이의 구분의 중요성을 지적하였다.* 왜냐하면 여성의 일은 현대 경제의 일부가 아니고 경제의 기본을 이루는 그 기능은 쉽게 간과되기

---

*벤스턴은 『먼슬리 리뷰Monthly Review』(1969년 9월호)에 「여성해방의 정치경제학 The Political Economy of Women's Liberation」이란 글을 실었다. 그녀는 여기서, 여성의 억압이란 사실상 경제적인 것임을 보이려는 시도에서—비록 이전의 경제력 분석은 부정확한 것이었지만—상품생산에 기초를 둔 남성의 상부구조 경제(자본가와 생산수단을 소유하고 노동자는 임금노동을 하는 것)와 즉각적인 **사용**을 위한 생산인 가족의 전(前)산업적인 이중 경제를 구분한다.

때문이다. 여성을 집단으로^{en masse} 상부구조 경제로 징발하는 것에 관해 이야기하는 것은—완전한 사이버네이션이 되기 이전에—여전히 여성들이 해야만 하는 전통적인 종류의 막대한 노동량을 다루지 못하게 한다. 누가 그 일을 할 것인가?

이러한 노동을 하는 다수의 여성들에게 임금 지불을 하는 것으로 방향을 선회할 수 있을까. 여성의 가사노동은 (체이스맨해튼은행Chase Manhattan Bank이 보수적으로 집계한 바에 따르면) 주당 99.6시간에 달한다. 여기에 (이전에 노예였던) 인구 절반의 시간당 최저임금을 곱해보라. 당신은 자본주의를 전복시킬 계산을 하고 있는 것이다. 그러나 이것은 단지 혁명적 페미니스트 개념에서의 개혁일 뿐 노동분업의 근원에 대한 도전을 시작하지 않는 것이다. 그러므로 노동분업의 심리적-문화적인 처참한 결과를 절대 근절시킬 수 없을 것이다.

아이들의 독립에 대해 말하자면, 그것은 정말 몽상으로 이 세상 어디에도 아직까지 실현된 곳이 없다. 아이들의 경우 역시 우리는 노동력에의 공정한 통합 이상의 것을 이야기해야 한다. 우리는 사이버네이션을 통한 노동력 자체의 진부화obsolescence*, 즉 '일'하게 만들기 위해 경제를 급진적으로 재구성하는 것에 관하여 이야기하고 있는 것이다. 강제 노동, 특히 소외된 '임금' 노동은 더 이상 필요 없다.

우리는 지금 여성에 의한 종의 번식과 그것의 결과물인 여성 및 아동의 의존성, 즉 가족이 조직된 것을 둘러싸고 있는 것에 도전하면서 가족을 양면에서 정면으로 공격했다. 이러한 것을

---

*obsolescence는 "스러져 감, 없어져 가고 있음, 기관(器官) 따위의 폐퇴나 위축"을 뜻하는 단어로 여기서는 신제품·신기술의 출현으로 인한 노동력의 구식화, 낙후성, 무가치성을 의미한다.

제거하는 것은 권력의 심리를 낳는 가족을 파괴시키기에 충분할 것이다. 그러나 우리는 가족을 훨씬 더 와해시킬 것이다.

3) 여성과 아이들을 사회에 전면적으로 통합시킬 것

성별을 분리하거나 아이를 성인사회로부터 격리시키는 모든 제도들을 파괴해야 한다.("학교를 타도하자!")

만약 남성-여성, 성인-아이의 문화적 구분이 파괴된다면, 우리는 불평등한 계급들을 유지시키는 성적 억압을 더 이상 필요로 하지 않을 것이며, 처음으로 자연적인 성적 자유를 누릴 수 있을 것이다. 따라서 다음과 같은 것에 도달한다.

4) 모든 여성과 아이들에게 성적 자유를 줄 것

이제 그들은 성적으로 원하는대로 무엇이든 할 수 있게 된다. 더 이상 그렇게 하지 **말아야** 할 이유가 없는 것이다. 과거의 이유들을 보자. 완전한 섹슈얼리티는 인류 생존에 필요한 지속적인 생식을 위협했다. 그래서 종교나 다른 문화적 제도들을 통해 생식적 목적으로 제한시켜야만 했다. 모든 비생식적인 성적 쾌락은 탈선행위 또는 그보다 더 나쁜 것으로 여겨졌다. 여성의 성적 자유는 자녀의 부성父性에 의문을 제기할 것이고 따라서 세습을 위협할 것이다. 아이의 섹슈얼리티는 근친상간 금지에 의해 억압되어야만 했는데, 그 이유는 그것이 가족 내의 불안정한 균형을 위협하기 때문이었다. 이러한 성적 억압은 생물학적 가족을 문화적으로 과장하는 정도에 비례하여 심해졌다.

그러나 우리의 새로운 사회에서는 인간성humanity이 마침내 자연적인 다형적 섹슈얼리티로 되돌아갈 것이며 모든 형태의 섹슈얼리티가 허용되고 탐닉될 것이다. 과거에는 소수의 개인들(생존자들)만 실현되었던 완전한 성적인 정신은 보편적인 것이 될 것이다. 더 이상 인위적인 문화적 성취만이 성적인 자아실현을 하는 유일한 방안이 아니게 될 것이다. 사람들은 이제 단순히 존재하고 행동하는 과정에서 스스로를 완전히 실현시킬 수 있을 것이다.

세 가지 실패한 실험들

이러한 구조적 명령들은 더 구체적인 급진적 페미니스트 기획의 기초를 형성해야만 한다. 그러나 우리의 혁명적 요구사항들은 가벼운 반발('유토피아적이고 …… 비현실적이며 …… 설득력 없고 …… 너무 먼 미래의 …… 불가능한 …… 그래, 현재 제도는 악취가 풍기지만, 당신이 더 나은 게 어떤 것도 없잖아……')에서부터 과잉반응('비인간적이고 …… 비자연적이며 …… 메스껍고 …… 도착적이며 …… 공산주의적인 …… 1984 …… 뭐라고? 유리관 속의 아기들, 과학자들이 만든 괴물들을 위해 창조적인 모성을 파괴한다고? 등등')까지 여러 반응을 접할 것이다. 그러나 우리는 그런 방어적인 반응들이 우리가 얼마나 가까이에서 타격을 가하는지를 역설적으로 의미한다는 것을 보아왔다. 혁명적 페미니즘은 '심각한' 정치의 근간을 이루는 감정적 지층에 즉시 균열을 일으키는 유일한 급진적 기획이다. 그래서 혁명적 페미니즘은 사적인 것과 공적인 것, 주관적인 것과 객관적인 것, 감정적인 것과 이성적인 것, 즉 여성원리와 남성원리를 재통합한다.

사람들로 하여금 가족에 대한 대안을 실험해보지 못하게 막는 저항의 주요소는 무엇이며, 그것은 어디에서 오는 것인가? 우리는 모두 『멋진 신세계Brave New World』*를 자세하게 잘 알고 있다. 개인주의는 폐지되어 냉정한 집단주의가 되고, 성교는 기계적인 행위로 축소되고, 아이들은 로봇이 되며, 빅브라더Big Brother가 모든 사생활에 끼어들고, 아기들은 비인격적인 기계들에 의해서 일렬로 먹여지고, 우생학eugenics은 국가에 의해서 조작되며, 흰 가운을 입은 기술자들에 의해 창조된 우수인종을 위해 장애인이나 저능아는 학살당하고, 모든 감정은 나약함으로 여겨지며, 사랑은 파괴되고 등등. 가족(그것의 억압성에도 불구하고, 가족은 국가권력의 침해로부터 피하는 마지막 피난처이며, 약간의 감정적 온기, 사생활, 개인적 안락함을 제공해주는 당장 이용가능한 대피소인 것이다)은 파괴될 것이고, 이 공포는 집안을 뚫고 들어올 것이다.

역설적으로, 『1984』가 지속적으로 자주 되풀이되는 이유 중의 하나는 그것이 현재의 남성우월적 문화의 악행을 과장하면서 직접적으로 생겨난 것이기 때문이다. 예를 들어 그 소설에 나오는 많은 시각적 묘사들이 고아원이나 국가가 운영하는 아동기관으로부터 직접 따온 것이다.[2] 이것은 남성을 동일시 방식으로 불

*영국의 소설가 올더스 헉슬리Aldous Huxley의 소설. 1932년에 출판되었다. 문명이 극도로 발달하여, 과학이 모든 것을 지배하게 된 세계를 그린 반(反)유토피아적 풍자소설이다.

[2] 비록 고아원에 있는 아이들이 부모가 자녀에게 주는 따뜻함과 관심조차 받지 못하여 불구가 되는 것은 사실―여러 시험들은 고아원에 있는 아이들이 IQ가 낮고, 감정적으로 매우 부적응하며, 모성적인 돌봄을 박탈한 유명한 원숭이 실험에서처럼 성적 기능조차 불구가 되거나 파괴되었음을 보여준다―이지만, 급진적인 대안의 신빙성을 없애려고 이러한 통계들을 의기양양하게 인용하는 사람들은 고아원이 급진적 대안의 반대되는 것antithesis임을 인식하지 못한다. 실체도 고아원은 우리가 바보삽으려고 하는 것의 실과들이나. 고아원은 가족의 이면으로 매춘이 가부장제 결혼제도의 **직접적 결과**인 것과

구로 만든 것처럼 여성을 불구로 만들어온 사회의 시각이며, 따라서 서로 맞물리며 의존하는 미묘한 균형을 파괴하는 것이다.

우리는 정반대의 것을 제안하고 있다. 여성원리를 남성이 주기적으로 안심하고 피할 수 있는 '사적인' 도피처로 집중시키기보다는 재확산시키기를, 처음으로 사회를 시작부터 진정 창조하기를 원한다. 남성의 자연에 대한 힘겨운 승리는 진정 자연적인 것을 회복할 수 있게 해주었다. 남성은 아담에의 저주와 이브에의 저주를 모두 풀 수 있었으며, 세속적인 에덴동산을 다시 세울 수 있게 되었다. 그러나 오래 노역하는 동안 상상력은 짓눌려져 버렸다. 그는 자신에의 저주에다 이브에의 저주까지 추가된, 힘들고 고된 일을 늘리는 것을 상당히 두려워한다.

그러나 이러한 잠재의식적 공포의 이미지가 페미니즘에 대한 진지한 고려를 좌절시키는 더 구체적인 이유는 과거의 사회적 실험들이 실패했다는 데 있다. 급진적인 실험들은 어떻게 해서든

마찬가지이다. 매춘이 결혼을 보완하는 것과 같은 의미에서, 고아원은 대다수의 아이들이 유전적 부모에 의한 보호제도 아래서 살고 있는 사회에서 보완적인 필요악이다. 전자의 경우, 여성들은 보호 하에서 존재하기 때문에 소유주가 없는 여성들은 특별한 대가를 치른다. 후자의 경우, 아이들이 사회의 자유로운 구성원이 아니라 특정 개인의 소유물이기 때문에 소유주를 알 수 없는 아이들은 고통을 겪는다.

고아들이란 모든 아이들은 생존하기 위하여 부모를 가져**야만 한다**고 명령하는 사회에서 부모를 가지지 못한 불운한 아이들이다. 모든 성인들이 유전적 자녀에 의해 독점되었을 때, 소유주를 알 수 없는 아이들을 돌볼 사람은 아무도 남지 않는다. 그러나 만일 **어느 누구도** 아이들과 배타적인 관계를 갖지 않는다면, **모든 사람들**은 **모든** 아이들에게 자유로울 것이다. 친자녀에게 편협하게 집중하기보다는 아이들에 대한 자연스런 관심이 모든 아이들에게 확산될 것이다.

고아원 제도의 폐해들, 막사나 다름없는 생활, 비인격성, 익명성은 이러한 제도들이 배타적인 가족제도에서 거부된 아이들을 위한 **쓰레기 하치장**이기 때문에 생겨난다. 반면 우리는 가족의 감정이 전체 사회에 퍼지기를 원한다. 아동기관들과 그것들이 낳은 결과는 혁명적 대안으로부터 가장 멀리 치워졌는데 그 이유는 아이들을 전체 사회에 통합시키고, 완전한 경제적·성적 자유를 승인하라는 우리의 필수적인 요구들을 그것들이 거의 모두 위반하기 때문이다.

문제들을 해결했을 때 그 자리에 전적으로 새로운—그리고 필연적으로 개선된 것이 아닌—일련의 문제들을 만들어냈던 것이다. 실패의 원인들을 파악하기 위하여 몇 가지 급진적인 실험들을 간략하게 살펴보자. 나는 실험에서 주어진 본래의 가정들과 그것의 특정한 사회적 맥락 안에서 실패가 놀라웠던 경우는 없었다고 믿는다. 그러면 우리는 이러한 정보를 우리의 기획에서 가장 피해야 할 것을 가르쳐주는 또 다른 귀중한 부정적 지침으로 이용할 수 있다.

*

모든 현대사회의 실험 중 가장 중요한 실패는 러시아 공산주의the Russian Communes였다.(러시아 혁명의 실패는 일반적으로 모든 급진파에게는 골칫거리가 된다. 그러나 그것이 공산주의의 실패와 직접 연관된 것은 거의 주목하지 않는다.) 그것은 역설적이게도 가족의 폐지와 전체주의적 국가의 발달 간의 인과관계를 가정하게 했다. 이러한 관점에서는 나중에 러시아에서 핵가족제도가 재도입된 것이 인간적인 가치들, 즉 당시 급격하게 사라져 가고 있던 사생활, 개인주의, 사랑 등을 구제하려는 필사적인 시도로 보여진다.

그러나 사실은 그 반대이다. **계급 없는 사회를 성취하려 했던 러시아 혁명의 실패는 가족과 성적 억압을 제거하려는 미온적인 시도의 실패라고 추적할 수 있다.** 이 실패는 결국 경제적 계급에만 기초한 남성 편향의 혁명적 분석에 대한 한계에서 기인했다. 즉, 가족을 경제적 단위로서의 기능 면에서조차 고려하지 않았기 때문에 실패했던 것이다. 마찬가지로, **지금까지의 모든 사회주의 혁명은 똑같은 이유로 실패해왔거나 앞으로도 실패할 것이다.** 현재의 사회주의하에서는 어떤 최초의 해방이라도 항상 억압으로 다시 돌아가야만 한다. 그 이유는 가족 구조가 심리적·경제적·정치적 억압의 **원천**이기 때문이다. 여성을 노동력이나 군대에 포섭함으로써 가족 내부의 권력구조를 완화시키려는 사회주의자의 시도는 개혁주의적인 것일 뿐이다. 그러므로 지금 세계의 여러 부분을 구성하고 있는 사회주의는 자본주의가 개선된 것이 아닐 뿐만 아니라 종종 더 나쁘다는 것은 놀라운 일이 아니다.

이것은 『1984』의 주요 구성 요소를 발전시킨다. 즉, 친밀함, 편안함, 사생활, 개인주의 등을 위한 마지막 피난처로서의 가족이 파괴되는 것, 상부구조 경제가 생활의 모든 면을 완전히 침해하는 것, 성적 계급 구분의 완전한 제거가 아니라 여성을 **남성**의 세계로 징발해가는 것들 말이다. 외부 세계에서 여성적 요소를 재확립할, 다시 말해 '사적인 것'을 '공적인 것'에 포섭할 대비가 안 되어 있으며, 여성원리가 더 큰 사회를 인간화하기 위하여 확산되는 것이 아니라 최소화되고 제거되어 왔기 때문에 그 결과는 공포인 것이다.

『성혁명』에서 빌헬름 라이히는 현재까지 분석된 러시아 공산주의가 실패한 구체적이고 객관적인 이유를 다음과 같이 요약하였다.

1) 지도력과 문제의 회피를 혼동한 것.
2) 구 러시아, 전쟁, 그리고 기근으로 주어진 문화적 후진성을

전반적으로 재구축해야 하는 힘든 과제.

3) 이론의 결여. 러시아 혁명은 그러한 종류의 혁명으로는 최초의 것이었지만 기본적인 혁명이론의 형성에서 감정적-성적-가족의 문제들을 다루려는 시도가 없었다. 우리의 용어로 말하자면 여성-아동의 억압에 관한 '의식화'가 결여되어 있었고, 혁명 자체를 선행하는 급진적인 페미니스트적 분석이 결여되어 있었다.

4) 가족에 의해 역사를 통틀어 생성되고 강화된 개인의 성-부정적 심리구조the sex-negative psychological structure는 바로 이 구조로부터의 개인의 해방을 저해했다. 라이히가 말한 대로 "인간은 무척이나 열망했지만 그들 자신의 구조와 일치하지 않는 바로 그러한 종류의 삶에 대한 엄청난 공포를 가지고 있다는 것을 기억해야만 한다."

5) 섹슈얼리티의 폭발적이고 구체적인 복잡성.

라이히의 그 당시의 묘사를 통해서 우리는 그들을 이끌어갈 면밀한 이데올로기 없이 스스로를 해방시키려고 노력하는 사람들의 커다란 좌절을 감지한다. 결국은 충분한 준비 없이 시도했다는 사실이 그들의 실패를 더 극단적으로 만들었다. **완전히 제거하지 않고 성적 양극화의 균형을 파괴한 것은 아무것도 안 한 것보다 더 나빴다.**

*

널리 선전된 또 다른 실험적 공동체는 이스라엘의 키부츠kibbutz*
이다. 여기서의 실패는 극단적인 것은 아니지만, 가장 흔한 비판
은 키부츠의 아이들은 개인주의를 결여하고 있고 그들의 심리에
는 가족에 대한 제거의 대가인 '집단성'이 있다는 것이다.('만약
당신이 대가를 지불하기 원한다면⋯⋯ 글쎄⋯⋯.') 키부츠 생활의
효과에 대한 많은 연구들이 있지만 나는 나 자신의 경험으로 보
여 주는 것을 선호한다.

노동분업은 여전하다. 내가 머문 짧은 기간 동안 나는 다음과
같은 것들을 관찰했다. 미국인 공인간호사 한 명이 의무실의 일
자리를 구할 수 없었는데 그 이유는 모든 여성들이 부엌에서 필
요했기 때문이었다. 신발 가게의 자리 하나가 가죽공예에 숙련된
여성이 아니라 한 소년 견습공에게 갔다. 오직 외국 여자들만이
순진하게 왜 여성이 야외에 나가지 않고 세탁장, 재봉실, 혹은 기
껏해야 닭장에 갇히는지를 묻는다.(한 여자는 나에게 트랙터를
운전하는 일은 여자의 얼굴을 망치기 쉽다고 설명하였다.)

아이들은 자신들의 유전적 부모와 강력하게 동일시한다. "**나
의** 엄마, **나의** 아빠"인 "에마 쉘리Ema Sheli, 아바 쉘리Abba Sheli" 같은
말을 몇 번이고 반복해서 듣게 된다. 그 어조는 미국의 모든 골
목에서 모든 아이가 '네가 이걸 하지 않으면 우리 아빠에게 말할
테야' 혹은 '우리 엄마가 네 엉덩이를 때릴 걸'이라고 말하는 것과
같다. 최악의 결과들은 피했다 하더라도 가족의 유대는 강하게
남아 있다.

*현대 이스라엘에서 인습적인 '가족'의 대안을 얻어 내려는 목적으로 설립된
소규모의 사회주의적 농업공동체이다. 집단노동, 공동소유라는 사회주의적 생
활방식을 고수했으나 자본주의식 사유재산 제도와 상업주의 문화를 빠르게
도입하면서 쇠락의 길로 접어들었다. 현재는 키부츠 인구의 15%만이 농업에 종
사하고, 노동력의 40% 가까이가 타이인들과 아랍인들이다.

아이들은 무엇보다도 그들만의 특별한 시설과 소형 동물농장 및 식사 시간 등의 프로그램으로 여전히 분리되어 있다. 학교교육은 '등수 매기기'와 같은 최악의 면들은 제거되었지만 유럽식 모델을 따르고 있다. 교사와 학생의 비율이 1:20인 교실 수업은 계속되고 있으며, 배움 그 자체가 아니라 어른의 승인이 여전히 최종 목표가 되고 있다.

성 역할 모델Sex role models이 육성되고, 성별 분리는 없어지지 않았다.(남성과 여성은 각기 다른 목욕탕을 사용한다.) 그리고 동성애나 양성애bi-sexuality에 관해서 들어본 적이 없기 때문에 내가 그 이야기를 꺼냈을 때 몇 명의 여자들은 항의의 의미로 방을 나가버렸다. 상반되는 소문에도 불구하고, 키부츠는 성적으로 점점 더 보수화하고(독신여성이 피임약을 요구하는 것은 당혹스러운 일이고, 성병은 치욕이다), 사회적으로 승인한 상대와의 장기적인 결합 이외에는 눈살을 찌푸린다. 키부츠에서의 섹슈얼리티는 더 큰 사회의 섹슈얼리티와 별반 차이 없이 인습적으로 조직되어 있다. 근친상간의 금기와 그것의 모든 억압적인 결과들이 가족에서 동료집단으로 단순히 확대되었을 뿐이다.

사실상 키부츠는 급진적인 실험이 아니라 특별한 농업적 목표를 진전시키기 위하여 제도화된 제한적인 공동체일 뿐이다. 키부츠는 일련의 고유한 민족적 상황에 더 잘 적응하기 위하여 전통적인 사회구조를 희생하도록 잠정적으로 강제된 농업 개척자들의 공동체에 불과하다. 혹시라도 이러한 상황이 변화하면 키부츠는 '정상적'인 상태로 되돌아갈 것이다. 예를 들어 내가 머물렀던 키부츠의 극좌파 여성들은 하루에 식사를 여섯 번 할 수 있는 공동부엌 이외에 개인 부엌을 요구하는 일에 관심을 가지고 있었다. 그들은 여전히 자상한 아내의 역할을 맡고 있었으나, 그 배역을 실행하는 데 적당한 소도구는 거부당하고 있었던 것이다. 마음껏 누리기 어려운 옷, 유행, 화장, 멋에 관한 그들의 관심은 농촌 처녀가 대도시의 악덕을 갈망하는 것과 닮았고 정말로 **그랬다.** 실제로 성취하는 것이 어려운 만큼 환상은 더욱 강렬해지는 것이다. 또한 나는 초저녁에 키부츠의 거주 지역을 통과할 때, 미국의 조용한 교외 지역이나 소읍을 걸어가고 있다고 쉽게 상상할 수 있었다. 성냥갑 같은 집들은 쁘띠부르주아가 사유재산에 쏟는 관심으로 돌보아졌고, 아파트의 장식들도 마찬가지로 정성껏 돌보아졌다.(재산으로 다시 반환된 것은 '다만 현실적인 것일 뿐'이었다. 예전에 키부츠 주민들은 개인의 옷까지 나누어 입었지만, 곧 그러는 것에 싫증을 냈다.) 소유물은 여전히 결핍된 자아deficient self의 필연적인 연장이다. 왜냐하면 아이들이 여전히 소유물이기 때문이다. 어린이집 밖에서 지도자Big Mama를 뒤따르는 어린 아이들의 행렬은 어디에서나 볼 수 있는 유치원의 모습과 같다. 아이들은 여전히 억압되고 있다.

놀라운 것은 키부츠의 실험에 깊이가 결여되어 있음에도 불구하고 놀라운 것으로 드러났다는 점이다. 노동 분업, 핵가족과 그로 인한 성적 억압, 소유에 대한 의식 등등을 약화시킨 것에 비례하는 결과는 훌륭하다. 나는 키부츠의 아이들이 미국 내 가족 구조에서 자란 다른 아이들보다 육체적으로, 정신적으로, 감정적으로 더 건강하다는 인상을 받았다. 그들은 외부 세계에 관한 커다란 호기심을 가지고 있었으며 더 친절하고 더 관대하였다. 그들의 부모들은 신경질적이거나 들볶지 않았고, 그래서 자식들과 더 좋은 관계를 유지하는 것이 가능했다. 그리고 그들의 창의

성과 개성은 공동체의 형편이 닿는 데까지 장려되었다.

*

제한적이긴 하지만 널리 알려진 또 다른 실험, 즉 기대 이상으로 좋은 결과를 가져온 것은 니일^A·S· Neill의 서머힐^Summerhill이다. 영국 북쪽에 있는 그의 작은 실험학교에 관한 유명한 책인 『서머힐: 자녀 양육에 관한 급진적인 접근^Summerhill: A Radical Approach to Childrearing』(이 책은 이 나라에서 모든 자존감 있는 진보주의자, 급진주의자, 보헤미안 및 학구적인 부모들의 책꽂이에 꽂혀있다)에서, 닐은 평범한 아이들이 '자유롭게' 스스로를 규제하는 아이들로 이행하는 것을 서술하고 있다. 그러나 서머힐은 자녀 양육에 관한 '급진적인' 접근이 아니다. 그것은 진보적인 접근이다. 진정한 혁명가라기보다는 교육 개혁자인 니일[3]은 돈과 진보적인 시각을 가진 부모들이 우리의 현 제도의 희생자인 아이들을 서머힐로 보낼 수 있도록 작은 피난처를 세웠다. 이 피난처 안에서 아이들은 가족 안에 내재하는 권위주의의 해로운 영향들을 모면하게 되었고, 그곳을 지배하는 사람들과—명백하게 모순되지만—동등한 존재로 인정받았다.(니일의 투표도 단 한 표로만 인정되었는데, 짐작건대 진정한 위기 상황에서는 투표로 결정하지 않을 것이다. 어떤 경우든 아이들은 아무리 자애롭다 하더라도 누가 우두머리인지를 늘 알고 있다.) 그리고 의무교육^compulsory

---

[3] 니일은 스스로에 대해 말하기를, "비록 내가 사회에 관하여 생각하는 바를 쓰고 말하지만, 만일 내가 **행동으로** 사회를 개혁하고자 노력한다면, 사회는 나를 공적인 위험인물로서 매장시킬 것이다.…… 나의 일차적인 임무는 사회의 개혁이 아니라, 소수의 아이들에게 행복을 사셔나주는 것임을 (나는 깨달았다)"라고 한다.

education은 완화되었다. 아이들은 원할 때만 배운다. 하지만 완화된 교실의 구조는 느슨해지긴 했어도 변화되지 않은 채로 남는다. 또 다른 예로, 자위행위는 눈살을 찌푸리게 하는 것은 아니지만, 성교는 절대 권장되지 않는다.(결국, 니일은 '그들이' 학교를 폐쇄해 버릴 수도 있다는 것을 잊지 않는다.) 더욱 나쁜 것은, 그런 실험의 범위를 벗어난 것으로, 성 역할을 제거하기 시작하지도 않았다는 것이다.[4] 왜냐하면 아이들이 학교에 입학할 때인 다섯 살이나 그 이상의 나이가 되면 가족에 의해서 이미 성심리적으로 형성되어 있기 때문이다. 그때에는 모든 면에서—심리적·성적·교육적으로—제도의 가장 가혹한 어떤 면을 유화시킬 수 있을 뿐이다.

분명히, 문제는 근원부터 공격당하지 않았다. 법적으로 아이들은 여전히 부모들의 권한 아래 있다.(그리고 아이들은 자신들을 서머힐로 보낸 부류의 부모들에게 편지를 쓸 수도 없다.) 니일

[4] 사실상 니일과 그의 아내 에나Ena는 꽤 대가족을 위해서이긴 하지만 롤모델 role model의 역할을 한다. 니일은 난처하지만 그럼에도 불구하고 받아들이면서 성 역할이 되풀이되는 것에 대해 다음과 같이 논평한다.
"-어느 날써 좋은 날 당신은 서머힐의 소년 **갱스터들**gangsters(?)을 보지 못할지도 모른다. 그들은 **대담한 행동**을 벌이려고 멀리 떨어진 구석에 있다. 그러나 당신은 소녀들을 볼 것이다. 그들은 집 안이나 집 근처에 있고 결코 **성인들**로부터 멀리 떨어져 있지 않는다.
-당신은 미술실이 그림을 그리거나 천으로 무언가를 만드는 소녀들로 가득 찬 것을 종종 볼 것이다. 그러나 나는 전반적으로 어린 소녀들이 더 창조적이라고 생각한다. 적어도 나는 어떤 소년이 무엇을 할지 몰라서 지루하다고 말하는 것을 들어본 적이 없다. 반면에 나는 소녀들이 그렇게 말하는 것을 가끔 듣는다.
-학교가 소녀보다는 소년들을 위해서 더 잘 갖춰져 있기 때문에 아마 내가 소녀보다는 소년들이 더 창조적이라고 여기는지도 모른다. 열 살 혹은 그 이상의 소녀들은 철과 나무들을 갖춘 작업장을 거의 이용하지 않는다. …… 그들은 도자기, 리놀륨판 자르기와 그림 그리기, 그리고 재봉을 포함하는 예술작업을 하지만, 어떤 소녀들에게는 그것으로 충분하지 않다…….
-소녀들은 학교 회의에서 소년들이 하는 것보다 덜 적극적인 역할을 하는데, 그 사실에 관해 나는 준비된 설명이 없다."(강조는 필자)

은 방학 동안에 그가 한 일을 한방에 무효로 만들거나 피해자화 victimization에 대한 최악의 결과가 사라지자마자 아이를 끌고 가 버리는 부모들에 관해서 끊임없이 불평한다. 니일은 자신에게 유세를 떠는 부모들을 두려워한다. 결국 그는 부모들을 기꺼이 돕고 있는 것이다. 만일 그들이 생산품에 만족하지 않으면, 그림자 같은 '그들'은 최종 결정권을 휘두를 것이다. 그들은 서머힐 철학의 충실한 추종자[5]일 때조차도, 계속되는 방문과 질문을 하는 성가신 존재들이다. 숭배하는 방문객들과 의혹에 찬 조사관들(공식적인 조사관들 전부를 포함해서) 사이에서, 아이들은 '소중한' 대상이라는 통상적인 지위에서 거의 나아진 것이 없는 동물원에서의 생활에 익숙해져야만 한다.

그러면 어떻게 이것이 달라질 수 있겠는가? 서머힐은 아이들이 어른들로부터 더—덜이 아니라—분리된, 도시 생활의 평범한 삶으로부터조차도 격리된 피난처이다. 그리고 그 학교는 바로 그 존재 자체가 '부모들'과 진보적인 기부자들에게 빚지고 있다. 그것은 자체의 경제를 가진 자족적인 공동체가 아니라서 최후의 수단으로서 진보주의로 후퇴한 부모들이 정서적으로 불안한 아이들을 데리고 가는 연중무휴의 캠핑장이 되기 쉽다. 아이들의 수가 어른들의 수보다 훨씬 많고, 프로젝트의 정당성을 위해 아

---

[5] 고립된 서머힐 학교 실험이 다소 제한적이지만 승리를 거뒀다면, 서머힐 '가정'은 참패했다. 핵가족과 아이의 진정한 자유 사이의 깊은 모순을 전혀 깨닫지 못하고, 가족생활에 그들 고유의 개인적인 서머힐을 도입하려는 부모들을 보는 것만큼 슬픈 일은 없다. 나는 아이들에게 손님(나)을 때리지 말라고 구걸하는 신세로 전락한 어머니가 있는 가정에서 살아본 적이 있다. 그들은 아이가 적어도 그 존재를 **알고**, 사실상 자극하기까지 하는 권력을 감히 이용하지 않았다. 아이들이 주기적으로 가족회의로 끌려가는 가정들도 있다. 그러나 모든 이러한 진보적인 조치에도 불구하고, 아이들은 진짜 결정들이 부모들에 의해 통제된다는 것을, **누가 권력을 쥐고 있는지**를 본능적으로 알고 이 지식 위에서 행동한다.

이들의 소망과 견해가 세상의 어떤 곳보다 지켜지고 '존중되지'
만, 그것은 현실 공동체 속으로의 진정한 통합에 기반한 것이 아
닌 인위적인 존중일 뿐이다.

그리고 만일, 단지 이러한 피상적인 개혁만으로도 아이들이
현저하게 개선된 행동을 보여준다면, 즉 공격성, 억압, 적대감이
진정한 예의, 심리적 여유, 정직성으로 대체된다면, 진정한 혁명
적 조건에서 우리가 무엇을 기대할 수 있는가를 생각해보라.

*

급진적 페미니스트의 관점에서 이러한 것들과 다른 사회적 실험
들을 면밀하게 연구하는 것은 페미니스트 이론에 소중한 기여를
할 것이다. 우리는 간략하게 살펴보았다. 우리는 그것들이 페미
니스트 혁명을 위한 네 가지 조건들을 이행하지 않는다는 것을
주로 보이기 위하여 한층 중요한 몇 가지 현대의 사회적 실험을
논의해 보았다.

실패의 원인들을 요약해보자.

1) 불평등한 노동분업과 성에 기초한 계급, 권력심리, 그리고
다른 악덕으로 이끄는 여성의 생식에 대한 생물학적 유대(그리
고 그 뒤에 아이 양육)는 전혀 끊어지지 않았다. 여성의 역할은
제거되기보다는 확대되었다. 어떤 여성들은 예전 일들에다 새로
운 일들까지 받아들여야 했다. 따라서 여성들이 상부구조인 남
성 경제에 (부분적으로) 선발되었을지라도, 보통 임시적인 노동
수요를 메꾸려는 것이었지 여성의 역할이 더 큰 사회를 통틀어

확산되었던 적은 전혀 없었다.

2) 서머힐과 같은 경우, 실험이 (보다 더 억압적인) 더 큰 사회의 경제와 선의에 의존하고 있고 그렇기 때문에 기생적이었으며 그 토대부터 불안정한 것이었다. 하지만 실험의 기원에서부터 사회주의적인 공동체에서는 그것이 큰 문제가 되지 않았다. 공동체와 키부츠의 아이들은 특정 개인에게 의존하듯이 공동체 전체에 의존한다고 느낀다. 종종 그들은 생산적인 노동에 참여하기도 한다. 노동분업에서만 이러한 실험들은 여전히 (경제학 용어로) 채무 이행 중인데, 그것은 알다시피 다른 이유로 발달하는 것이다.

3) 아이들의 계속되는 분리와 학교를 없애거나 적어도 급진적으로 학교를 재구성하는 데 실패했다. 분리의 방법은 극단적인 군대 막사 같은 고아원에서부터 서머힐 같이 더 진보적으로 마련된 캠핑장이나 키부츠의 어린이집인 베이트 옐라딤Beit Yeladim에 이르기까지 다양했다. 그러나 그것의 파괴적인 영향은 완화됐을지라도 아동기 자체에 대한 개념을 의문시하거나 아동기의 장치들(초등학교, 아동 문학, '장난감' 등)을 모두 없애버린 경우는 없었다.

4) 성적 억압은 계속된다. 그 이유는 부분적으로는 여성과 아이 사이에 탯줄로 묶인 특별한 관계를 끊어버리는 데 실패했기 때문이고, 또 부분적으로는 선구자들이 그들 자신의 '성-부정적' 구조들sex-negative structures[6]을 극복할 수 없었기 때문이다.

여기서 실패의 다섯 번째의 원인을 덧붙이고자 한다.

5) 페미니스트적인 의식과 실험의 시작에 선행하는 분석에 대

---

[6] 빌헬름 라이히는 자유로운 아이의 섹슈얼리티에 대한 첫 징후를 다루는 러시아인들의 무능력을 논의한다. 청교도적인 개념에서 아이의 성은 자연적인 섹슈얼리티로 회귀하는 첫 단계로서보다는 도덕적 파탄의 징후로 해석되었다.

한 발전이 없었다. 이러한 실패의 가장 좋은 예는 현재 미국에서 행해지는 공동체 실험이다. 그것은 더 많은 수의 사람들을 포함하기 위하여 가족 구조를 단순히 확장한 것에 불과하다. 노동분업은 잔존하고 있다. (아이) 침대 혹은 부엌에서의 여성의 역할이나 부양자로서의 남성의 역할이 의문시되지 않고 있기 때문이다. 그리고 '어머니-자녀'의 공생관계가 고스란히 남아 있기 때문에, 공동체가 깨졌을 때—평범한 결혼이 주는 보호조차 없이—어머니를 곤경에 빠뜨린 채 유전적 아버지뿐만 아니라 모든 '대부대모들godparents'이 사라지는 것은 이상한 일이 아니다.

그러므로 여성들과 아이들이 더 큰 사회에서 완전한 구성원이 된 진정한 예는 결코 없었다. 인류 역사의 모권제 단계에서처럼 현대의 사회적 실험은 역사를 통해 남성 우월성을 공고히 하는 내에서 상대적으로 완화시키는 것을 의미할 뿐이다. 그것은 성 억압의 근본적인 조건을 결코 바꾸지 못했다. 여성들과 아이들에게 생겨난 혜택은 다른 사회적 목적들에 **부수적인** 것이었다. 그리고 그 목적들은 성 억압의 방대하고 인식되지 않은 층위들에 의해서 방해를 받았다. 그들의 이데올로기가 앞서 언급한 최소한의 페미니스트적 전제들 위에서 확립된 것이 아니기 때문에, 그러한 실험들은 (남성) 이론가들과 지도자들이 예측했던 보다 제한적인 민주적 목표조차 전혀 성취하지 못했던 것이다. 하지만 좁은 영역에서의 그들의 성공은 생물학적 가족 단위가 변화할 여지가 있다는 것을 보여준다. 그러나 우리는 억압을 완전히 제거하도록 바라기 전에 가족제도를 전적으로 폐기해야 할 것이다.

*

하지만—공정하게 말해서—가장 기술적으로 앞선 나라들에서 페미니스트 혁명의 진정한 전세조건들이 존재하기 시작한 것은 단지 최근일 뿐임을 인정해야 한다. 처음으로 가족을 도덕적 근거—생물학에 기초한 성적 계급을 강화하고, (스스로 인종과 계급적 특권으로 더 나누는) 성인 남성이 모든 연령의 여성들과 남자아이들에 대한 지배를 촉진한다는 점에서—뿐 아니라 기능적인 근거에서도 공격할 수 있게 되었다. 즉, 가족이 더 이상 생식과 생산의 기본적인 사회 단위로서 가장 효과적이거나 필수적이지 않게 된 것이다. 인간의 일에 대한 관계뿐 아니라 일 자체의 가치도 의문에 부치는 사이버네틱스는 결국 가족에 실용적인 가치로 남아 있는 노동분업을 뿌리째 뽑을 것이다. 그리고 생식에 대해서 말하자면, 인공생식의 발달이 생물학적 생식 그 자체를 곧 의문시하게 하지 않을지라도 우리는 더 이상 보편적인 생식을 필요로 하지 않는다.

서서히 죽어가는 가족

현대 테크놀로지에 의한 가족 기능의 점진적 쇠퇴는 지금쯤은 이미 가족이 약화되는 어떤 신호를 발생시켰어야 했다. 그러나 사실은 절대로 그렇지 않다. 비록 제도는 낡은 것이지만 그것을 지원하기 위한 인위적인 문화적 강화재reinforcement들이 도입되었다. 감상적인 설교들, 지침서들, 신문과 잡지에 연재되는 칼럼들, 특별 강연들, 특별 서비스들, 그리고 전문직에 종사하는 부부·부모·교사들을 위한 제도들, 향수심, 가족제도를 의문시하거나 회피하려는 개인들에게 주어지는 경고들, 그리고 마지막으로 만일 체제 거부자들의 수가 심각한 위협이 될 정도가 되면 비순응자들에 대한 공공연한 핍박을 포함하는 진짜 반동 등이 그것이다. 마지막 것은 아직 필요하지 않다는 이유으로 발생하지 않았을 뿐이다.

결혼은 교회와 마찬가지의 상태에 있다. 양쪽 모두 기능적으로 무능하게 되어, 그 설교자들이 부활을 예고하기 시작하면서 공포 시대의 개종자들에게 열심히 점수를 따고 있다. 종종 신은 죽었다고 선언되지만 신이 교활하게 그 자신을 부활시키는 것과 마찬가지로 모든 사람들이 결혼의 정체를 폭로하지만 결국은 결혼으로 끝나는 것이다.[7]

무엇이 결혼을 이렇게 살아있게 하는가? 나는 20세기에 있어서의 결혼에 관한 문화적 방어벽을 몇 가지 지적했었다. 우리는 결혼과 무관한 사랑, 일부일처제 결혼의 필수적인 부가물이었던 축첩hetairism에 관한 낭만적 전통이 가장 실용적인 제도와 어떻게 의도적으로 혼동되어 왔는지를 보았다. 이 혼돈은 결혼제도를 매력적인 것으로 만들어서 사람들로 하여금 감정적 욕구를 제대로 만족시키거나 혹은 더 잘 만족시킬 수 있는 다른 사회적 형태를 실험하는 것을 금지하게 한다.

결혼제도의 실용적인 기반들이 모호해지는 것과 더불어 커지는 압력 아래서, 성 역할은 빅토리아 시대의 사람들이 수치스럽게 여길 정도로까지 완화되었다. **그는** 자신의 역할에 대해서도, 결혼의 기능과 가치에 관해서도 전혀 의심하지 않았다. 그에게 결혼이란 단순히 이기적 이득에 대한 경제적 약정이고, 육체적

---

[7] 모든 미국 여성들의 95%가 여전히 결혼하고 90%는 대개 둘 이상의 자녀를 낳는다. 평균 수(둘부터 넷까지)의 자녀를 가진 가족들이 여전히 우세하여 더 이상 그 원인을 전후 베이비붐으로 돌려질 수만은 없다.

욕구를 가장 쉽게 만족시켜주며 상속자를 재생산하는 것일 뿐이었다. 그의 아내 역시 의무와 보상에 관해서 명확하게 알았다. 즉, 그녀 자신과 성적·심리적인 것에 대한 완전한 소유권, 그리고 평생동안 가사노동으로 봉사하고 그 보상으로 지배계급의 일원에 의한 장기적인 후원과 보호를 받는 것이다. 답례로 그녀는 아이들이 일정한 나이에 이를 때까지 제한적인 지배권을 갖게 된다. 오늘날 분리된 역할에 기반한 이러한 계약은 감정에 의해 위장되어 왔기 때문에 수백만의 신혼부부들이나 결혼한 지 오래된 대부분의 부부들조차 전혀 인식하지 못하고 있다.

그러나 이러한 경제적 계약이 모호해지고 결과적으로 성 역할이 혼동되는 것이 여성의 억압을 크게 덜어주지는 않는다. 많은 경우, 그것은 여성을 더 상처받기 쉬운 위치에 밀어 넣을 뿐이다. 부모가 확실한 결혼 상대를 주선하는 것이 거의 폐지되면서, 여전히 하층계급의 일원인 여성은 없어서는 안 될 남성의 후원과 보호를 얻기 위하여 지루하면서도 냉정해 보이는 남성을 뒤쫓는 필사적인 게임을 해야만 한다. 그리고 일단 그녀가 결혼했을 때조차도, 역할의 중첩은 일반적으로 남편 쪽이 아니라 아내 쪽에 생긴다. "아끼고 보호하라"는 서약은 제일 먼저 잊혀지는 것이다. 반면, 여성은 '거들려고' 일하러 가는 특권, 남편의 대학 학자금을 마련하는 특권까지도 얻는다. 점점 더 그녀는 감정적으로뿐만 아니라 이제는 보다 실제적인 면에서도 결혼의 타격을 떠맡는다. 그녀는 그야말로 자신의 일에다 그의 일까지 추가하게 된다.

더 이상 쓸모없는 제도를 지탱하는 또 하나의 문화적 버팀목은 결혼 경험의 사유화privatization이다. 모든 결혼 상대는 그의 부모에게 일어난 일, 그의 친구에게 일어난 일은 결구 그에게 일어날 수 없다고 확신하면서 결혼에 들어간다. 파탄 난 결혼이 전 국민적인 취미이자 보편적인 강박관념이 된 것은, 결혼과 이혼에 관한 안내서를 출판하는 사업이 흥하는 것, 여성잡지 산업, 결혼상담사와 정신분석가라는 부유층 계급, 족쇄와 술책에 관한 온갖 레퍼토리, 연속극 같은 문화적 산물들, 예를 들어 '왈가닥 루시'나 '우리 아빠 최고'와 같은 결혼과 가족에 관한 TV 장르, 존 카사베츠John Cassavetes 감독의 '얼굴들Faces'과 에드워드 올비 Edward Franklin Albee의 '누가 버지니아 울프를 두려워하랴?Who's Afraid of Virginia Woolf?' 같은 영화나 연극들에서 목격된다. 여전히 사람들은 어디서나 '우리는 다르다'는 식의 반항적인 낙관주의를 접하게 되는데, **그것**이 가능하다는 것을 증명하기 위하여 그 사회에서 하나의 좋은 (어쨌든 외적으로는 모범적인) 결혼을 습관적으로 인용한다.

성적 사유화는 '음, 나는 내가 좋은 엄마가 될 거라는 것을 알아'와 같은 말에서 드러난다. **모든 사람들이** 그렇게 말한다는 것을, 지금 '나쁜' 부모로 '형편없는' 배우자로 일축되고 있는 바로 그 부모들이나 친구들도 모두 똑같은 마음으로 결혼했고 부모가 되었다는 것을 지적하는 것은 쓸데없는 일이다. 결국 '나쁜' 결혼을 **선택**하는 사람이 누가 있겠는가? '나쁜' 엄마가 되겠다고 **선택**하는 사람이 누가 있겠는가? 그것은 '좋은' 대vs 나쁜' 배우자나 부모의 문제라 하더라도, 좋은 경우만큼 많은 나쁜 경우가 언제나 있는 것이다. 통상적인 결혼과 부모[성]parenthood이라는 현재의 제도 아래에서는, 운이 좋은 사람들만큼 운이 나쁜 배우자들과 아이들이 있을 수밖에 없다. 사실상 '좋은' 계급과 '나쁜' 계급은 동일한 비율로 자신을 재창조하게 되어 있는 것이다.[8] 그러므로 사유화 과정은 사람들로 하여금 결혼의 실패에 대한 이유를 제도보다는 자기 자신을 비난하게 하는 역할을 한다. 비록 그 제도가 불만족스럽고 심지어 썩었다는 것을 스스로 지속적으로 증명한다 하더라도 그들이 착용하도록 허용한 눈가리개가 그들로 하여금 자신들의 경우는 다를 것이라고 믿게 하는 것이다.

경고는 아무런 효과를 가질 수 없다. 논리는 사람들이 결혼하는 이유와 아무런 관계가 없기 때문이다. 모든 사람들은 자기만의 눈을 가지고 있으며 자기 자신의 부모이다. 만일 그녀가 모든 증거들을 가리기로 선택한다면, 그것은 그녀가 그렇게 해야만 하기 때문이다. 통제할 수 없는 세계에서, 개인들에게 통제에 대한 **환상**을 주고 안전성, 쉴 곳, 혹은 따뜻함을 제공하는 것처럼 보이는 유일한 제도들은 '사적'인 제도들이다. 종교, 결혼-가족, 그리고 가장 최근에는 정신분석 치료가 그것이다. 그러나 우리가 보아온 대로, 가족은 사적인 것도 피난처도 아니다. 가족은 개인이 더 이상 맞설 수 없는 더 큰 사회의 병폐와 직접 연결되어 있으며 그 원인이기까지 하다.

그러나 우리가 여지껏 논의한 문화적 방어벽들이—로맨스와 결혼을 혼동하는 것, 가족을 유지하는 데 필요한 성 역할과 가족의 본래의 기능을 흐리게 하는 것, 통제와 피난에 대한 환상, 성의 사유화 등 이 모든 것들은 점점 더 적대적인 환경 안에서

[8] 그러나 이러한 '좋고-나쁜' 이분법의 진정한 의미는 무엇인가? 결국, 잔뜩 지치고 무력한 계급에 반대되는 세심하고 열려있는 계급이라는 완곡한 **계급** 구분에 불과한 것이다. 그러나 학식 있거나 상층계급의 부모에게서 태어난 아이가 모든 면에서 더 운이 좋고, 계급과 이름, 상속받을 재산 덕에 상당한 특권을 받기는 쉽더라도, 아이들은 모든 계급 간에 평등하게 태어난다. 만일 불우한 사람들에게서 태어나는 아이의 수가 그렇지 않은 아이의 수보다 많지 않다면 본래의 불평등은 정확하게 같은 비율로 재생산된다.

살고 있는 현대인의 두려움을 이용하는 것으로—왜 결혼제도가
계속해서 번성하는지에 대한 온전한 대답은 여전히 아니다. 가
족의 지속성을 오로지 반동의 탓으로 돌리는 것은 너무 안이한
일일 터이지만, 부정적인 것들만으로는 가족을 필수적인 제도로
서 절대 유지할 수 없다. 유감스럽게도 우리의 네 가지 최소한의
페미니스트적 요구사항과 관련해 평가해볼 때, 결혼은 (그만의
비참한 방식으로) 최소한 우리가 논의해온 대부분의 사회적 실
험이 했던 것만큼이나 혹은 그보다 더 많이 요구사항을 만족시
킨다.

　　1) 생식과 자녀 양육의 횡포로부터의 여성 해방은 좀처럼 실
현되지 않고 있다. 그러나 여성은 종종 하인계급에 의해서(즉 일
부 노예들은 다른 사람들에게 개인적인 몸종으로 주어진다), 그
리고 현대의 결혼에서는 산부인과학, '가족계획', 그리고 학교와
탁아소처럼 자녀 양육의 기능을 점점 더 떠맡는 것들에 의해서
최악의 압박감에서 벗어난다.
　　2) 비록 여성과 아동의 재정적 **독립성**이 일반적으로 허용되지
는 않지만, 육체적 **안전성**이라는 대체물이 있다.
　　3) 더 큰 사회로부터 분리된 여성과 아동은 가족 단위 속으로
통합되고, 가족은 통합이 발생하는 유일한 곳이다. 남성, 여성,
아동 간에 상호작용이 거의 없어서 하나의 사회적 단위로 집중
되는 것은 그 단위를 포기하는 것을 더 어렵게 만든다.
　　4) 가족이 성적 억압의 원천이기는 하지만, 그것은 부부관계
에서 만족스럽지는 않다 할지라도 안정된 성의 공급을 보장한
다. 그리고 다른 사람들에게는, 많은 경우, 각 개인들이 앞으로

가질 유일한 장기적 관계인 '[성적] 목적이 억제된aim-inhibited' 관계를 제공한다.

따라서 결혼에는 사람들이 고수하려 하는 실제적인 이점이 있다. 문화적인 판매업만은 아닌 것이다. 백분율로 매겨볼 때 결혼은—적어도 필사적으로 해방된 유형의 것은—여지껏 시도된 대부분의 실험적 대안과 마찬가지의 비율일 것이다. 우리가 보아온 대로, 그 대안들은 어떤 조항은 충족시키지만 다른 조항은 충족시키지 못하거나 혹은 부분적으로만 충족시켰다. 그리고 결혼은 공인된 것이라는 이점이 추가된다.

그럼에도 결혼은 바로 그 정의상 참가자들의 욕구를 절대 충족시킬 수 없을 것이다. 왜냐하면 결혼은 우리가 이제서야 바로잡는 기술을 가지게 된 근본적으로 억압적인 생물학적 조건을 중심으로 조직되었고 그것을 강화하기 때문이다. 결혼제도를 가지는 한 우리는 그것에 내재된 억압적인 조건들을 가질 것이다. 낡은 대로 여전히 만족시키고 있는 결혼이란 것의 정서적이고 심리적인 욕구를 만족시키거나 더 잘 만족시킬 새로운 대안들에 대하여 우리는 이야기하기 시작할 필요가 있다. 그러나 어떤 제안이든 우리의 페미니스트적 구조에서는 결혼보다 적어도 하나라도 더 나은 것을 제시해야만 할 것이다. 그렇지 않으면 모든 경고에도 불구하고 사람들은 이번 한 번만은, 오직 그들에게만은 결혼이 의무를 다할 것이라는 희망을 품고 결혼에 매달려 있을 것이다.

대안

혁명적인 것에 대한 전형적인 덫은 언제나 '대안이 뭔데?'이다. 그러나 만일 당신이 질문자에게 청사진을 제시**할 수 있다** 하더라도, 그가 그것을 활용한다는 것을 의미하지는 않는다. 대부분의 경우 그는 진정으로 알기 원하는 것이 아니다. 실제로 이것은 흔한 공격으로, 혁명적 분노를 모면하려는 기술이며 혁명 그 자체에 등을 돌리려는 것이다. 더욱이 억압받는 사람들은 모든 사람을 납득시킬 책무를 갖고 있지 않다. **그들이** 알 필요가 있는 모든 것은 현 제도가 그들을 파괴하고 있다는 것이다.

어떤 명확한 방향이든지 혁명적 행동 자체에서 조직적으로 나와야 하는 것이지만, 나는 여기서 여전히 '위험하게 유토피아적인' 구체적 제안을 하고 싶은 생각이 든다. 그것은 청사진에 대한 책임은 없다는 노선the Not-Responsible-For-Blueprint Line이 나를 당혹하게 했던, 나 자신이 전-급진적pre-radical이었던 시절에 대한 연민이기도 하고, 또한 가족에 대한 대안과 관련한 특유의 상상력이 실패할 때의 정치적 위험성을 잘 알고 있기 때문이기도 하다. 우리가 보아온 대로 이러한 실패에는 타당한 이유가 여럿 있다. 우선, 역사상 페미니스트 혁명의 전례가 없다. 물론 여성혁명가들이 있었지만 그들은 남성혁명가들에게 이용당했을 뿐이다. 남성혁명가들은 급진적 페미니즘에 따라 사회를 재구성하기는커녕, 여성의 평등에 관해 입에 발린 말조차 하지 않았다. 둘째, 우리는 미래사회에 관한 문학적 이미지literary image조차 가지고 있지 않다. **유토피아적** 페미니스트 문학조차 아직 존재하지 않는 것이다. 셋째, 가족 단위의 본성은 우리가 가진 어떤 다른 사회조직보다 더 깊게 개인을 파고든다는 것이다. 가족은 말 그대로 그를 '그가 사는 곳으로' 데려간다.

나는 어떻게 가족이 그의 심리를 구조화하는지, 즉 궁극적으로 그가 가족을 절대적이라 상상하고 그 밖의 다른 이야기를 하는 것은 비정상적이라는 인상을 줄 때까지 그의 심리를 구조화하는지를 보여 왔다. 마지막으로, 대부분의 대안은 가족이 제공하는 약간의 정서적인 따뜻함조차 상실하도록 제안함으로써 그를 공포로 몰아넣는다. 이제 내가 그리려는 모델은 한 개인이 종이 위에 펼친 계획의 한계를 전제로 하는 것이다. 다음의 것들이 최종 답변이 아니라는 것을, 실제로 독자들이 앞서 펼쳐진 네 개의 구조적 명령들을 만족시키거나 혹은 더 잘 만족시키는 다른 계획을 세울 수도 있다는 것을 염두에 두기 바란다. 다음의 제안들은 대략적인 것들이고, 행동을 지시한다기보다는 새로운 영역에서의 사고를 자극할 것이다.

*

만일 우리가 우리의 요구사항을 이읓고 행할 수 있다면, 『1984』에 대한 대안은 무엇일까?

어떤 혁명에서든지 유지되어야 할 가장 중요한 특성은 **유연성**이다. 따라서 나는 다수의 선택의 여지가 동시에 존재하는, 어떤 것은 과도기적이고 어떤 것은 먼 훗날의 것으로, 서로 뒤섞이는 프로그램을 제안할 것이다. 한 사람의 개인은 10년 동안 하나의 '생활방식'을 선택하고, 다른 시기에는 다른 방식을 선호할지도 모른다.

1) 독신의 직업인

독신의 삶은 선택한 직업의 요구사항을 중심으로 조직되는데, 특별한 직업적 구조를 통하여 개인의 사회적·감정적 욕구를 만족시킴으로써 많은 개인들에게, 특히 과도기에 매력적인 해결책이 될 수 있다.

생식을 장려하는 것이 더 이상 유효한 사회적 관심사가 아님에도 불구하고 독신의 직업인은 실제로 사라지고 있다. 오래된 독신 역할들, 가령 결혼을 하지 않는 신앙생활을 하거나 궁정에서의— 어릿광대, 음악가, 시종, 기사, 충성스런 대지주 같은—역할들, 카우보이, 항해사, 소방수, 전국을 횡단하는 트럭 운전사, 탐정, 비행기 조종사는 그들 나름의 명망을 가졌었다. 직업적으로 독신이라는 것에 부착된 오명은 없었다. 불운하게도 이러한 역할들은 여성들에게는 좀체 개방되지 않았었다. 대부분의 독신여성 역할(노처녀 이모, 수녀 또는 고급 매춘부)은 여전히 그들의 성적 본성에 의해서 정의되었다.

많은 사회과학자들은 이제 인구문제에 대한 해결책으로서 정의상 비생식nonfertility을 함축하는 '일탈적인 생활양식'을 권할 것을 제안하고 있다. 리처드 마이어*는 예를 들어 '우주비행사'처럼 예전에는 남성에게만 할당되었던 매력적인 독신의 직업이 이제는 여성에게도 개방되어야 한다고 제안한다. 그는 그러한 직업들이 여성을 위해 존재하는 곳, 예를 들어 스튜어디스처럼 젊은 여자의 성적 매력에 기반하는 곳에서는 더 나은 직업이나 결혼으로 가는 도중의 제한된 중간 기착지가 될 수 있을 뿐임을 지적한

*Richard Meier: 1934-. 1960년대 뉴욕의 진보적인 건축가 그룹 '뉴욕파이브New York 5' 멤버 중의 한 사람으로 본격적인 활동을 시작하면서 미국 내 인지도를 높여갔고, 1980년대부터 세계적으로 신망을 받는 건축가로 자리매김하였다.

다. 그는 덧붙인다. "너무 많은 제한이 가정 바깥의 여성의 노동에 부과되고 있기 때문에 …… 직업의 역할을 심히 불쾌한 것으로 만들어 90% 혹은 그 이상의 여성이 가사를 월등한 대안으로 선택하게 하는 전全문화적 음모가 존재한다고 의심하고 있다." 우리 문화에 아직 존재하는 독신 역할의 확장에 여성을 포함시키고, 그러한 역할을 더 창조해내고, 그러한 직업들을 보상해주는 장려 프로그램을 가짐으로써, 우리는 어떻게 해서든 부모성 parenthood에 관심을 가지는 사람들의 수를 고통 없이 줄일 수 있을 것이다.

2) 함께 살기

처음에는 보헤미안이나 지식인 사회에서만 실천되었으나 이제는 일반인 사이에서도—특히 대도시의 젊은이들에 의해—일반화되어 사회적 풍습이 되어가고 있다. '함께 살기'는 성이 무엇이든지 간에 둘 또는 그 이상의 상대가 내적 역학관계에 따라 다양하게 비非법적인 성-동반자 합의 기간에 돌입하는 느슨한 사회적 형태이다. 계약은 당사자들 사이에서만 맺어진다. 사회의 이해관계와는 무관하다. 그 이유는 생식도 생산—당사자 일방이 상대방에 의존하는 것—도 개입되어 있지 않기 때문이다. 이러한 유연한 비형식적인 삶은 대부분의 사람들이 생애 대부분을 살아가는 표준단위가 되도록 확장될 수 있을 것이다.

처음의 과도기에는 한 쌍이 다른 사람들과 함께 사는 것을 선택하더라도, 성적 관계는 아마 일부일처제(이때쯤에는 남녀 공통의 평등한 성 도덕률, 여성적)일 것이다. 우리는 성적인 관계가 전혀 없는 집단생활제도('룸메이트')가 계속되는 것을 볼지도 모

른다. 그러나 비非가족생활을 몇 세대 거친 후에는 우리의 성심
리적 구조가 너무나 급진적으로 변화되어, 일부일처제 커플이나
'목적이 억제된' 관계는 쇠퇴해 갈지도 모른다. 우리는 무엇이 그
것을 대체할지 추측할 수만 있을 뿐이다. 어쩌면 진정한 '집단혼
group marriages', 즉 더 큰 아이들도 포함된 성을 초월한trans-sexual 집단
혼? 알 수 없다.

우리가 지금까지 제안한 두 가지 선택─독신의 직업인과 '함
께 살기'─은 이미 존재한다. 그러나 그것들은 우리 사회의 주류
바깥에서나 혹은 평범한 개인의 삶에서 짧은 기간 동안만 존재
할 뿐이다. 우리는 더 많은 사람들이 그들의 생애에서 더 오랜 기
간을 포함할 수 있도록 이러한 선택을 **확장**시키고, 현재 결혼을
지지하고 있는 모든 문화적 혜택들을 여기로 이전해서, 이러한
대안들이 마침내 오늘날의 결혼만큼이나 흔히 받아들여질 수
있게 되기를 원한다.

그러면 아이들은? 누구든 자신의 생애에서 아이를 원할 때가
있지 않은가? 사람들이 지금 아이를 갖고자 하는 진정한 욕망을
느낀다는 사실을 부정하지는 않는다. 그러나 그 욕망 중에 얼마
나 많은 부분이 아이에 대한 온전한 애호의 산물인지 그리고 얼
마나 많은 부분이 다른 욕구들에 대한 전치displacement의 산물인
지 우리는 모른다. 우리는 부모의 만족이 아이를 불구로 만듦으
로써만 얻어질 수 있다는 것을 보아왔다. 아이를 통해서 자아를
연장하려는 시도는, 남성의 경우에는 이름, 재산, 계급, 민족적 정
체성을 '불멸화'하려는 것이고, 여성의 경우에는 자신의 존재에
대한 정당화로서의 모성, 그 결과로 초래된 투사된 아이를 통해

살려는 시도이다. 결국 경우에 따라 아이나 부모 중 한쪽, 혹은 양쪽 다 패배할 경우 부모와 자녀 모두 손상되고 파괴되는 것이다. 부모성parenthood에서 이러한 다른 기능들을 벗어버릴 때, 우리는 남성에게서까지 부모성에 대한 진정한 본능, 아이들과 어울리려는 단순한 육체적 욕망을 발견할 것이다. 그렇지만 우리가 잃는 것은 없다. 대안체제의 기본적인 요구사항 중 하나가 아이들과의 친밀한 상호관계 형태이기 때문이다. 만일 부모성의 본능이 실제로 존재한다면 그 본능이 훨씬 더 자유롭게 작용하는 것이 허용될 테고 현재 고뇌에 찬 지옥과 같이 만드는 부모성에 대한 실제적인 부담이 없어질 것이다.

그러나 반면, 부모성에 대한 본능이 어쨌든 없다는 것을 발견하면 어떻게 될 것인가? 아마 사회는 지금까지 내내 적당한 출구가 없어 우려하는 개인들에게 부모성의 자아를 부여함으로써 아이를 가지도록 설득해 왔을 것이다. 이러한 일은 과거에는 불가피했을지도 모르지만 이제는 그러한 자아의 욕구를 더 직접적으로 만족시키기 시작할 때가 되었다. 자연생식이 여전히 필수적인 한, 우리는 덜 파괴적인 문화적 유인책을 고안할 수 있다. 그러나 일단 부모성에서 자아투자ego investment*가 제거되면, 인공생식

---

*"어떤 결정에 참여한 사람은 그 결정에서 이해관계를 만들어낸다. 그 뒤로도 그 사람이 그것과 관계된 결정에 더 깊이 개입하면 그들의 이해관계 또한 점점 더 커져간다. 결정이 거는 여러 단계 중에서 비교적 초기 단계에 놓여있을 때에는 그 사람에게 강한 자신감을 거둬들이라고 설득할 수도 있을 것이다. 그러나 단계가 올라가면 올라갈수록 설득 작업은 더욱더 불가능해진다. 거기에서 마음을 바꿀 경우, 그전에 있었던 일련의 결정을 부인한다는 뜻이 은연중에 담기기 때문이다."

베트남이란 나라에 미국이 모든 걸 걸어야 할 만큼의 가치가 없었지만, 그럼에도 그렇게 된 이유와 관련해 하버드대학의 제임스 톰슨 교수가 미국의 베트남 재앙을 신랄하게 비판하면서 제시한 개념이다. 잘못을 인정하기 싫어하는 자기합리화의 일종으로 '킹코드 효과' 또는 '메물버8 효과'로도 볼 수 있다.(강준만, 『미국사 산책』, 참고)

이 발달되고 널리 받아들여지기 쉬워진다.

3) 가구Households

이제 나는 자아와 관련한 것들이 더 이상 우리의 동기의 일부가
아닌 뒤에, 아이들을 향해 남아 있는 욕구를 만족시키리라고 믿
는 제도의 윤곽을 그려보려고 한다. 한 개인이나 한 커플이 일생
의 어느 때에 가족 규모의 단위로 아이들과 함께 살기를 바란다
고 가정해보자. 우리가 더 이상 생식을 평범한 개인의 삶의 목표
로 여기지 않는 데 반하여—우리는 비非생식적인 독신 및 집단
의 생활방식이 많은 사람들에게는 일생동안, 또 다른 사람들에
게는 상당한 기간 동안 만족스러운 것이 되도록 확대시킬 수 있
음을 보아왔다—어떤 사람들은 영구적인 공동체적 집단생활을
여전히 선호할지도 모르고, 또 다른 사람들은 일생의 어떤 때에,
특히 유아기 동안에 그것을 경험하기를 원할지도 모른다.

그러므로 언제든 인구의 일정 비율은 생식적인 사회구조 안에
서 살기를 원할 것이다. 그에 상응하여, 사회 일반은 새로운 세대
를 창조하기 위해서, 비록 감소하긴 했지만, 여전히 생식을 필요
로 할 것이다.

인구의 일정 비율은 자동적으로 예상대로 높은 안정률을 가
진 선택받은 집단이 될 것이다. 지금은 보편적으로 획득할 수 없
는 선택의 자유를 가질 것이기 때문이다. 오늘날에는 일정한 나
이가 되도록 결혼하지 않고 자녀를 가지지 않은 사람들은 벌을
받는다. 즉, 다른 모든 사람들이 그들의 주요 특성인 배타성과 독
점성으로 평생 세대 간의 가족으로 분류하는 사회의 주변부에
서 고립되고 배제되고 비참해진 것을 깨닫는다.(오로지 맨해튼

에서만 독신 생활이 그나마 용이한데 그것은 논의의 여지가 있다.) 대부분의 사람들은 여전히 가족의 압력, '임신으로 인한 타협', 경제적 고려, 그리고 생활방식의 선택과는 무관한 다른 이유로 인해 결혼하도록 강제된다. 하지만 (이하에서 보듯) 제한적인 계약으로 이루어진 우리의 새로운 생식의 단위에서는, 자녀 양육이 매우 잘 분산되어 실질적으로 제거되며 경제적 고려는 존재하지 않고, 참여하는 모든 구성원들이 개인적 선호에만 근거해서 들어오기 때문에 '불안정한' 생식적 사회구조는 사라질 것이다.

이러한 단위를 나는 확대가족이라기보다는 **가구**ª household라고 부르겠다. 이 구분은 중요하다. **가족**이라는 단어는 세대에 걸쳐 이어지는 생물학적 생식과 성에 의한 일정 정도의 노동분업을 함축한다. 그래서 전통적인 의존성과 그로 인한 권력관계가 세대에 걸쳐 이어진다. 비록 가족의 규모—이 경우에는 '확대'된 가족의 많은 수—가 이 위계질서의 힘에 영향을 줄지도 모르지만, 이것이 가족의 구조적 정의를 바꾸지는 못한다. '가구'는 명시되지 않은 시간 동안 사람들이 커다란 군집을 이루어 함께 사는 것을 의미한다. 그래서 명시된 일련의 대인관계interpersonal relation가 없다.

그렇다면 '가구'는 어떻게 운영될 것인가?

(1) 제한된 계약

만일 가구가 결혼을 대치한다면 우리는 처음에 이것을—어쨌든 필요하다면—동일한 방식으로 합법화할 것이다. 오늘날의 젊은 커플이 결혼 허가증을 신청하는 것과 같은 방식으로 법적으로, 성관계에 동의할 수 있는 나이가 된 다양한 성인consenting adults

열 명 정도의 그룹[9]이 집단으로 허가증을 신청할 수 있다. 어쩌면 심지어 어떤 형태의 예식을 치를 수도 있고 동일한 방식으로 계속해서 살기 시작할지도 모른다. 그러나 가구 허가증은 주어진 시기, 즉 아이들이 성장하는 데 안정적인 구조를 필요로 하는 최소한의 시간이라고 결정된 7년에서 10년 정도만 적용된다. 그 기간은 우리가 지금 상상하는 것보다 훨씬 더 짧을 것이다. 만일 이 기간의 말미에 그 그룹이 같이 머물기로 결정한다면, 언제나 재계약을 할 수 있다. 하지만 이 기간이 끝난 후 단 한 명도 머물겠다는 계약을 하지 않을지도 모른다. 어쩌면 이 단위의 어떤 성원은 나가고 새로운 성원이 들어올지도 모른다. 혹은 이 단위가 완전히 해체될 수도 있다.

이러한 단기간의 가구들, 약 10년 동안만 지속되는 안정된 구성 단위에는 많은 이점이 있다. 여러 세대 간에 걸쳐 확립된 가족 배타주의의 종식, 한 세대에서 다음 세대로 전수되는 편견들의 종식, 아이 양육 과정에서 모든 연령층의 사람들을 포함하는 것, 여러 연령층을 하나의 사회적 단위로 통합하는 것, (특이한) 소수의 개인보다는 많은 사람에게 노출되는 것에서 비롯되는 폭넓은 인격 등이 그 이점들이다.

(2) 아이들

각 가구의 일정한 비율—3분의 1이라고 치자—은 아이들이 될 것이다. 처음에는 가구 내에서 커플들이 낳은 유전자적 아이이건, 미래의 어떤 때에—가구 생활을 몇 세대 거쳐서 어른들과 '그

---

[9] 가구의 또 하나의 이점은, 생식할 수 있는 나이가 지난 나이 든 사람들로 하여금 그들이 무척 원할 때 부모의 책임을 완전히 나눌 수 있게 한다는 것이다.

들의' 자녀 간의 특별한 관계가 끊어진 후에—인공적으로 생식된 아이이건 또 입양아이건 그것은 중요하지 않을 것이다. 아이들의 초기의 육체적 의존성에 대한 (최소한의) 책임은 가구의 모든 성원 간에 공평하게 분산될 것이다.

그러나 그것이 여전히 구조적으로 건강할지는 모르지만, 자연분만 방식을 이용하는 한 '가구'는 절대 전적으로 해방된 사회 형태가 될 수 없다는 것을 우리는 알아야만 한다. 9개월 동안 임신을 겪은 어머니는 그 모든 고통과 불편함의 산물이 그녀의 '소유'라고 느끼기 쉽다.("내가 너를 갖기 위해 겪은 것을 생각해 보렴!") 그러나 우리는 이러한 소유욕을 그것을 문화적으로 강화시키는 것들과 함께 파괴하여 어떤 아이도 다른 아이 이상으로 **선험적**인 편애를 받지 않게 되기를, 그래서 아이들이 그 자체로 사랑받게 되기를 원한다.

그러나 만일 임신하고자 하는 본능이 있다면 어떻게 할 것인가? 나는 그렇게 생각하지 않는다. 일단 문화적 상부구조들을 제거해버리면 우리는—정상적인 결과가 임신으로 **이끄는**—성적 본능을 밝힐지도 모른다. 그리고 어쩌면 일단 출산하면 아이를 돌보고자 하는 본능도 있을 것이다. 그러나 임신하고자 하는 본능 자체는 불필요한 것일 것이다. 인간이 생식에 대해 통달하게 되리라고 자연이 예측할 수 있었을까? 그리고 일단 임신하고자 하는 허위의 동기들이 없어졌을 때, 여성들이 더 이상 아이를 '가지는' 것을 원하지 않는다면 어떻게 할 것인가? 인공생식이 아직 완벽하지 않은 것을 감안한다면 그것은 재앙이 아니겠는가? 그러나 여성은 종족에 대한 특별한 생식의 **의무**를 가지고 있지 않다. 만일 여성이 더 이상 생식의 의지가 없다면, 인공적 방법이

급하게 발달되어야 하거나 최소한 해볼 만한 것이라는—파괴적
인 자아투자ego investment가 아니라—만족스러운 보상이 주어져야
할 것이다.

어른들과 다 큰 아이들은 아기가 필요로 하는 한, 아기를 돌볼
것이다. 그러나 확대가족에서처럼 책임을 나누는 어른들과 다
큰 아이들이 많을 것이기 때문에, 부지불식간에 그 일을 억지로
떠맡는 사람은 아무도 없을 것이다.

어른-아이 관계는 오늘날 최선의 관계가 발전하듯이 그렇게
발전할 것이다. 어떤 아이가 특정한 어른을 다른 어른 이상으로
선호할지도 모르는 것과 마찬가지로, 어떤 어른은 특정한 아이
를 다른 아이 이상으로 선호할지도 모른다. 이러한 것들은 개인
들이 함께 머물기로 서로 동의한 것과 관계가 있고, 어쩌면 어떤
비생식적인 종류의 단위를 형성하는 평생가는 애착관계가 될 것
이다. 그러므로 모든 관계는 의존성과 그로 인한 계급적 불평등
에 의해서 타락하지 않고 오직 사랑에만 기초할 것이다. 폭넓고
다양한 나이의 사람들 간의 오래 지속되는 관계enduring relationship는
일반적인 것이 될 것이다.

(3) 법적 권리와 이전권Legal Rights and Transfers

혈연관계를 약화시키고 단절시킴으로써 가족의 권력 위계질서
는 무너질 것이다. 법적 구조는—여전히 그것이 필요한 한—우
리 사회의 근본에서 이러한 민주주의를 반영할 것이다. 여성은
법적으로 남성과 동등할 것이다. 아이는 더 이상 '부모'의 보호
아래 있는 '미성년자'가 아닐 것이다. 그들도 완전한 권리를 가질
것이다. 남아 있는 육체적 불평등은 법적으로 보상받을 수 있을

것이다. 예를 들어 어린아이가 두들겨 맞으면, 그 아이는 간소화된 특별'가구'법원에 출두할 수 있고 그곳에서 즉각적인 법적 보상을 받을 것이다.

아이들의 또 다른 특별한 권리는 즉각적인 이전권일 것이다. 만일 아이가 어떤 이유에서든 임의적으로 태어나게 된 가구를 좋아하지 않으면, 그는 이전할 수 있도록 도움을 받을 것이다. 반면, 어른은─한 가구에서 한 기간(7년~10년 정도)을 살아온─법정에 소송을 신청해야만 할지도 모르고, 법정은 오늘날의 이혼소송에서처럼 그가 계약을 파기할 정당한 근거를 가지고 있는지 여부를 판결할 것이다. 7년의 기간 내에 일정한 수의 이전은 가구가 윤활하게 기능하는 데 필요할지도 모르며, 핵심적인 성원이 남아있는 한 단위로서의 안정성에 피해를 주지 않을 것이다.(실제로 때때로 새로운 사람들이 신선한 변화를 가져올지도 모른다.) 그러나 단위 자체의 최선의 경제를 위해서 각 단위는 전입·전출하는 사람들 수에 한도를 정해서 감소, 과도한 증가 및 마찰을 피해야 할 것이다.

(4) 가사노동

집안일로 말하자면 큰 가족 규모의 그룹(12명~15명)이 더 실용적일 것이다. 서너 명의 사람들을 위한 장보기나 요리처럼 핵가족 단위에서 발생하는 이중의 낭비나 반복이 피해질 것이고, 더 큰 공동체 실험의 친밀성도 잃지 않게 될 것이다. 그사이에는 어떤 집안일이라도 공평하게 교대로 맡아야 하지만, 궁극적으로는 사이버네이션이 대부분의 가사노동을 처리할 것이다.

(5) 도시 계획

도시 계획, 건축, 설비들은 새로운 사회구조를 반영하기 위하여 모두 달라질 것이다. 주택을 대량생산하는 추세는 계속될 것이나, 주택은 그곳에 사는 사람들에 의해서 그들의 욕구와 취향에 맞게 디자인되고 (아마도 조립식 부품으로) 건축될 것이다. 사생활도 보장될 수 있다. 모든 가구에 사적인 공간을 두거나 다른 가구의 사람들과 공유하는 도시 안의 '휴식처'를 만들거나, 혹은 두 가지 모두를 만듦으로써 가능하다. 전체는 작은 읍이나 큰 캠퍼스 크기의 단지가 될 것이다. 아마 더 명료한 캠퍼스의 이미지는 다음과 같을 것이다. 우리는 스스로 결정한 작은 단위의 주택—주택의 조립식 부품들은 제한된 계약의 수요에 맞게 쉽고 빠르게 세워지거나 분해된다—을 가질 수 있으며 공동체 전체의 수요를 채울 본관 중앙 건물도 가질 수 있을 것이다. 아마 사회화를 위한 '학생조합', 식당, 대규모 컴퓨터은행, 현대적인 통신센터, 전산화된 도서관과 극장, 다양하고 전문화된 관심에 몰입할 수 있는 '학습관'과 같이 사이버네틱 공동체에서 필요로 하는 것이라면 무엇이든 가질 수 있을 것이다.

(6) 경제

더 큰 경제에서 가족의 종식은 그에 상응하는 변화를 필요로 한다. 생식만이 아니라 생산도 질적으로 달라질 것이기 때문이다. 즉 우리가 모든 욕구를 고려해서 아이들과의 관계를 정화해야만 했던 것과 마찬가지로, 우리의 목표가 완전히 성공하기 위해서 처음에는 고된 일을 공정하게 재분배하는 것을 겨냥하지만 결국에는 그것을 완전히 제거하는 것을 겨냥하는 사이버네틱 경제의 사회주의를 우선 가져야만 한다. 기계를 더욱 발전시키고 현명하게 이용함으로써 사람들은 임금으로부터 분리된 '일'을 재정의하며 그 노역으로부터 해방될 수 있을 것이다. 이제 아이들뿐 아니라 어른들도 그들이 원하는 만큼 성실하게 '놀이'를 만끽할 수 있을 것이다.

사회주의로 가는 과도기에서, 화폐경제를 여전히 가지고 있는 동안에, 사람들은 국가로부터 기본적인 물질적 욕구를 처리할 수 있는 연금을 받을 것이다. 남성, 여성, 아이들에게 나이, 일, 명성, 출생과 관계없이 공평하게 분배될 이러한 소득은 그 자체로서 경제적 계급제도를 일격에 평등화시킬 것이다.

(7) 활동

이 유토피아에서 사람들은 무엇을 할 것인가? 나는 그것이 문제를 야기할 것이라 생각하지 않는다. 우리가 만일 진정으로 모든 불쾌한 일을 폐지한다면, 사람들은 자신만의 건강한 관심을 발달시킬 시간과 에너지를 가질 것이다. 현재는 지배층 사람들 사이에서만 발견되는 전문화된 관심사에 대한 추구는 일반적인 것이 될 것이다.

우리의 교육제도에 관하여 말하자면, 학교제도의 부적절성은 가까운 장래에 실질적으로 와해될 것이다. 아마도 우리는 학교를 비강제적인 '학습관'으로 대치할 수 있을 것이다. '학습관'은 초등 교육기관의 최소한의 필수적인 기능인 가장 기본적인 기술을 가르치는 일과 고등 교육기관의 기능인 지식의 확장을 결합시켜 아이와 어른, 어떤 나이와 어떤 수준의 사람도 포용할 것이다.

그러나 기본적인 기술은? 예를 들어 정식으로 단계적 훈련을 받지 않은 아이가 건축과 같은 수준 높은 교과과정에 어떻게 들어갈 수 있겠는가? 그러나 우리의 초등학교 교과과정에서 가장 실질적인 부분을 형성하는 전통적인 교과서 교육과 암기식 교육은 사이버네틱스의 영향으로 급격하게 달라질 것이다. 이것은 문화적 장치와의 관계에서도 적어도 인쇄기만큼 의미 있고 문자만큼 중요한 질적 변화이다. 맥루한*은 지식을 흡수하는 문자적 수단이 시각적 수단으로 전환하기 시작했음을 지적했다. 우리는 급속한 정보 전달을 위한 현대적 미디어의 발달과 더불어 시각적 수단의 단계적 확대와 다른 결과들을 기대할 수 있다. 그리고 아이나 어른에게 필요한 암기된 지식의 **양**은 심하게 감소할 것이다. 왜냐하면 쉽게 닿을 수 있는 컴퓨터은행을 가질 것이기 때문이다. 결과적으로, 컴퓨터은행이 즉석에서 더 광범위한 정보를 제공할 수 있는데 왜 머릿속에 공인된 사실들을 쌓아놓겠는가?(이미 어제의 아이들yesterday's children은 왜 계산기 작동법이 아니라 구구단을 배워야만 하는지 의아해한다.)

　여전히 필요한 기본적인 사실들을 저장하는 것은 어떤 것이든 새로운 기계적인 방법들, 교육 기기들, 레코드와 테이프들 등을 통해서 빨리 완수될 수 있다. 그러한 기계들을 쉽사리 이용할 수 있게 되면 기본 기술을 배우기 위한 의무교육이 폐지될 수 있을 것이다. 전문화된 직업을 추구하는 외국 학생들처럼 아이는 보조적인 기계적 방법을 통해서 필요한 기본적인 '언어'를 덤으로 익

---

*Marshall McLuhan: 1911-1980. 캐나다의 미디어 전문가이자 문화 비평가. 1964년 저서『미디어의 이해』에서 '미디어는 메시지다', '미디어는 인간의 확장이다.' 등의 명제를 제시하여 오늘날 흔히 쓰이는 미디어의 개념을 정립하였다. 이어 1967년에는 저서『미디어는 마사지다』에서, 뉴미디어가 촉각을 자극하는 기능을 수행할 것이라고 예측하였다. 한편, '지구촌global village' 등의 개념을 제시하기도 하였다.

힐 수 있다. 그러나 근본적인 기술이나 지식, 새로운 기계를 작동시키는 기술은 아이와 마찬가지로 어른에게도 필요한 것이 될 것이다. 프로그래밍 기술이 보편적으로 요구되겠지만, 아홉 시부터 다섯 시까지의 암기식 학교교육을 통해서가 아니라 특정 학문이 요구할 때만 즉각 받아들일 것이다.

'진로 미결정career indecision'에 관하여 말해보자. 어렸을 때의 '취미'가 온전하게 살아남아 그것이 어른의 '직업'이 되었다는 사람들은 대부분 그 취미를 아홉 살 이전에 발달시켰다고 말할 것이다.[10] 전문화된 직업이 여전히 존재하는 한, 그들은 오늘날 어른들이 전공이나 직업을 바꾸는 것만큼 자주 바꿀 수 있을 것이다. 그러나 직업의 선택이 동기가 부가되지 않거나 대상 그 자체에 관한 관심에만 기초한다면, 중간에 전환하는 일은 아마 훨씬 적어질 것이다. 강력한 관심을 발달시키지 못하는 무능력은 오늘날 주로 문화와 문화제도가 타락한 결과이다.

따라서 일과 교육에 대한 새로운 개념은 중세의 도제제도와 유사한 것으로, 모든 연령의 사람들이 모든 단계에 참여하는 것이다. 오늘날의 대학에서처럼, 여러 학문의 내적 동력은 그들 자신의 사회조직을 발달시키고, 관심분야가 같은 다른 사람들을 만날 수 있는 수단을 제공하며, 현재는 선택된 소수의 지식인만이 가능한 지적이고 미학적인 일을 공유하게 할 것이다. 현재는 최고 대학의 최고 학과에서만 볼 수 있는 종류의 사회적 환경은, 처음부터 잠재성을 자유롭게 개발할 수 있는 대중의 생활양식이 될지도 모른다. 현재는 운이 좋거나 인내심 있는 사람만이 (보

---

[10] 만일 오늘날의 아이들에게―소방관이나 간호사가 아닌―가능한 직업들에 관한 헌신적인 개념을 준다면, 그들은 더 일찍 특별한 관심을 가지게 될지도 모른다.

통 공개적으로 주장될 뿐인) '제일 좋아하는 일을 하는' 데 반하여, 그때는 모든 사람들이 그들의 잠재성을 완전히 개발시킬 기회를 가질 것이다.

혹은 선택에 따라 잠재성을 개발하지 않을 수도 있을 것이다. 그러나 그런 일은 생길 것 같지 않다. 모든 아이는 처음에 사람, 사물, 세상 일반과 무엇이 그것을 움직이게 하는지에 관하여 호기심을 드러내기 때문이다. 다만 불쾌한 현실이 아이의 호기심을 **꺾어버렸기** 때문에, 아이는 관심을 줄이는 것을 배우고 따라서 보통의 특징 없는 성인이 되는 것이다. 그러나 만일 우리가 이러한 장애물들을 제거해버린다면, 모든 사람이 오직 지위가 높고 부유한 계급들과 소수의 고립된 '천재들'만이 할 수 있었던 것만큼 완전히 자신을 개발할 것이다. 각 개인은 사회 전체에 공헌할 것이다. 그것은 임금이나 명성, 권력과 같은 다른 유인물 때문이 아니라 그가 선택한 일 자체가 그에게 관심 있는 일이기 때문이고 우연히도 다른 사람들을 위한 사회적 가치를 가졌기 때문이다.(오늘날의 예술이 그렇듯 건강하게 이기적일 정도로.) 사회적 가치만 있고 개인적 가치는 없는 일은 기계에 의해 제거될 것이다.

*

그러므로 사이버네틱 코뮤니즘이라는 커다란 맥락에서 아이의 생식을 위한 가족의 대안으로 가구를 확립하고, 독신 혹은 생식과 무관한 단위에서 살기로 선택한 사람들을 위한 모든 상상가능한 생활방식이 결합되면, 현재 가족으로부터 발생해 인간의 행복을 방해하는 모든 기본적 딜레마들이 해소될 것이다. 우리의 상상의 구조물이 어떻게 되어 나갈지를 보기 위하여 네 가지 최소한의 요구사항을 거듭 살펴보자.

1) 모든 가능한 방법을 통하여 여성을 생식의 압제로부터 해방시키고 양육의 역할을 여성뿐 아니라 남성, 즉 사회 전체로 확산시킬 것

이것은 수정되어 왔다. **출산**은 테크놀로지가 인계받을 수 있는데, 만일 이것이 과거의 전통과 심리구조에 과도하다는 것이 증명되면(처음에는 틀림없이 그럴 것이다), 임신과 출산이라는 특별한 사회적 공헌을 하는 여성에게 보상이 주어지기 위해서는 적합한 혜택과 보상—아이를 소유한다는 자아의 보상 이외의 것—이 전개되어야만 할 것이다. 우리가 보아온 대로 대부분의 아이 **양육**은 권력관계의 유지, 가족 가치의 강제된 내면화, 아이 개인의 행복과 대립하는 많은 다른 자아와 관련되어 있다. 이러한 억압적인 사회화 과정은 개인의 이익과 더 큰 사회의 이익이 일치하는 사회에서는 불필요한 것이 될 것이다. 남아 있는 아이 양육의 책임은 여성들과 동등하게 남성과 다른 아이들도 포함하여 분산될 것이다. 게다가 즉각적인 의사소통의 새로운 방법들은 아이의 이러한 평등한 기본단위에 대한 의존조차도 감소시킬 것이다.

2) 모든 사람에게 경제적 독립과 자기결정권을 줄 것

사이버네틱 코뮤니즘 하에서는, 심지어 사회주의적으로 가는 과도기 동안에도, 일은 임금과 분리될 것이고 생산수단에 대한 소유권은 모든 사람의 수중에 있을 것이다. 그리고 부wealth는 개인이 사회에 공헌한 사회적 가치와는 별도로 욕구에 기반해 분배될 것이다. 우리는 여성과 아이들이 남성의 노동에 의존하는 것을 다른 모든 종류의 노동착취만큼이나 제거할 것이다. 각 개인은 마음대로 생활방식을 선택할 수 있고, 누구든지 다른 사람을 심히 불편하게 하지 않고 취향에 맞게 생활방식을 변화시킬 수 있다. 어느 누구도 자신의 의지에 반하는 어떤 사회 구조에도 속박되는 일이 없을 것이다. 각 개인은 육체적인 능력을 갖추자마자 완전히 자주적이 될 것이기 때문이다.

3) 여성과 아동들을 더 큰 사회에 전면적으로 통합시킬 것

이 요구사항은 충족되어 왔다. 아동기에 대한 개념이 폐지되고, 아이들은 완전한 법적·경제적·성적 권리를 가지고 교육-일과 관련된 활동에 있어 어른의 그것과 다르지 않게 되었다. 몇 년의 유아기 동안 한 명 혹은 두 명의 임의적인 어른들이 맡았던 심리적으로 파괴적인 유전 상의 '부모성parenthood'은 많은 수의 사람들이 아이의 육체적 복지를 책임지게끔 확산하는 것으로 대치되었다. 아이는 여전히 친밀한 애정관계를 형성하겠지만, 법적 '어머니'와 '아버지'와의 긴밀한 유대를 발달시키는 대신 이제는 연령과 성별에 상관없이 자신이 선택한 사람들과 그러한 유대를 형성할지도 모른다. 따라서 모든 어른-아이 관계는 상호 선택되며 물질적 의존으로부터 자유로운 평등하고 친밀한 관계가 될 것이다. 이에 상응하여, 아이들의 수는 적어지겠지만 그들은 독점되지 않고 모든 사람에게 이롭게 사회 도처에서 자유롭게 어우러질 것이다. 그래서 종종 생식적 '본능'이라 불리는, 아이들에 대한 호기심을 정당하게 만족시켜 줄 것이다.

4) 성적 자유, 사랑, 기타

지금까지 우리는 사랑과 성적 자유에 대해서 그것이 문제를 드러낼 이유가 없기 때문에 많이 이야기하지 않았다. 그것을 방해할 것은 아무것도 없을 것이다. 완전히 자유로운 인간관계는 궁극적으로 더 나은 방향으로 다시 정의될 것이다. 만일 아이가 자신의 어머니가 누구인지를 모르거나, 적어도 다른 사람들 이상으로 그녀에게 특별한 가치를 부여하지 않는다면, 아이는 어머니를 첫 번째 사랑의 대상으로 선택하지 않을 것이다. 그 사랑에 대한 억제를 키워가야만 하기 때문이다. 아이가 순전히 육체적 편의로 자신의 크기에 맞는 사람과 가장 친밀한 육체적 관계를 형성하는 것은 가능하다. 다른 모든 조건이 동일하다면, 보통 남성과 여성처럼 아이는 순전히 육체적 적합성 때문에 동성보다 이성을 선호할 것이다. 그러나 만일 그렇지 않다면, 즉 아이가 어른과 성적인 것과 관련해서 선택한다면, 비록 아이가 유전자상의 어머니를 고르는 일이 발생한다 할지라도, 그녀는 아이의 성적 접근을 거부할 **선험적인** 이유가 없을 것이다. 왜냐하면 근친상간 금기는 그 기능을 잃었을 것이기 때문이다. 과도적인 사회형태인 '가구'는 근친교배inbreeding라는 위험의 대상이 아니다.

그러므로, 근친상간 금기 없이, 어른들은 몇 세대 이내에 더 자연적인 다형의 성polymorphous sexuality으로 돌아올지 모르며, 생식기 섹스와 오르가슴의 쾌락에 집중하던 것은 그것이 **포함된** 완전한 육체적-감정적 관계로 대치될지 모른다. 아이들과의 관계는 아이가 할 수 있으면—우리가 현재 믿는 이상으로 상당할 것이다—생식기 섹스도 포함하겠지만, 생식기 섹스가 더 이상 관계의 중심점이 아닐 것이기 때문에 오르가슴의 결여가 심각한 무

제로 나타나지 않을 것이다. 연령주의^{age-ist}와 동성애 섹스에 관한
금기는 비-성적인^{non-sexual} 우정(프로이트의 '목적이 억제된 사랑')
과 함께 사라질 것이다. 모든 친밀한 관계는 육체적인 것을 포함
할 것이고, 이상형의 연인이라는 생각뿐 아니라 배타적인 육체적
동반자(일부일처제)라는 개념도 우리의 심리구조에서 사라질 것
이다. 그러나 이러한 변화가 생기기까지 얼마나 오래 걸릴지, 그
리고 어떤 형태로 나타날지는 추측만 할 수 있을 뿐이다. 우리는
여기서 세부사항에 관심을 가질 필요가 없다. 우리는 자유로운
섹슈얼리티를 위한 전제조건을 세울 필요가 있을 뿐이다. 그것이
어떤 형태를 취하건 간에 우리가 현재 가지고 있는 것에서 틀림
없이 진보한 것이고 진정한 의미에서 '자연적'일 것이다.

과도기적 단계에서는 각 가구 단위가 성적 마찰로 인해 야기
되는 내적 긴장을 최소화하는 것과 더불어 제대로 기능할 수 있
도록 가구 내에서 성인의 생식기 섹스와 커플들의 배타성이 유
지되어야만 할지도 모른다. 특정한 감정적 욕구를 중심으로 이
미 근본적으로 조직된 심리에 **당위성**에 대한 논리를 부여하는
것은 비현실적이다. 그리고 이것이 현재 성적 소유욕을 제거하려
는 개인적 시도가 언제나 진짜가 아닌 것^{inauthentic}이 되는 이유이
다. 우리는 이러한 심리구조를 생산해낸 제도를 전복시키고—우
리의 생전에는 아니라 하더라도—우리의 성심리를 결국 근본적
으로 재구조화하는 것(아니면 파괴하는 것이라 할까?)을 가능하
게 만드는 일에 집중하는 것이 훨씬 나을 것이다.

앞서 나는 페미니스트 혁명의 일반적인 방향을 더 생생하게
보이기 위하여 매우 대략적인 계획을 그려보았을 뿐이다. 생식과
생산, 두 가지 모두는 동시에 비억압적 방식으로 재조직화될 수

있을 것이다. 아이들의 탄생은 아이들이 육체적으로 독립할 수 있게 되자마자 가구 단위를 해체하거나 재구성하게 할 것이다. 이것은 권력과 특권(가부장제의 토대는 노동을 통해 획득한 재산을 상속하는 것이다)을 물려주는 것이 아니라 권력심리와 성적 억압, 문화적 승화sublimation를 제거하면서 당장의 욕구를 제공하는 것을 의미한다. 가족 배타주의, 출생에 기반한 계급적 특권도 사그라질 것이다. 아이에 대한 어머니의 혈연적 유대는 궁극적으로 단절될 것이고, 만일 '창조적인' 출산에 대한 남성의 질투가 실제로 존재한다면, 우리는 성과 상관없이 생명을 창조할 수단을 곧 가지게 될 것이다. 그래서 이제는 볼품없고 비효율적이며 고통스러운 것이라고 거리낌 없이 인식되는 임신은—그런 게 있기나 하다면—놀림조의 의고체tongue in cheek archaism로서만 탐닉하게 될 것이다. 오늘날의 여성들이 결혼식에서 처녀를 상징하는 흰 드레스를 입는 것과 마찬가지이다.

사이버네틱 코뮤니즘은 모든 사람들에게 물질적 욕구에만 근거한 생계수단을 인정함으로써, 경제적 계급과 모든 형태의 노동 착취를 폐지할 것이다. 궁극적으로 아이뿐만 아니라 성인에 의해 행위 그 자체를 위해 행해지는 행위인 (복잡한) 놀이를 위한 일(고된 직업들)은 제거될 것이다. 모성이 사라지면서 근친상간 금기의 방해물이 사라지고, 사랑이 거침없이 흐르는 것을 허용하면서 섹슈얼리티는 재통합될 것이다.

옮긴이의 말

1983년에 번역서가 처음 출간되고 몇 쇄를 찍은 후 절판되어 안타까워하던 차에『성의 변증법: 페미니스트 혁명을 위하여The Dialectic of Sex: The Case for Feminist Revolution』를 33년 만에 다시 출간하게 되어 무척 기쁘다. 1980년 미국 피츠버그대학 대학원 철학과에서 "여성주의 철학"을 수강하며 슐라미스 파이어스톤Shulamith Firestone(1945~2012)의『성의 변증법』을 공부한 것이 계기가 되어 번역까지 하게 되었었다. 1977년 한국에서 처음으로 이화여대에 개설된 "여성학"을 수강할 당시『제2의 성』을 쓴 시몬 드 보부아르Simone de Beauvoir(1908~1986)에 반해 내 인생의 모델로 삼게 되었는데, 파이어스톤이『성의 변증법』을 드 보부아르에게 헌사한 것을 알고 특별한 관심을 가졌던 것이 번역에까지 이르게 했던 것이다. 이 책을 처음 번역할 당시 이십 대였던 나는 몇 달 동안 어머니가 싸주신 도시락을 들고 도서관에 가서 하루 여덟 시간씩 꼬박 번역 작업을 하였다. 첫 번역이어서 잘하겠다는 생각보다는 적어도 틀리게 하지는 않아야겠다는 생각으로 잘 알지 못하는 미국문화에 관한 내용이 나왔을 때는 함께 공부했던 미국 친구에게 편지로 물어보면서 꼼꼼하게 번역을 했다. 1983년 번역은 1971년에 출간된 Bantam 판을 사용했고 2016년 번역은 2003년에 출간된 Farrar, Straus & Giroux 판을 사용했다. 크게 달라지지는 않았지만, 2003년판에서는 1971년판의 결론을 10장에 포함시키면서 내용을 일부 수정했다.

미국 제2물결 여성주의의 선두주자 중 한 사람이었던 파이어스톤은 학생운동을 하던 중 급진적 페미니스트가 되어 1960년대 말 세 개의 급진적 여성단체를 만들었다. 1968년 1월 워싱턴에서 반전운동을 하면서 '전통적 여성다움의 매장The Burial of Traditional Womanhood'이라는 구호를 외치며 여성에게 강요되는 전통적인 성역할을 강하게 비판했으며 1968년 9월 '미스 아메리카 대회' 반대운동을 하기도 했다. 드 보부아르에 대한 헌사가 "견뎌내었던 드 보부아르를 위하여"라고 표현했을 정도로 파이어스톤은 여성차별의 현실에 강한 분노를 느끼며 제2차 여성운동의 열기 속에서 여성 불평등의 기원에 대한 통찰과 성평등을 향한 새로운 대안들을 제시했다.

재출간을 준비하며 나는 파이어스톤이 1998년 출간한 『진공의 공간Airless Spaces』를 읽었다. 파이어스톤이 결성한 여성단체 "뉴욕급진페미니스트New York Radical Feminists"는 1969년 '에고의 정치학'이라는 선언서를 발표하고 운동에서 발생하는 권력차별을 방지하기 위하여 참여자를 다섯 명에서 열다섯 명으로 한정 짓는 급진적인 실천을 했다. 그러나 이 단체에서 내부 갈등을 경험하면서 조직과 함께 그녀는 여성운동도 떠나게 된다. 『성의 변증법』의 성공에 따른 여파와 조직 갈등, 무엇보다 파이어스톤 자신이 분명하게 밝혔듯이 그녀가 서른 살(1975년)에 자살한 오빠의 죽음으로 인한 신경쇠약이 가장 큰 요인이었다. 그녀는 "결국 그의 죽음에 대한 말들이 …… 나의 커지는 광기에 기여했고, 그것은 입원, 투약, 신경쇠약으로 가게 했다"라고 쓰고 있다. 그 배경에는 부모의 유럽에서의 이주 경험, 가족이 강요한 종교인 유대교, 지적인 자녀를 이해해주지 않는 부모(그들은 아들과 딸이 대학에 가는 것을 찬성하지 않았다)라는 환경이 있었다. 역사상 재능 있는 여성들이 가부장제를 비롯한 여러 가지 사회적 조건의 벽에 부딪혀 자살하거나 미치는 경우들이 많았는데—까미유 끌로델(43년간 정신병원 입원 후 1943년 사망), 젤다 피츠제럴드(10여 년 이상 정신병원 입원 후 1948년 사망) 등—그녀도 그런 여성 중 한 명인 것이다.

나는 1990년대에 전공을 철학에서 상담심리학으로 바꾸었고, 여성주의상담을 전공하여 여성주의상담가가 되었다. 여성주의상담은 여성주의 철학과 상담심리학을 결합한 상담이론인데, 여러 여성주의 이론 가운데에서도 급진적 여성주의를 이어가는 상담이론이다. 급진적 여성주의의 구호인 "개인적인 것이 정치적인 것이다Personal is political"는 여성주의상담의 원리 중의 하나이다. 급진적 여성단체인 "레드스타킹Redstockings"의 선언서(1969년 7월 7일)는 "우리들은 여성이 자신들의 억압에 동의하든가 책임이 있다는 생각을 거부한다. 여성의 복종은 세뇌·우둔함·정신병 탓이 아니라 남성에 의해 매일 되풀이되는 끊임없는 억압 탓이다. 우리들 여성은 스스로를 바꿀 필요가 없으며, 남성이야말로 바꾸어야 한다"라고 밝히고 있다. 2차 여성운동 초기의 선언문인 만큼 여성의 현실에 대한 분노가 매우 컸고 개인적인 것과 그것에 영향을 미치는 사회정치적인 조건에 대해 단순하게 표현했는데, 오랜 가부장제 역사를 근본적으로 비판하기 시작하는 데는 그런 명료성이 필요했을 것이다. 현재 여성주의상담 이론에서는 사회정치적인 조건들을 미시적 조건(원가족, 학교, 종교조직처럼 개인이 직접 만나는 조건)과 거시적 조건(여성주의와 가부장제 같은 사회의 가치와 이념)으로 나누어 여성의 삶에 영향을 끼치는 환경들을 구체적으로 분석하는데, 심리적으로는 내면화된 사회정치적인 조건들의 영향을 다루는 것이 큰 부분을 차지한다.

나는 부모가 일제 강점기에서 받은 탄압과 분단에 의한 남한으로의 이주 경험, 부모 권력의 차이 등이 만든 가족 분위기 속에서 어려서부터 신경쇠약의 상태에서 살았고 언젠가 정신병원에 가게 되지 않을까 하는 두려움도 느껴보았다. 철학적인 사고의 수준에서는 여성문제에 대해 급진적으로 생각하고 행동도 독립적으로 하고 싶으나, 심리적으로는 치유를 필요로 하는 취약한 감정의 상태에 있는 불일치를 경험한 것이다. 불일치를 더 이상 감당할 수 없게 되었을 때 나의 무력함을 인정하고 상담을 받았고, 나아가 여성주의상담을 공부하고 실천하게 된 것이다. 많은 시간과 노력이 요구되었지만 나를 치유하고 다른 여성의 치유를 조력할 수 있게 되었기에, 파이어스톤을 포함하여 역사상 불행했던 여성들이 여성주의상담을 받았다면 어땠을까, 당시의 억압적인 사회정치적 조건들을 직시하는 것과 함께 그 조건들이 내면화되어있다는 개인적 사실도 직시하고 여성주의의 관점에서 재조건화하려고 했다면 어땠을까 하는 상상을 해본다. 외부의 사회정치적 조건의 전복과 함께 그 사회정치적인 조건들이 내면화된 개인의 심리의 전복이 있어야만 파이어스톤이 예리하게 분석하며 희망했던 권력의 차이에 기반하여 생기는 심리의 변화가 가능하기 때문이다.『성의 변증법』이 출간된 1970년은 여성주의상담이 시작된 해이고 필리스 체슬러Phyllis Chesler의『여성과 광기』는 1972년에 출간되었다. 그들의 조우가 있었다면 파이어스톤의 삶이 달라졌을까?

파이어스톤은 급진적 여성주의자로서 여러 가지 새로운 생각들을 제시했다. 성계급이 경제적 계급과 문화양식에 영향을 미쳤다는 것, 남녀관계와 부모자녀관계를 다루어 지배-복종이 있는 권력의 심리를 없앨 수 있다는 것, 오이디푸스콤플렉스를 권력을 중심으로 분석한 것, 성인과 아동의 차이를 만드는 것도 억압이라는 것, 사랑을 권력으로 분석한 것, 여성의 상황에서 여성의 심리가 나오는데 여성의 상황이 변화하지 않기에 '여성의 심리'가 지속된다는 것, 낭만적 사랑은 성계급제도를 강화시키는 사랑이라는 것, 문화도 여성과 남성의 이원성에 따라 양극으로 전제되며 타락했다는 것 등이다. 즉 인간의 모든 것을 권력관계의 반영으로 분석한 것이다. 그리고 그녀는 여성주의 혁명을 위하여 ① 여성을 생물학적 생식의 지배로부터 해방시키고 출산과 양육의 역할을 여성에게뿐만 아니라 남성에게도 담당하게 하기, ②경제적 독립을 포함하여 여성들과 아동들에게 완전한 자결권을 주기, ③여성과 아동들을 사회의 모든 면에 전면적으로 통합시키기, ④모든 여성과 아동들에게 성적으로 그들이 하고자 하는 대로 무엇이든 할 자유를 주기가 필요하다고 생각했다. 그녀의 생각들 중 어떤 것은 그 후 남성의 육아휴직, 기본소득, 차별금지법 등으로 실천되거나 논의되고 있다.

파이어스톤은 제2의 성으로서의 여성을 분석한 드 보부아르에게 여성주의 혁명론을 헌정했다. 드 보부아르는 여성차별의 현실을 말하고, 파이어스톤은 여성차별을 없애기 위한 대안을 말했다. 권력관계와 권력심리를 분석한 파이어스톤에게 누군가가 억압받은 자의 심리를 치유하여 삶을 전복시키는 방법에 관한 책을 헌정한다면, 여성주의자들 간의 연결이 이어지며 성평등으로 가는 길이 멋지게 닦아지지 않을까 싶다.

여성주의 철학을 배우며 여성의 현실에 눈 뜨게 된 스물여덟 살의 여성운동가가 스물다섯 살의 젊은 여성주의자의 신선한 통찰들을 알리게 되어 기뻐하며 변화를 갈망하던 1983년 때로부터 33년이 지난 현재 나는 여성을 차별하는 조건이 더디게 변하는 것을 목격하는 가운데 오히려 '여성혐오'라는 사회정치적 조건을 만나고 있다. 정당한 분노에서 나온 파이어스톤의 통찰이 많은 여성들의 열정으로 이어지며, 상처를 힘으로 전환하는 지혜로 이어져서 사회정치적 조건과 심리적 조건을 변화시키게 되기를 바란다.

2016년 3월 17일

양산 통도사 옆에서

김민예숙

숄라미스 파이어스톤에 대하여_
그녀에게 무슨 일이 일어났던 것일까?

『성의 변증법』의 저자 숄라미스 파이어스톤의 사망 소식이 날아
든 것은 2012년 8월 말이었다. 그녀는 뉴욕 이스트빌리지에 있던
아파트에서 건물주에 의해 사망한 채로 발견되었다고 한다. 나는
미국 뉴욕에서 살고 있던 1990년 그녀를 인터뷰하려고 시도했던
적이 있었다. 그녀가 창립했던 급진적 페미니스트 그룹 '레드스
타킹'을 취재하며 그 멤버들에게 그녀에 대해서 물었는데 그들은
그녀가 정신병원에 있어 인터뷰할 수 없다는 소식을 전했다. 당
시 그녀가 정신병원에 있다는 소식은 내게 말할 수 없는 충격을
주었다.

1970년 약관 스물다섯의 나이에 선구적 페미니스트 이론서
인 『성의 변증법』을 썼던 여자. 그런 그녀가 정신병원에 있다니?
그녀에게 도대체 무슨 일이 일어난 것일까? 그녀의 정신병원행
은 그 후 『성 정치학』을 쓴 케이트 밀레트 Kate Millett를 인터뷰할 때
도 확인할 수 있었다. 케이트 밀레트 역시 인터뷰 중에 파이어스
톤 얘기가 나오자 그녀가 정신병원에 있다고 전하며 안타까움을
표했었다. 그래서 숄라미스 파이어스톤과 정신병원은 내게 늘 의
문부호로 따라다녔는데 결국 외로운 죽음으로 결말이 난 것이었
다.

2012년 당시 한국 언론은 어디에서도 그녀의 부음기사를 다
루지 않았다. 나는 '이프 온라인웹진'에 아무도 주목하지 않는 그

녀의 부음기사를 올렸었다.

한국에서는 풀빛출판사에서 지난 1983년 이 책이 번역돼 나왔었다. 이번에 다시 한 번 읽으면서 나를 더 궁금하게 만든 것은 그녀 개인에 관한 것이었다. 페미니즘의 대전제인 "개인적인 것이 정치적인 것"이라는 말도 있지 않은가? 그녀는 왜 이런 책을 쓰고 정신병원까지 가게 됐던 것일까?

1945년 캐나다 오타와에서 유대인 부모의 여섯 자녀 중 둘째로 태어난 파이어스톤은 이후 미국으로 옮겨가 몬태나주 캔자스시티에서 자랐다. 1967년 '시카고미술대학The School of the Art Institute of Chicago' 회화과를 졸업한 그녀는 60년대 민권운동과 반전운동이 여성을 2등시민으로 대접하는 것을 경험하고는 '뉴욕급진여성New York Radical Women'과 '레드스타킹the Redstockings', '뉴욕급진페미니스트New York Radical Feminists' 등 세 개의 페미니스트 조직을 만들었다. 그녀는 또한 1968년 「첫해의 노트Notes from the First Year」를 시작으로 세 개의 중요한 페미니스트 저작을 발표했다.

슐라미스 파이어스톤은 1970년 『성의 변증법』 한 권으로 단숨에 1960년대와 70년대에 정점을 이루었던 제2물결 페미니즘의 급진적 이론가로 부상했다. 그러나 베티 프리단이나 글로리아 스타이넘처럼 법적 평등을 우선시했던 다른 여성운동가들과 달리 파이어스톤은 '생물학적 가족의 압제'로부터의 자유를 설파하며 인공생식으로 태어난 아기와 아이들을 공동체 가구에서 키우는 용감한 신세계를 그렸다.

이 책은 처음 출간되었던 당대의 페미니스트들에게 지대한 영향을 미쳤을 뿐만 아니라 그 뒤를 이은 젊은 세대 페미니스트들에게도 많은 영향을 미쳤다. 또한 오늘날 첨예한 화두가 되고 있

는 출산과 과학의 문제를 예고한 페미니즘의 대표적 저서이기도
하다. 그러나 『성의 변증법』이 베스트셀러로 부상하자 그녀는 유
명인에 대한 대중의 요구를 거부하고 대중의 눈에서 사라졌고
이후 정신병원을 들락거리게 되었다는 소문만 무성했다.

번역을 끝내고 나는 그녀 개인에 대해 알려주는 자료를 찾아
헤맨 끝에 저명한 페미니스트 필자인 수잔 팔루디^{Susan Faludi}가 「뉴
요커」(2013년 4월 15일)에 쓴 '한 혁명가의 죽음'이라는 글을 발
견했다. 그 글은 그녀의 정신병에 대해서도 그리고 그녀를 병들
게 하는 데 일조를 했을지도 모를 진보운동과 페미니스트운동
그리고 그녀의 가족들에 대해서도 충실한 취재와 함께 자세하게
다루고 있었다. 그 글을 보며 난 그동안의 수수께끼가 풀리는 기
분이었다.

그 글에 따르면 파이어스톤의 병명은 편집증적 정신분열증
paranoid schzophrenia. 그녀가 맨 처음 언제 발병했는지는 명확하지 않
지만 그것이 가족 간의 관계와 연관이 있는 것은 분명한 것 같다.
1974년 5월 파이어스톤은 당시 서른 살이던 오빠 다니엘이 교통
사고로 사망했다는 소식에 세인트루이스에 있던 집으로 불려가
는데 "아버지로부터 오빠의 가슴에 총알이 박힌 자살이라는 것
을 알아내는 데 24시간이 걸렸다"고 『성의 변증법』 외에 유일한
그녀의 저서인 『진공의 공간』에 썼다.

집안의 장남이던 그녀의 한 살 위 오빠 다니엘은 1972년 집안
의 종교이던 정통 유대교를 떠나고 미주리대학에서 고전을 가르
치던 직업도 버리고 뉴욕 로체스터에 자리 잡은 불교 명상원에
들어간다. 2년 후 뉴멕시코의 외딴곳에 불교식 움막을 지어놓고
그 안에서 심장에 권총을 쏘아 자살을 한 것이다. 다니엘의 장례

식은 자살을 숨기고 자살자에게 허락하지 않는 정통 유대교 식
으로 치러졌는데 슐라미스 파이어스톤은 참석을 거부했다. 그녀
는 오빠의 죽음에 대해 "살인이든 자살이든, 사후세계가 있든 아
니든, 그것이 나 자신의 광기가 자라는 데 기여한 것만은 분명하
다"고 썼다.

1977년 그녀의 부모는 자식들에게 이스라엘로 이사한다고 선
언한다. 아버지가 그녀에게 유산을 안 주겠다고 협박하자 그녀는
먼저 아버지와 혈연관계를 끊는다는 공증서를 보내 가족관계를
끊었다. 그 편지의 제목은 '나의 어머니에게 보내는 마지막 편지'
였고 그녀의 자매들은 아직도 이 편지를 간직하고 있다.

그녀의 아버지는 1981년 65세의 나이로 사망했다. 사인은 울
혈성 심부전. 슐라미스 파이어스톤이 돌이킬 수 없는 정신질환
으로 발병한 것은 아버지의 사망 소식이었다. 그녀의 여동생 라
야는 그녀가 아버지의 사망 소식을 듣고 "우리 모두가 거대한 음
모에 들어있다는 망상적인 내용을 절규하듯이 되풀이하며 악을
썼다"고 회상하며 "슐리가 심각하게 정신병이 발병한 것은 아버
지가 돌아가신 때였다. 어쨌든 아버지로 인해 그때까지 지탱하던
마음의 무게중심을 잃었던 것 같다"고 말했다.

처음 입원은 5개월 동안이었지만 이어진 몇 해 동안 베스 이스
라엘 메디컬센터에서의 그녀의 입·퇴원은 되풀이되었다. 담당의
였던 마거릿 프레이저 박사는 파이어스톤의 두드러진 지성에 놀
라기도 했지만 정신병 발작 시에도 일관성 있게 말하는 그녀의
능력에 혀를 내둘렀다. 그녀는 특히 파이어스톤이 사람들이 가
면 뒤에 그들의 진짜 얼굴을 숨기고 있다는 믿음으로 고통받았
다고 전했다.

이후에는 입원 사이의 기간이 길어지기 시작했다. 특히 1993년 이후 그녀는 1년 동안 재발하거나 악화되지 않고 지낼 수 있었다. 거기에는 약의 도움도 있었지만 그녀의 책을 읽고 그녀를 돕기 위해 직접 뉴욕에 찾아온 젊은 여성들의 힘도 컸다. 그들 중에는 급진 페미니즘에 관한 다큐멘터리를 찍은 영화감독도 있었고 뉴미디어 아티스트, 인력자원 매니저 등등도 있었다. 파이어스톤은 1995년 프레이저 박사에게 보낸 연하장에 "후원그룹은 정말 그 가치를 증명하고 있습니다. 나는 다시 한 번 구원받은 것 같습니다"라고 썼다.

젊은 팬클럽의 지지에 힘입어 그녀는 단편집 『진공의 공간』을 쓰기 시작한다. 그 책의 뒷장에는 그녀의 개인적인 투쟁을 암시하는 글이 실려있다. "직업적인 페미니스트 저술가의 커리어를 거부한 슐라미스 파이어스톤은 『성의 변증법』 출간 이래 '진공의 공간'에 갇힌 자신을 발견했다." 그녀의 젊은 지지자인 뉴미디어 아티스트 베스 스트리커는 그녀의 원고를 세미오텍스트라는 아방가르드 출판사에 넘겼고 그 출판사에서는 곧 그것을 출간했다.

1998년 책의 출간을 기념하기 위하여 파이어스톤의 옛 동료들이 뉴욕 도심지의 갤러리에 모였다. 거기에는 케이트 밀레트와 『여성과 광기』라는 책을 쓴 페미니스트 필리스 체슬러 등이 포함되었다. 체슬러는 파이어스톤이 "상처 입은 아이처럼 수줍게 벽을 끌어안고 기뻐했다"고 회상했다.

그러나 후원그룹에 의한 회복은 그리 오래가지 못했다. 90년대 말 마거릿 프레이저 박사도 다른 병원으로 옮겨가고 후원그룹 멤버들도 하나둘 변화가 생겨 흩어졌다. 그녀는 병원에 입·퇴원을 반복하기 시작했고 다시 고립됐다. 옛날 버릇대로 전화를 해도 받지 않고 문을 두드려도 대답을 안 하며 심지어 여동생 라야가 찾아가도 대답을 하지 않았다. 한 지친 방문객은 그녀가 안에서 유대교의 기도문을 큰 소리로 마구 외우는 것을 들었다고 회상했다.

파이어스톤의 장례식은 가족의 뜻에 따라 정통 유대교 식으로 치러졌고 그녀는 모계 조부모가 묻혀있는 롱아일랜드묘지에 묻혔다. 페미니스트 동료들은 장례식에 초대받지 못했다. 뉴욕 브루클린에 살면서 몇 년 동안 그녀와 만난 적도 없는 그녀의 남동생 에즈라는 장례식 조사에서 어린 시절 그녀가 어떻게 자신을 돌봐줬는지를 회상하며 그녀가 좋은 남자를 만나 결혼하지 못하고 헌신할 아이들을 낳지도 못한 채 평범한 인생에서 비극적인 실패를 기록한 것에 대해 진한 아쉬움을 표했다.

그러나 그녀의 장례식이 거기에서 끝난 것은 아니었다. 그녀의 페미니스트 친구들은 그녀가 떠난 지 한 달 후에 뉴욕 로워 맨해튼 바우리스트리트에 있는 세인트마크교회에서 조그마한 작별식을 열었다. 그 작별식은 급진적 페미니즘의 부활과도 같았다. 여성들은 의식화그룹에 관한 전단지를 돌렸고 그녀가 창립했던 '레드스타킹'과 '뉴욕급진여성'에서 발간했던 문건들을 전시했다. WBAI 라디오방송의 진행자는 슐라미스 파이어스톤의 아파트를 그녀의 기념관이라 불렀다.

작별식 중간쯤 78세인 케이트 밀레트가 파이어스톤의 또 다른 저서 『진공의 공간』을 들고 나왔다. 밀레트는 파이어스톤이 자신을 3인칭으로 표현해서 쓴 장인 '정서적 마비Emotional Paralysis'에서 발췌한 문장을 읽었다

"그녀는 읽을 수도 없었다. 그녀는 글을 쓸 수도 없었다. ……
그녀는 가끔 다른 사람들의 얼굴에서 기쁨이나 야망이나 다른
감정들, 그녀가 오래전 한때 가졌던 감정들을 회상했다. 그러나
그녀의 삶은 파괴되었고 그녀는 아무런 구조 계획이 없다."

무언가 끔찍한 일이 파이어스톤에게 일어났던 것은 분명하다.
밀레트가 파이어스톤의 책에서 이 문장을 골라 읽은 것은 파이
어스톤의 절망 때문만은 아니다. 밀레트는 읽기를 마치고 "나는
우리가 슐리를 기억해야 하는 이유는 우리가 지금 그녀와 같은
장소에 있기 때문입니다"라고 말했다. 페미니즘이 그녀와 똑같은
죽음 위에 놓여있다는 의미가 아닐까?

파이어스톤의 부음기사들을 여기저기에서 찾아 읽으며 거기
달린 댓글들까지 모두 읽었었다. 그만큼 그녀의 죽음은 나에게
많은 여운을 남겼었다. 숱한 댓글들이 달렸는데 유독 내 눈길을
끈 글 하나를 소개하며 이 글을 마무리하고 싶다. 카렌 민스라는
이름의 여성이 남긴 글이다.

"대중과 그토록 다른 비전을 가졌다는 이유로 어떤 대가를 치러
야 했던가? 그리고 그것이 정신병과 함께 얽혀버리다니, 위안을 찾
았지만 결코 찾지 못하고 그토록 높이 날아야만 했다니, 결코 되돌
아오지 못했다니, 그렇게 높이 날아야만 했다니, 혼자서……."

2016년 3월

유숙열

성 의 변 증 법

술 라 미 스 파 이 어 스 톤
김민예숙 ㅣ 유숙열 옮김

초판 1쇄 발행 _ 2016년 5월 23일
초판 3쇄 발행 _ 2021년 3월 25일
펴낸이 강경미 ㅣ 펴낸곳 꾸리에북스 ㅣ 디자인 앨리스
출판등록 2008년 8월 1일 제313-2008-000125호
주소 121-840 서울 마포구 합정동 성지길 36, 3층
전화 02-336-5032 ㅣ 팩스 02-336-5034
전자우편 courrierbook@naver.com

ISBN 978-89-94682-21-1 03300
「이 도서의 국립중앙도서관 출판예정도서목록(CIP)은 서지정보유통지원시스템 홈페이지(http://seoji.nl.go.
kr)와 국가자료공동목록시스템(http://www.nl.go.kr/kolisnet)에서 이용하실 수 있습니다.(CIP제어번호:
CIP2016009434)」
파본이나 잘못 만들어진 책은 바꾸어 드립니다. 책값은 뒤표지에 있습니다.